DU MÊME AUTEUR

PHÉNOMÈNE FUTUR, roman, Éditions du Seuil, 1983 (coll. Points n° 581).

BAR DES FLOTS NOIRS, roman, Éditions du Seuil, 1987 (coll. Points n° 697).

EN RUSSIE, récit, Quai Voltaire, 1987 (coll. Points n° 327).

SEPT VILLES, Rivages, 1988.

L'INVENTION DU MONDE, roman, Éditions du Seuil, 1993 (coll. Points n° 12).

PORT-SOUDAN, roman, Éditions du Seuil, 1994 (coll. Points n° 200). Prix Femina 1994.

MON GALURIN GRIS. PETITES GÉOGRAPHIES, Éditions du Seuil, 1997.

MÉROÉ, roman, Éditions du Seuil, 1998 (coll. Points n° 696).

PAYSAGES ORIGINELS. *Hemingway, Nabokov, Borges, Kawabata, Michaux*, essais, Éditions du Seuil, 1999 (coll. Points n° 1023).

LA LANGUE, suivi de MAL PLACÉ, DÉPLACÉ, Verdier, 2000.

TIGRE EN PAPIER, roman, Éditions du Seuil, 2002 (coll. Points n° 1113). Prix France Culture 2003.

SUITE À L'HÔTEL CRYSTAL, roman, Éditions du Seuil, 2004 (coll. Points n° 1430).

ROOMS, collectif, Éditions du Seuil, 2006.

UNE INVITATION AU VOYAGE. Illustré par Érik Desmazières, Bibliothèque nationale de France, 2006.

UN CHASSEUR DE LIONS, roman, Éditions du Seuil, 2008 (coll. Points n° 2233).

BAKOU, DERNIERS JOURS, récit, Éditions du Seuil, 2010 (coll. Points n° 2571).

CIRCUS. 1, *Romans, récits, articles, 1980-1998*, Éditions du Seuil, 2011.

BRIC ET BROC, essais, Verdier, 2011.

SIBÉRIE, Inculte, 2011 (coll. Verdier poche).

CIRCUS. 2, *Romans, récits, articles, 1999-2011*, Éditions du Seuil, 2012.

LE ROI DES TAUPES. Illustré par Adrien Albert, L'École des Loisirs, 2012.

LE MÉTÉOROLOGUE, Éditions du Seuil, 2014 (coll. Points n° 4190).

VERACRUZ, roman, Verdier, 2015.

À Y REGARDER DE PRÈS. Gravures d'Érik Desmazières, Éditions du Seuil, 2015.

BAÏKAL-AMOUR, récit, Paulsen, 2017 (coll. Points n° 4892). Prix Pierre Mac Orlan 2017.

EXTÉRIEUR MONDE

OLIVIER ROLIN

EXTÉRIEUR MONDE

nrf

GALLIMARD

L'auteur a bénéficié pour la rédaction de ce livre d'une résidence de création à Cascais, au Portugal, dans le cadre du programme des résidences internationales d'écriture Fundação Dom Luís I.

« Un homme se fixe la tâche de dessiner le monde. Tout au long des années, il peuple l'espace d'images de provinces, de royaumes, de montagnes, de golfes, de vaisseaux, de maisons, d'instruments, d'astres, de chevaux et de personnes. Peu avant de mourir, il découvre que ce patient labyrinthe de lignes trace l'image de son visage. »

BORGES, *El Hacedor.*

Entre deux haies d'hortensias arborescents, un cheval surgit de la brume, solitaire, sans cavalier, crinière pleine de nuages, tout hérissé de bidons de lait vides qui tintinnabulent sur ses flancs, comme si le montait un timbalier invisible. Derrière lui, des déchirures dans la ouate laissent entrevoir les méandres verts et bleus de l'océan. C'est aux Açores, et c'est il y a longtemps. Je voudrais que le livre que je commence soit aussi imprévu, insolite que cette vision. Je ne sais où il ira, où le tirera ce cheval inaugural. J'y songe depuis un an au moins, il vaudrait mieux dire que c'est lui qui songe en moi, car je ne parviens nullement à le fixer, à en imaginer les contours. Il est un paysage qui se dérobe dans la brume, un cheval sans cavalier, la moire mouvante des courants de l'Atlantique. Je ne sais même pas s'il prendra forme ou restera un rêve indistinct. Je ne sais pas si je pourrai aller bien au-delà de cette page. Échouant à le saisir, incapable d'en être l'architecte, en désespérant à la fin, je décide aujourd'hui de me laisser mener par les mots. Je m'en remets à eux. On verra bien où ils me conduiront. Je me « jette à l'eau » : jamais cette expression métaphorique n'a eu, dans ma vie d'écrivain, une signification si exacte. Vous voilà prévenus : l'auteur, qui semble bien être moi, est un naufragé.

J'écris ce paragraphe, je m'arrête, me lève, commence à marcher, tourner en rond devant mon bureau. Au-delà de la fenêtre, il y a la mer, une autre mer. Les mots me viennent, mais cette venue est lente et difficile. Chaque livre est pour moi, entre autres choses, l'occasion de dizaines de kilomètres parcourus de long en large, comme un fauve dans sa cage. Je pourrais, si j'en avais eu l'idée plus tôt, caractériser chacun de mes livres par la distance qu'il m'a fait couvrir. Cette marche presque immobile est ma façon de me reposer, d'attendre les mots. Je ne suis pas du genre qui peut passer des heures assis devant sa machine à écrire. Je dis « machine à écrire », parce que après tout un ordinateur n'est pas autre chose. Mais le fait est que je regrette le temps où l'on frappait les touches d'une Remington ou d'une Olivetti, où le livre avançait en cliquetant, et plus encore celui où l'on noircissait d'encre le vierge papier, où le mot « manuscrit » avait pleinement un sens. Je suis un homme du papier, du passé : vous voici, de nouveau, prévenus. C'est peut-être de ça qu'il sera question. Notamment. Par le papier, nous étions liés à tous les écrivains qui nous avaient précédés, que nous admirions, dont les roueries de mots avaient suscité en nous ce désir de nous mesurer à eux, cette féconde jalousie qu'évoque Barthes lorsqu'il dit que toute belle œuvre est pour nous incomplète et comme perdue, parce que nous ne l'avons pas faite nous-mêmes. L'écran, lui, fait écran, la continuité est rompue.

Je sais bien qu'on ne doit pas commencer un livre comme ça, comme je le fais. Je ne suis pas né de la dernière pluie. S'il y avait un éditeur derrière mon épaule, il serait déjà en train de froncer les sourcils. (Je dis ça, mais j'ai toujours eu de bons éditeurs, c'est-à-dire qui comprenaient plus ou moins ce que je voulais faire, et me fichaient la paix.) S'il y a — et il y en a — des cours de *creative writing* et autres foutaises, ce début pourrait fournir un exemple de ce qu'il ne faut pas faire. Mais, ne sachant pas ce que je vais faire, j'espère bien en tout cas que ce sera quelque chose de pas recommandable. Pas des mémoires, grand Dieu non ! Je ne suis pas si vain — même si le mot (et parfois la chose) rime avec « écrivain ». Avouant, tout à l'heure, que je me jetais à l'eau, me revint ironiquement à l'esprit la phrase fameuse où Chateaubriand dit avoir plongé au confluent de deux fleuves qui étaient deux siècles. Les gens de ma génération pourraient en dire autant, et si les révolutions qu'ils ont vécues n'ont pas eu le grandiose ni le tragique de celles qu'a traversées le vicomte, elles n'en ont pas moins effacé à peu près complètement le « vieux rivage » où ils sont nés. La France de ma petite enfance ressemblait plus à celle du début du vingtième siècle qu'à celle d'aujourd'hui. J'ai vu une charrette tirée par des percherons livrer le lait (encore des chevaux laitiers !) dans une rue de Paris où l'herbe pointait entre les pavés. J'ai vu la fumée des locomotives rouler ses volutes sous les verrières de la gare Montparnasse comme sur un tableau de Monet. J'ai vu, à une station près de chez mes parents, une file de vieux taxis Renault rouge et noir du même modèle que celui d'où l'on voit, sur une photo de Gisèle Freund, Joyce débarquer dans une rue où j'habiterais bien plus tard.

Mais je ne me prends pas pour Chateaubriand (à raison), je n'ai pas comme lui le crucifix ni l'éternité pour me rassurer, et surtout je tiens le genre des mémoires pour suranné, or je prétends être un écrivain moderne — c'est même la seule modernité que je revendique. Pas des mémoires, donc, mais peut-être le relevé des traces que le monde laisse sur une vie — ou plutôt, des traces dont le monde compose le tableau d'une vie.

Je crois bien (c'est si loin dans le temps) que j'étais allé là-bas, dans ces îles de basalte noir et d'hortensias bleus, et de douce et chuintante langue portugaise, à cause d'un livre d'un auteur qu'on lit moins aujourd'hui qu'à l'époque, me semble-t-il : *Femme de Porto Pim*, d'Antonio Tabucchi. Un Italien qui écrivait en italien et en portugais. Mon admiration va à ceux qui ont été capables d'écrire (de faire de la beauté avec des mots) dans une autre langue que celle qui leur avait été donnée par la naissance. Conrad, Nabokov, Beckett — ce sont rarement des gaufres. Une des choses (nombreuses) que, les désirant, j'aurai ratées dans ma vie, c'est cette agilité linguistique. J'ai bien écrit un ou deux poèmes en espagnol, pour une femme que j'aimais et dont la figure paraîtra sans doute ici ou là dans ce — ce quoi ? ce récit, ce roman ? dans cet écrit, disons, s'il doit se poursuivre. Elle ne doit plus s'en souvenir (de mes poèmes, pas de cet ancien amour, tout de même). Devenir un autre, cette expérience considérable, il me semble qu'il n'y a que quelques grandes épreuves qui le permettent, dont je n'ai connu aucune : la prison (j'ai fait ce que j'ai pu, pourtant, dans ma jeunesse), la guerre, qui nous a été épargnée, l'exil, dont la vie nomade que je poursuis n'est qu'un simulacre. Un des nombreux projets que j'ai formés, puis abandonnés (immense est le cimetière de mes projets abandonnés), était de parcourir du sud au nord les continents américains, afin de traverser la géographie des langues que j'ai fréquentées sans en devenir l'amant : espagnol, portugais, anglais, j'aurais achevé mon voyage au Québec dont la langue m'est, celle-là, assez familière. Et si j'avais pu, d'Alaska, sauter le détroit de Béring, j'aurais prolongé ma petite odyssée linguistique jusque dans les immenses territoires du russe. Je connais beaucoup de mots ou d'expressions russes, mais n'ai jamais été capable de les transformer en une langue parlée, même mal : j'ai les poches bourrées d'un argent que je n'arrive pas à dépenser, et ce n'est pas par avarice.

À cela il faut ajouter le latin et le grec, par lesquels je crois j'en suis venu à l'amour de ma langue. Parmi toutes les vénérables têtes qui se pressent derrière moi lorsque j'écris, qui m'excitent au combat de l'écriture en même temps qu'elles m'intimident, il y a Homère et Ovide, les armes retentissantes autour des héros tombés dans la poussière et les bateaux ciliés de rames sur la mer vineuse, le chant perpétuel des *Métamorphoses*, et aussi les sentences de Tacite, rapides et vibrantes comme des flèches. Il y a peu, en avion, je lis dans les *Annales* la mort de Messaline. Claude, l'impérial époux outragé, sent sa colère tomber à mesure que monte l'ivresse : *Nam Claudius domum regressus et tempestivis epulis delenitus, ubi vino incaluit...* « rentré chez lui et attendri par un repas prolongé, échauffé par le vin... ». Mais Narcisse veille et dépêche les assassins. *Tunc primum fortunam suam introspexit ferrumque accepit...* « Alors pour la première fois elle prit la mesure de son malheur et se saisit d'un poignard... » On annonce sa mort à Claude, qui continue à s'empiffrer sans poser de questions, *Nec ille quaesivit, poposcitque poculum et solita convivio celebravit.* Quel tableau, en quelques phrases sans phrases, si je puis dire ! Le goinfre impérial, aboulique, jouet de son affranchi, la princesse débauchée étendue à terre dans les jardins de Lucullus, inconsciente de la mort qui vient, l'esclave qui l'insulte, l'épée qui s'enfonce... Ce n'est pas pour ajouter une espèce de ridicule snobisme jet-setteur à quatre sous que je mentionne que je lis ce passage en avion, mais parce que, si je tourne la tête et regarde par le hublot, je vois le sabre de l'aile séparer le ciel bleu et rouge de la terre noire, résillée de filaments dorés, du côté de l'ancienne Trébizonde sur la côte anatolienne de la mer Noire, et qu'il y a dans ce spectacle quelque chose, une concision, qui convient à la netteté cruelle des pages que je lis. J'aime aller du texte de Tacite au spectacle de la terre envahie d'ombre sous le ciel où un peu de jour s'éteint « dans son sang qui se fige ». Et plus tard, alors que cette fois tout est noir, qu'on survole la côte roumaine aux environs de Constanta où Ovide meurt en exil, vingt siècles plus tôt et pourtant proche de nous tant la littérature abolit le temps (Barthes, *La Préparation du roman* : « Aimer la littérature c'est, au moment où on lit, dissiper toute espèce de doute sur son présent, son actualité, son immédiateté, c'est croire, c'est voir que c'est un homme vivant qui parle, comme si son corps était à côté de moi. »), plus tard c'est cette phrase interrompue sur quoi se closent mystérieusement les *Annales* : *Post, lentitudine exitus graves cruciatus adferente, obversis in Demetrium...* « Puis, comme la lenteur de la fin lui causait de grandes douleurs, les yeux tournés vers Demetrius... » Thrasea le stoïcien, condamné par Néron, s'est tranché les veines mais la mort ne vient pas, et on ne saura jamais ce qu'il dit à Demetrius, et il est beau que ces âpres *Annales* se terminent ainsi, sur une mort volontaire mais qui se fait prier, des paroles qu'on ne saura pas, une phrase inachevée. (Et tout écrit, en dépit du point final que nous y mettons, par paresse, par fatigue, par une satisfaction étrangère à l'idée même d'écrire, est essentiellement inachevé. Ce livre, ce livre surtout, si jamais il parvient à un terme, n'échappera pas à telle indétermination.)

J'étais allé aux Açores non pas en bateau comme je l'aurais aimé, mais banalement en avion. À Vanino, un port russe sur le détroit de Tartarie qui fut un des sinistres embarcadères de l'enfer — on y entassait à fond de cale les déportés à la Kolyma —, j'ai rencontré un voyageur norvégien qui se flattait d'avoir visité quatre-vingt-seize pays sans jamais prendre l'avion : utiliser ce moyen de transport était indigne, selon lui, d'un vrai voyageur, un gentleman à la Phileas Fogg. Il y a pourtant une beauté propre à l'avion lui-même — le surplomb de la terre, la découverte de ses écritures invisibles d'en bas, méandres des grands fleuves, froissements, entailles d'ombre et de lumière des montagnes, géométrie des villes, toiles d'araignées humaines, draperies trouées des déserts, pleins et déliés des rivages, îles assiégées de bleu... toute la beauté du monde qui n'est pas à notre hauteur, mais à celle d'un dieu gyrovague. Curieusement, nous n'avons pas encore, me semble-t-il, un art qui corresponde à ce temps où l'on voit le monde comme Apollon le voyait. (Le premier tableau que je connaisse de la terre vue d'avion est dû à un peintre russe, Alexandre Labas, en 1935. Labas, dont un crash lors de son vol inaugural n'avait pas refroidi l'enthousiasme, peignit aussi des passagers assis sur des fauteuils d'osier à l'intérieur de la carlingue, images de ce temps, qu'évoque aussi Evelyn Waugh dans *Bagages enregistrés*, où les fenêtres des avions, coulissantes, permettaient de prendre l'air...)

Le premier avion que j'ai pris était un DC-4 à destination de Brazzaville, je devais avoir quatre ans, je me souviens encore du lent démarrage des hélices, l'une après l'autre, les moteurs lâchant des pets de fumée, puis de l'excitation du point fixe, l'avion tremblant de toutes ses tôles de duralumin avant le lâcher des freins. On partait alors du Bourget, Orly n'existait pas, sans parler de Roissy. La nuit, des flammes bleues fusaient des pots d'échappement au-dessus de l'Afrique. Les hôtesses de l'air semblaient des créatures mythologiques, à peine moins prestigieuses que les stars de cinéma. Cette fascination ne m'a pas complètement quitté. Je garde le souvenir d'une hôtesse d'UTA, une compagnie disparue. Petit casque de cheveux noirs, yeux noirs que faisait pétiller une traînée de taches de son au-dessus des pommettes hautes, bras minces et bruns hors des manches courtes de la chemisette bleu pâle, taille mince, hanches plutôt larges, nez droit, une Vénus méditerranéenne. Une divinité crétoise. Je lisais le *Journal* de Gombrowicz, de moins en moins concentré sur ma lecture. L'avion survolait les montagnes de l'Aïr, noires et mauves où sinuaient les clairs serpents de sable d'oueds à sec. Les lumières de l'avion brillaient dans ses cheveux. Ses lèvres, ses ongles peints de rose bonbon. C'est ce même vol UTA au départ de N'Djamena qui, quelques années plus tard, explosa au-dessus du Ténéré, et je me suis toujours demandé si ma petite déesse de terre cuite se trouvait à bord ce jour-là.

À N'Djamena, j'habitais, comme la plupart des journalistes (je faisais de temps en temps le journaliste, alors), à l'hôtel Chari. Le colonel Kadhafi, qui ferait plus tard sauter l'avion d'UTA, menait une guerre dans le nord du Tchad, à laquelle s'opposaient plus ou moins les Français. Je me sentais un peu déplacé comme reporter, c'est un sentiment que j'ai souvent, pour ne pas dire toujours, éprouvé au long de ma vie, même comme écrivain. Je lisais, donc, le *Journal* de Gombrowicz, ça n'aidait pas à se rassurer. Sous une brume bilieuse, le fleuve au crépuscule devenait rose comme les ongles et les lèvres de l'hôtesse, les moustiques attaquaient en force — « Y bouffent à l'œil », disait le preneur de son de TF1, qui vivait cloîtré avec son équipe dans une chambre aux fenêtres aveuglées par des panneaux de contreplaqué. C'était l'heure du pastis et des conversations qui roulaient pour la plupart autour des maladies auxquelles nous exposait notre métier d'apôtres de l'information : œdèmes perforants, lèpre sèche, palu, ténia, chiasses diverses et monumentales. Le chef d'escale UTA craignait de devoir, au cas où les hordes du « fou de Syrte » débouleraient du nord, abandonner les stocks de beurre qu'il tenait dans son congélateur. « Nous, dans le privé, disait-il, on prend des risques. » Soit qu'ils se fussent méfiés de la nourriture locale (le Blanc, à l'époque, était volontiers craintif sous les tropiques — débarquant du DC-4 à Brazzaville, un vieux colonel avait effrayé ma mère en lui assurant que, faute de casque colonial, « le môme » — moi — allait mourir d'un « coup de bambou »), soit que leur direction eût été regardante quant aux notes de frais, les TF1 boys avaient apporté avec eux une cantine de bouffe : thon à l'huile, sardines, cassoulet, pinard. Leurs dîners, dans la piaule où le climatiseur faisait un bruit de moteur d'avion, étaient pittoresques. Après, j'allais parfois au Booby, avenue Bokassa, où des beautés aux jambes longues sous des robes bleu nuit étoilées dansaient au rythme des lumières stroboscopiques avec des militaires français en short et Pataugas. Je revenais par les rues blanches et désertes avec une patrouille de Goranes des FANT, kalach ou M16 à l'épaule. L'obscurité retentissait d'aboiements de chiens invisibles. Marchant en tête et à côté de la colonne, je me faisais l'effet, ironiquement, d'être leur officier instructeur. Ils m'auraient aussi bien descendu.

Pour banal qu'il fût, l'avion qui me menait aux Açores avait tout de même une touche poétique qu'une erreur, comme souvent (ou bien une improbable facétie ?), lui conférait : sur le billet, là où il aurait dû être écrit *A linha aerea dos Açores*, la ligne aérienne des Açores, il était imprimé *A ilha aerea dos Açores*, l'île aérienne des Açores. Cette petite faute typographique, que mon médiocre niveau de portugais me permettait néanmoins de remarquer, transportait dans Jules Verne (*Robur le Conquérant*) et surtout dans le rêve. Qui prit d'abord pour moi le visage charmant de Sandra, la serveuse du Cais da sardinha. Elle avait un grain de beauté sur sa joue gauche (et brune), le dos de son tee-shirt blanc était imprimé d'empreintes de pieds roses, entre ses ballerines roses et l'ourlet de son pantalon blanc paraissaient des chevilles fines et brunes. C'est tout ce que j'ai retenu d'elle, et aussi qu'elle devait bien avoir dix-huit ans. C'est tout, et c'est déjà beaucoup, après tant d'années. Elle, sûrement, ne se souvient pas de mes chaussures ni de mes chevilles, ni de rien de moi, qui rêvais vaguement de pouvoir faire son bonheur quand j'aurais sans doute fait son malheur — mais un malheur différent. Il m'est presque impossible d'imaginer qu'elle est devenue une vieille femme, grosse sans doute, nourrie à la sardine. À l'époque, j'étais volontiers amoureux de serveuses, j'en ai même tiré un roman, mon deuxième qui n'est sûrement pas inoubliable, et qui déçut après des débuts obscurs mais marqués du sceau impressionnant de Mallarmé.

Il y aura je le pressens pas mal de portraits de jeunes filles, jeunes femmes, beautés entrevues, touchantes, dans ce livre qui commence (car il a bel et bien l'air de commencer). Dois-je m'en excuser? C'est ainsi : rien, dans le chatoiement immense du monde, ne m'a plus ému, rien, même pas la beauté de l'art, de certains tableaux, certaines pièces musicales que j'ai écoutées et écoute sempiternellement cependant que j'écris (l'allegro de la sonate en *la* mineur D784 de Schubert, en ce moment). Entreprenant de relever quelques-unes des traces que le monde a déposées sur moi, qui m'ont dessiné, raturé, surchargé comme un palimpseste, je ne vois pas de raison de ne pas célébrer celles qu'y ont laissées, à leur insu la plupart du temps, ces figures féminines qui furent un moment pour moi l'image de la beauté et de la joie. Leur rencontre fugitive n'a pas été recouverte par le pathos (que je connais aussi) des « histoires d'amour ». Pas de cristallisation, pas de jalousie, pas de drame : la légèreté de ce qui vous ravit en passant, puis que le vent (le temps) emporte. Ce sont des apparitions, comme cette Passante inconnue à qui Baudelaire consacre un de ses plus beaux sonnets. « Ô toi que j'eusse aimée, ô toi qui le savais »... Tenter de ressusciter ces grâces aperçues, ces émotions vite évanouies, trouver les quelques traits qui les feront émerger, vivantes de la vie des mots, de la grande cave d'ombre du passé, est une gageure qui n'est pas indigne d'un écrivain. Décrire ce qui est délicat, nervures d'une feuille, galbe d'une plume, ce qui est fugace, goutte d'eau brillante, songes que la nuit a emportés...

Certaines, je ne les ai même jamais vues. Je me souviens d'une photo à Isla Negra, la *quinta* de Pablo Neruda sur la côte chilienne. Ce poète passablement emphatique était un des auteurs qu'on lisait à l'époque, sa mort au tout début de la dictature honnie de Pinochet avait encore accru sa gloire. L'Amérique du Sud était alors la terre d'élection des révolutions rêvées et des cauchemars militaires. Il me semble qu'on ne lit plus guère Neruda aujourd'hui, c'est encore un des stigmates du temps qui a passé. C'est un déjeuner d'anniversaire, celui du poète national. Il y a une grande table jonchée de cruches de *chicha*, d'assiettes, de couverts, il y a même une cage à oiseaux. Il y a une dizaine de convives assis, d'autres sont debout, un *mozo* sert en veste blanche, on est chez un aristocrate communiste. Elle est assise en face de Neruda vêtu d'un poncho, coiffé d'une prolétaire casquette. Elle le regarde (qu'on ne me raconte pas de blagues, c'est le fantasme de tout écrivain, moi compris, d'être regardé avec admiration par des jeunes femmes), son coude droit posé sur la table, main levée à hauteur du visage. Elle semble très brune, a des yeux sombres (mais c'est une photo en noir et blanc), des cheveux noirs coupés au bol. J'ai souvent eu envie de retourner à Isla Negra, voir si cette photo y était toujours exposée, si cette jeune amie ou amante ou admiratrice me plaisait toujours autant. Une autre fois, enquêtant sur les années de formation d'Hemingway, j'avais été frappé par le visage d'une jeune fille assise à côté du futur *Papa* sur une jetée de bois de Petoskey, au bord du lac Michigan. Il m'importait soudain au plus haut point de savoir qui elle était, comme si j'avais pu lui proposer (tremblant) un rendez-vous. On aurait pu aller nager ensemble dans les eaux glacées du lac, pique-niquer sur les aiguilles de pin, puis... (quant à la suite, il suffit de lire les nouvelles d'Hemingway). Tout ce que j'avais pu apprendre des descendants de *Papa*, pour qui elle semblait invisible sur la photographie, c'est que peut-être elle s'appelait Ruth. C'était peu pour la retrouver à travers le temps.

Toujours est-il que ces deux visages lumineux sur de vieilles photographies m'avaient inspiré l'idée d'écrire un recueil de « Femmes imaginaires », qui est allé rejoindre tant d'autres projets morts prématurément dans le cimetière déjà évoqué. Il y avait aussi, chez un vieux couple tatar à Astrakhan, accrochée au mur à côté de versets coraniques, une photo représentant la remise par le gouverneur de l'*oblast* de je ne sais quelle décoration aux deux méritants vieillards. Je feignais de m'intéresser à l'affaire, mais en vérité mon regard était fasciné (et l'est toujours, car j'ai pris en douce une photo de la photo) par une ébouriffante Kazakhe (c'est tout au moins la nationalité que je lui imaginais, d'ailleurs très présente dans le delta de la Volga) en minijupe noire et chemisier blanc à manches courtes, grande, aux noirs cheveux tirés en un petit chignon, qui se penchait souriante, à droite de la photo, vers les deux vieux affichant une mine plutôt terrifiée. Je crois que, si j'avais été gouverneur, elle m'aurait détourné des devoirs de ma charge. Et encore le profil incroyablement pur d'une actrice soviétique des années cinquante, soixante peut-être, découvert sur un portrait photographique ornant parmi d'autres le salon noble et délabré d'une revue littéraire de Saint-Pétersbourg. Elle ressemblait un peu à Lauren Bacall. J'aime les lieux délabrés, j'en habite un. Les maisons à demi ruinées qui sont comme des îlots de passé cernés, battus par le flot du présent qui bientôt les submergera, je me reconnais en elles, j'y vois une métaphore amicale de ma propre situation. À Lisbonne, une femme que j'ai aimée avec l'inconséquence d'un jeune homme habitait, avec son mari peintre, une telle maison, aux persiennes écaillées, aux vastes salons ombreux jonchés d'un bric-à-brac de brocanteur. Elle avait des yeux plissés, des mèches folles de gamine, parlait le français avec un accent délicieux. Autour de la maison, des arbres — palmiers rongés de lierre, cyprès et araucarias noirs — témoignaient du temps, quand Lisbonne était encore une petite ville endormie, où elle avait été une *quinta* campagnarde. Les voisins y laissaient choir, du haut de leurs immeubles, les objets dont ils voulaient se débarrasser — une fois, m'avait-elle dit, un matelas avait atterri dans les branches d'un araucaria. Il n'y a pas si longtemps, une vieille dame libanaise dont le père avait connu Kitchener m'a reçu dans sa maison de Khartoum, dans le quartier qui porte le nom de sa famille : Kfouri. Un maître d'hôtel nous servait très cérémonieusement des gin tonics sur la terrasse au bord du Nil Bleu. De vieux pneus, des bouteilles en plastique traînaient sur la grève où l'on tirait autrefois une yole en acajou. Gaufrées par la brume de chaleur, on distinguait les silhouettes des immeubles hideux construits récemment par les Chinois ou le colonel Kadhafi. À Goa, je me souviens de la *casa* Menezes de Bragança, dans laquelle avait séjourné Richard Burton, pas l'acteur mais le découvreur des sources du Nil et le traducteur des *Mille et Une Nuits* et du *Kama-sutra* (entre autres exploits) : pas moins de sept lustres faisaient pleuvoir leurs larmes de verre poussiéreux au-dessus du grand salon dallé de marbres blancs italiens (la dernière fois que les ampoules s'étaient allumées devait remonter à l'époque où Goa était encore portugaise). De hauts miroirs à cadres argentés multipliaient cette fantasmagorie. Des portes-fenêtres munies de vitraux colorés ouvraient sur une véranda encombrée de tout un incroyable fourbi, vieilles bouteilles, jouets à quatre sous, crocodiles et tortues empaillés, palanquins, collection de nids, pendules, chaises de confession à dossier percé de trous (je n'ai jamais vu ailleurs ce meuble, variante catholique des « conversations » du dix-huitième siècle). Des vitrines exhibaient des gants de boxe, des chaussures à talon aiguille, des échantillons (vides) de whisky, des stylos réclames, des fossiles, à côté de vieux plats et vases de Chine (je songe que ces vitrines sont peut-être une image ironique du livre que j'entreprends d'écrire). Le rez-de-chaussée de la noble demeure abritait une petite entreprise d'embouteillage d'eau minérale (activité qui, elle, m'est bien étrangère). Le maître des lieux, tout en farfouillant dans des monceaux de paperasse pour y trouver l'arbre généalogique de sa famille, m'avait appris qu'il possédait, dans un coffre à la banque, un ongle de saint François Xavier, mort en 1552 en tentant d'évangéliser la Chine. Ça n'a pas marché, comme on sait. « Il n'est pas nécessaire d'espérer pour entreprendre » : j'ai toujours aimé cette devise pessimiste mais aventureuse.

Aux Açores (puisque nous en étions là avant ces digressions qui seront je le pressens la matière même du livre, comme la liberté anarchique, rayonnante des branches, des rameaux, des feuilles, est l'être des arbres, et j'aime concevoir un livre comme un arbre, cette comparaison me venant peut-être de Flaubert qui voulait « que les phrases s'agitent dans un livre comme les feuilles dans une forêt, toutes dissemblables en leur ressemblance »), aux Açores donc j'avais rencontré le *senhor* Capeto, horloger à São Miguel, rue Machado dos Santos, qui prétendait être un descendant du dauphin du Temple, l'infortuné Louis XVII. Sa large face mate et un peu tavelée, son petit nez busqué, sa grosse lippe, le faisaient plutôt ressembler à Mirabeau, ou en tout cas au souvenir que je gardais des portraits de ce personnage dans mes livres d'histoire (Mallet et Isaac, fabricants républicains du « roman national » si décrié de nos jours). Il avait, en fait, une tête de poisson, ou de tortue de bande dessinée. Le *senhor* Capeto, vêtu d'un costume sombre rayé, vendait des gourmettes et des bijoux aux Açoréens enrichis de retour des États-Unis, et il ne plaisantait pas avec son ascendance. Malheureusement, m'expliquait-il, le curé de Povoação avait détruit les papiers de famille, un ancêtre à lui ayant été un homme de mauvaise vie (il avait deux femmes !). Mais il exhibait volontiers un thaler au saint Georges, frappé en 1726 par Roth von Rothenfels, portant la devise *In tempestate securitas. Georgius equitum patronus*, qui lui paraissait une preuve décisive.

Comme j'étais désireux d'apprendre des choses sur l'anticyclone qui fait, dans notre partie du monde tout au moins, la célébrité des Açores, j'avais rendu visite, au sommet du mont des Filles, *monte das Moças*, à l'observatoire météorologique et sismologique baptisé « Prince Albert ». C'était un monde frais et silencieux de bois, de verre et de cuivre, d'escaliers raides comme ceux des phares, des stylets traçaient des courbes sur des rouleaux noircis à la fumée de pétrole, à travers un globe de cristal le soleil dessinait lentement sa course, comme un écrivain appliqué, sur le papier d'un héliographe, les petites coupelles des anémomètres tournaient, les thermomètres et hygromètres avaient l'air dans leur cage d'étranges oiseaux mécaniques. Ce décor évoquait une activité scientifique ancienne, on s'attendait à y rencontrer des savants à barbiche et lorgnons. Les bruits qui faisaient ressortir le silence — ronronnements, légers cliquètements — étaient ceux par lesquels nous parlaient les profondeurs terrestres, les masses d'air, les courants marins. C'était la prose du monde, songeais-je, qu'écrivaient sur du noir de fumée ces aiguilles portées par d'arachnéennes tringleries, et naturellement j'y voyais un rapport avec la littérature. Écrire de grandes choses avec la délicatesse de pattes d'insecte, tracer en somme de grandioses pattes de mouche, n'était-ce pas l'idéal d'un écrivain ?

Avec quoi, d'ailleurs, n'a-t-elle pas de rapport, la littérature ? On la retrouve partout, pour peu qu'on l'aime — même là où on ne l'attend pas. Sur l'île de Pico, sous le cône parfait du volcan qui plongeait dans la mer des nappes de basalte noir appelées « mystères », je fis la connaissance d'un ancien harponneur de cachalots portant le nom magnifique de Gil de Brum Ávila. Il chantait d'une voix de basse de vieux chants de chasse et de sang : *Baleia, baleia à vista ! / Baleia ouvimos gritar. / É na bahia da Vila / Longe no pego do mar !* « Baleine, baleine en vue ! / Baleine, entendîmes-nous crier. / Elle est dans la baie de Vila / Loin sur le gouffre de la mer ! » Il se souvenait avec nostalgie du temps où, quand un guetteur signalait un cachalot, il abandonnait aussitôt ce qu'il était en train de faire (même l'amour, m'assurait-il) pour sauter avec ses camarades dans la *canoa* : douze mètres de long, des avirons comme des ailes de libellule, mille mètres de ligne lovée dans deux barils, une hachette pour la couper au cas où cela tournerait mal, et un fagot de harpons et de lances acérés. « Le baleinier, dit la chanson, semble un fou ou un lion. » Sa vie, ça avait été ça, l'approche haletante de l'énorme dos empanaché de vapeur, la peur et l'excitation, la détente du harpon, la course de la *canoa* remorquée par la bête prodigieuse, les lances et la mort dans l'écume sanglante, le retour triomphal au port. Je suis absolument pour qu'on foute la paix aux cétacés, qu'on laisse survivre ces témoins bien plus majestueux et plus anciens que nous, et plus pacifiques, de la vie de la planète (s'il y a une chose que je n'aime pas dans le Japon, ce pays de tant de délicatesses, c'est cette obstination à les pourchasser, pour des raisons prétendument « nationales »). Mais il y avait une âpre grandeur dans les récits de Gil de Brum Ávila, quelque chose qui allait bien au-delà des vulgaires histoires de chasse ou de pêche qui avaient ravi mon enfance, et même des récits de chasse au lion d'Hemingway ou de Karen Blixen, une aventure philosophique dont un écrivain avait un jour fait une épopée. Un livre m'avait amené aux Açores, et c'est à un autre livre, un de ceux qui m'avaient fait sentir combien la littérature était une puissance impressionnante, que me ramenaient « les îles aériennes ».

Une baleine, ça n'arrive pas tous les jours d'en croiser une, mais quand c'est le cas c'est toujours une émotion : c'est un passant considérable. Je me souviens d'une aperçue dans la transparence d'une grande vague, depuis une plage de sable noir près du cap des Vierges, à l'entrée atlantique du détroit de Magellan, et il m'avait semblé être transporté, un instant, au matin du monde, quand « la Terre était mouillée encore et molle du déluge », comme dit Hugo. Depuis la piste côtière qui allait de Montevideo à Punta del Diablo, en Uruguay, j'en avais vu plusieurs jouant à une cinquantaine de mètres du rivage, lentes, semblant faites de caoutchouc, indescriptibles et incompréhensibles : étaient-elles deux, trois ? Où étaient la tête, la queue ? Grands êtres informes, ou plutôt dont la forme, presque entièrement masquée sauf quand la fantaisie les prenait de crever la surface, me demeurait indiscernable. Ma première rencontre avec les cétacés, ce fut sur un paquebot qui desservait la côte d'Afrique, j'étais enfant encore, ou plutôt ce qu'on appellerait maintenant un « ado » (mot où s'entend de l'adoration), mais d'un modèle sage et bien peigné, d'autant que je sortais de chez le coiffeur du bord lorsque j'aperçus les deux dos bruns des cachalots (mon frère, moins chanceux que moi, était encore livré aux ciseaux du figaro, et ne put s'en échapper à temps pour admirer les tranquilles colosses). À l'époque — c'est dire son ancienneté — on voyageait encore aussi volontiers en bateau qu'en avion, au départ de Bordeaux ou de Marseille (il m'est arrivé d'aller à des Foires du Livre, à Bordeaux, qui se tenaient dans d'anciens docks d'où j'étais parti enfant pour l'Afrique ; personne ne semblait se souvenir que Bordeaux avait été un port de mer). On avait des amours platoniques, fillettes avec qui on avait joué au croquet sur le pont, et qui débarqueraient à la prochaine escale. D'ailleurs, quand je parle de « première rencontre », ce n'est pas tout à fait exact : ma première baleine, ce fut un spécimen plus ou moins naturalisé exposé, sous une tente, sur l'esplanade des Invalides. Cela sentait (devait sentir, je n'ai pas de mémoire olfactive) la vieille barbaque et le formol. J'étais plus petit encore, j'avais six ans, et j'aurais pu ce jour-là rencontrer non seulement un rorqual de vingt mètres, mais Georges Perec, parce qu'il me semble qu'il y a dans *Je me souviens* un « Je me souviens de Nanar le goujon géant », mais je n'en suis pas sûr. Je pourrais lever cette incertitude si je me donnais la peine de relire *Je me souviens*, et je le ferais d'ailleurs avec plaisir, tant ce petit livre expose drôlement ce qui constitue, quoi qu'on en ait, le programme de tout écrivain ; mais au fond, cette vérification ne m'apprendrait rien d'essentiel : les écrivains qu'on aime ne sont pas seulement ce qu'ils sont, mais ce qu'on croit qu'ils sont, ce qu'on croit qu'ils ont écrit forme comme un halo incertain autour de ce qu'ils ont véritablement écrit, et on pourrait soutenir, de façon un peu sophistique, que ce pouvoir irradiant mesure leur influence. Cette incertitude, d'ailleurs, illustre assez ce qu'est le miroir déformant de la mémoire : ce n'est peut-être pas Perec qui a visité cette baleine sous sa tente, mais un autre écrivain, j'en suis sûr, que j'ai lu un jour, et que j'aimais (pas Henry de Montherlant, par exemple), et d'autre part « Nanar, le goujon géant » n'était pas, comme je le croyais en commençant à écrire ce paragraphe, l'affiche comique et racoleuse invitant les Parisiens de l'époque (moi entre autres, tenant la main de mes parents) à visiter la baleine naturalisée, mais celle d'un stand gag installé à côté par Pierre Dac et Eddie Barclay (qui se rendrait célèbre plus tard par ses innombrables mariages), et qui exposait en effet un petit poisson « pêché à Corfou-Tiffauges en Vendée », Internet me l'apprend. (Qui se souvient de Pierre Dac ? d'Eddie Barclay ? Levez la main. C'est le temps qui a passé. Georges Perec, je ne pose pas la question, parce que ce type, cet écrivain, était si magnifique que je crois tout de même qu'on ne l'oubliera pas — ceux qui continueront à lire. Mais continuera-t-on à lire ? Les livres disparaîtront-ils avec les baleines ?)

Je ne sais pas à quoi ressemble Le Pirée à présent, ça n'a peut-être pas tellement changé depuis que j'y débarquais du *Panaghia Tinou*, et puis, bien des années après, quand mon éditeur m'y emmenait dîner, vers onze heures du soir — cela fait longtemps que, pas assez « vendeur », je ne suis plus traduit en grec, c'était pourtant pour moi un enchantement de voir mes livres dans cette langue que j'avais tant aimée quand c'était celle d'Homère, que nous lisions à livre ouvert, chaque matin, comme des moines récitant les laudes, dans la khâgne du lycée Louis-le-Grand (tiens, pourquoi des associations de cinglés n'ont-elles pas encore demandé qu'on débaptise cet établissement ?), et dont j'avais essayé, bien plus tard, d'apprendre la forme moderne aux Langues orientales (j'en garde quelques souvenirs, pas beaucoup, surtout celui de l'épaule ronde de ma voisine habituelle dans l'amphithéâtre). C'était il y a peut-être quarante ans, ou trente (à quoi bon faire le compte des années ?), le soleil déclinant jetait des flamboiements sur les coques des ferries dont tous les noms me plaisaient parce que je les déchiffrais dans cet alphabet vénérable, *Aghia Paraskevi, Ikaros, Limnos, Knossos, Ariadni*... Ariane, ma sœur / De quel amour blessée... Il y avait en tout cas, alors, au Pirée (qui était bien loin d'être vendu à la Chine), des rues qui puaient le poisson pourri, des chiens scrofuleux couchés dans l'ombre des maisons, des foyers pour marins aux fenêtres desquels on voyait sécher des sous-vêtements (et ce souvenir me fait penser à un livre, encore, que j'ai aimé : *Le Quart*, de Nikos Kavvadias ; si ce que j'écris à présent ne pouvait servir qu'à ça, à faire lire d'autres livres — plus grands, probablement, mais on ne se dit jamais ça quand on est devant le clavier, sinon on n'écrirait pas, il y faut tout de même pas mal d'orgueil —, alors ce ne serait pas inutile).

À Tinos — ou bien était-ce une autre île ? — j'avais joué à faire la cour à la fille des amis chez qui je passais une semaine de vacances. « Joué » n'est pas exactement le mot, il n'y avait en tout cas aucun cynisme à la Valmont, je ne me prenais pas non plus pour un personnage de Roger Vailland (encore un auteur qu'on lisait autrefois, sa figure de libertin communiste représentant peu ou prou l'idéal humain à quoi nous, les jeunes gens de ma génération, aspirions). Il y avait beaucoup de désir de ma part, mais pas d'amour, et de la sienne je crois de la curiosité, de la méfiance mêlée à l'envie de voir jusqu'à quel point elle pouvait me séduire. Et sans doute aussi, dans son cas, le besoin bien légitime d'emmerder ses parents, sa mère particulièrement, et dans le mien la crainte non moins légitime de les choquer. Enfin, tout cela faisait des relations compliquées et plutôt excitantes pour l'apprenti romancier que j'étais alors. Elle avait des yeux d'un bleu curieux, gris si l'on veut, nuageux, plombé, des taches de rousseur, des poignets menus, et tout ce qui fait le charme extrême de la jeunesse (et je me croyais déjà vieux...), petits seins pointus, petites fesses dures, rondes (nous vivions tout le temps plus ou moins à poil), lèvres nettes, gonflées, une peau lisse, une voix haut perchée qui proférait des mots de ce qui était alors pour moi une novlangue, super, hyper, etc. Nous avions des conversations interminables (à quels sujets? Je ne m'en souviens plus) sous les pins, la nuit, buvant de l'ouzo glacé et fumant des Karelia à la chaîne, je l'emmenais sur mon scooter et sentir ses seins dans mon dos, ses cheveux volant sur ma nuque, ses bras autour de ma taille, me faisait bander et elle le savait bien sûr, elle n'était pas si gourde. Je singeais la passion, pour voir, l'appelais « ma chérie », théâtral, l'enlaçais et la sentais froide, rétive, je m'éloignais, feignais l'indifférence, je surprenais alors des regards furtifs, inquiets. Elle marchait sur un muret le long de la mer, moi derrière, le soleil baissait, la mer était indigo, elle avait deux fossettes au-dessus des fesses, les cheveux ramenés haut sur la nuque par une pince papillon, j'avais envie de mordre. Elle chantait d'une voix de fausset « J'ai les cheveux dans le vent », et les chansons de Gainsbourg.

Tout ça évidemment fait assez *Lolita*, mais j'étais moins féroce qu'Humbert Humbert (le soleil couchant faisait briller sur sa peau un léger duvet blond-roux qu'a aussi l'inoubliable héroïne de Nabokov, si je me souviens bien). Nabokov, j'avais visité, à la fin du siècle précédent, ce qui restait de sa demeure familiale à Saint-Pétersbourg, au 47 de la *Bolchaïa Morskaïa Oulitsa*, la Grande Rue de la

Mer (ex-Herzen). Je ne suis pas un fanatique des pèlerinages littéraires, mais il y a tout de même une certaine émotion à voir les lieux qu'ont habités les écrivains qu'on admire, où a commencé à chauffer leur alambic, à croiser des gens qui les ont connus. À Prague, j'avais rencontré une femme qui avait connu Kafka. Elle habitait en face d'un grand cimetière sous les arbres. La capitale de la Tchécoslovaquie — nom, pays disparus — était une ville triste et noire, en ce temps-là, une quinzaine d'années après l'écrasement du Printemps de Prague. « Nous sommes las », m'avait dit un vieil intellectuel juif qui n'attendait plus rien. Pour nous, les voyageurs d'Occident, qui faisions un petit tour « à l'Est » avant de retourner dans nos pays où régnait une liberté que nous avions cessé de croire purement « formelle », la tristesse du monde communiste serrait le cœur. Revenant chez nous, on se sentait un peu des lâcheurs. Le père de madame Vondrackova avait voulu qu'elle apprenne l'allemand, et par une petite annonce ils étaient tombés sur Franz. Bien plus tard, à Vienne (« On voyageait, à l'époque », avait-elle soupiré), elle l'avait revu au Café Central. « Il venait de se séparer de Felice Bauer, il pleurait, j'avais caressé ses cheveux — ses cheveux si noirs. » (La main, vieillie à son tour, sur le dos de laquelle les veines saillent, qui tape ces mots sur le clavier de l'ordinateur, a donc serré une main qui a caressé les cheveux de Kafka ; ça ne lui donne d'ailleurs aucune autorité, ne la guide nullement dans le choix des mots. Mais ça compose, touche après touche, quelque chose comme l'apparence d'une vie.) Il y avait eu une dernière rencontre, à Berlin, une amie infirmière lui avait dit qu'elle devait aller soigner un compatriote à elle, et c'était lui, encore. Madame Vondrackova me racontait ça tout en fouillant de vieux dossiers jaunis pour en extraire des photos, Milena couchée à plat ventre dans un champ de marguerites, elle-même cigarette aux lèvres, cheveux bruns à la garçonne, beaucoup plus belle à vrai dire que son amie de la rédaction de *Narodni Listy*. J'avais rencontré encore Vera, la nièce de K., fille de sa sœur Ottla, morte en camp. Elle habitait une maison cernée de lilas sur la route de la montagne Blanche où s'était déroulée la première bataille de la guerre de Trente Ans (et je pense à présent que si la longueur de temps qui nous séparait alors de la guerre de Trente Ans était infiniment plus grande que celle qui m'éloigne de ces souvenirs, elle n'avait pas forcément entraîné de plus profonds bouleversements historiques). Non loin, protégées par un camp militaire soviétique, les villas ceinturées de remparts des hauts apparatchiks.

Cette histoire fait remonter dans ma mémoire la figure d'une autre vieille dame très charmante et qui avait elle aussi été très belle, des photos l'attestaient (et comme je le lui en faisais, un peu gauchement sans doute, la remarque, elle m'avait répondu avec coquetterie « on le disait »). Elle avait, elle, bien connu Joyce et en parlait (avec me semblait-il une pointe de désapprobation) comme d'un jeune homme un peu bizarre : c'était, à Trieste, dans un grand appartement ombreux (grand, je sais qu'il l'était; ombreux, je l'imagine à présent, parce que Trieste est une ville d'ombre, une ville de vieux. Il y avait aux murs des tableaux de Veruda, un peintre triestin, et un petit Renoir). Letizia Fonda Savio, la fille d'Italo Svevo, évoquait devant moi son père, son tabagisme évidemment (on lit sans doute moins *La Conscience de Zeno* depuis que les fumeurs sont devenus la cible de la réprobation sociale), son pessimisme souriant, sa culture autrichienne qui était celle aussi de Kafka, et elle en était venue à parler de « ce jeune Joyce qui à peine arrivé était déjà le professeur d'anglais de toute la bourgeoisie triestine ». Et qui devint aussi celui d'Ettore Schmitz (le vrai nom d'Italo Svevo). « Ce jeune Joyce » ! Comme c'est rafraîchissant d'entendre parler de l'auteur d'*Ulysse* comme d'un garnement... « Il était long, long, maigre, avec des lunettes qui grossissaient les yeux. Il était toujours sans argent, il fréquentait beaucoup les buvettes (c'est le terme un peu suranné qu'elle avait employé), mais je ne l'ai jamais vu ivre. Enfin, ajoutait-elle, il n'était pas très normal. » C'est lui néanmoins qui, après avoir lu *Senilità*, avait encouragé Svevo à recommencer à écrire, et à adresser le manuscrit de *La Conscience...* à Valery Larbaud et Benjamin Crémieux. « Et un jour, papa a reçu une lettre de Larbaud qui commençait ainsi : "*Egregio signor e maestro*". » Et Svevo en avait été ragaillardi, lui qui doutait de tout et d'abord de lui (j'aime, dans ses *Écrits intimes*, l'ironique modestie de cette phrase que je suis tenté de reprendre à mon compte : « Je ne comprends pas comment, dans ma sotte vie, il peut m'arriver une chose aussi sérieuse que la vieillesse. » Et celle-ci encore : « Quand je pense que, lorsque je mourrai, avec moi mourront mon doute, ma lutte avec moi-même et avec les autres, toute ma curiosité et toute ma passion, je pense vraiment que le monde devra à ma mort une grande simplification. »).

Nabokov, lui, la modestie n'était pas son fort... Alors, donc, la maison de la famille, Grande Rue de la Mer à Pétersbourg... Elle était occupée par les bureaux d'un journal, le linoléum et la barbouille jaunasse avaient remplacé parquets et lambris, mais un petit musée avait préservé quelques pièces aux belles boiseries sinueuses du rez-de-chaussée, par les fenêtres on voyait tomber la neige qui faisait imaginer au jeune Vladimir Vladimirovitch que la maison s'envolait lentement, comme un ballon...

Stop ! Ça va continuer longtemps comme ça ? Musée toi-même ! Tout d'un coup, je m'ennuie. Je m'ennuie moi-même, alors vous qui me lisez ? Est-ce que par hasard j'aurais entrepris de raconter des souvenirs, bien léchés, bien construits, littéraires, l'un s'enfilant dans l'autre, collier, couronne mortuaire ? Est-ce que je serais devenu grand-père, ou académicien (j'en aurais l'âge, mais ne suis ni l'un ni l'autre, autant en profiter). Vous ne me croirez peut-être pas (tant pis pour vous), mais ce livre s'écrit sous vos yeux, à mesure que vous le lisez (plus lentement, hélas), et tout d'un coup je sens qu'il faut qu'il déraille, et s'il ne le fait pas de lui-même c'est à moi de placer les explosifs sur la voie. Tout d'un coup : après avoir dîné seul, et mal (ça revient au même), sur ma terrasse au-dessus de la mer qui de rose est devenue violette puis noire, sur laquelle les bateaux ne sont plus que de vagues lueurs dans les lumières du port. Retour au clavier, révolte. Nabokov, ses maisons d'enfance, j'y reviendrai peut-être, ou pas, je n'en sais rien, on verra. J'aimerais bien savoir ce que je cherche, dans quoi je m'embarque, quel cachalot je poursuis. Il me semble que cela pourrait se dire ainsi : vient un moment de la vie où l'on sent le besoin d'une récapitulation. J'ai dit : une récapitulation, pas une capitulation. Tout le contraire. Un geste où il y a de l'orgueil avec du doute. Ce moment : on rentre chez soi, après un voyage, on trouve dans sa boîte des prospectus à vous nominalement adressés (tiens, « prospectus », encore un mot qui sent son vingtième siècle pas très avancé, un mot un peu faisandé, qui a tiré sa révérence), bref des imprimés qui disent très gentiment, très aimablement, « Avez-vous pensé à vos obsèques ? » (et on voit un beau vieux souriant, très convenable, genre à jouer au golf, sur fond de coucher de soleil maritime, avec des mouettes qui volent — l'âme, sans doute ?). Ou bien encore « Préparez votre succession » (et malheureusement je ne rentre dans aucune des catégories proposées : « Vous êtes un couple mais sans enfant / une famille recomposée / un couple pacsé sans enfant / un couple pacsé avec enfant(s) / vous vivez en union libre ». Désolé, rien de tout ça. Hors statistiques funéraires). Ce moment, encore : vous rentrez chez vous, dans l'appartement délabré et parfaitement poétique, tapissé de livres, saturé de souvenirs, où vous vivez depuis trente-six ans, qui a abrité la plupart de vos amours et de vos peines, où vous avez écrit certains de vos livres, entre les anciennes librairies d'Adrienne Monnier et de Sylvia Beach, où Joyce débarquait de son taxi Renault, et vous trouvez dans votre boîte aux lettres une sommation d'huissier : « À la demande de (monsieur Ducon, mademoiselle Ducon, etc.), ci-après dénommés les consorts Ducon, Nous (Machin & Associés) disons et déclarons à (moi) qu'il devra quitter les lieux le 31 décembre 2018 à minuit en application des dispositions de l'article 8 de la loi du 1er septembre 1948... » (j'abrège). *Va fan culo.*

Donc, une récapitulation. Pas des mémoires, pas non plus des « souvenirs ». Et quoi encore ? Pas cette fausseté, cette vitrine, cet embaumement. Je prétends, je cherche à inventer quelque chose (à mon âge! au lieu de penser à mes obsèques!). Je ne sais pas si j'y arriverai (là encore, croyez-moi ou non — mais vous auriez tort de ne pas le faire). Ce qui me déplaît, que je voudrais éviter — mais sans être « fasciste » comme l'a un moment soutenu Barthes, la langue est bien contraignante — c'est le « je » — une personne qui ne m'est pas familière. Alors je ruserai comme je pourrai avec la grammaire, j'emploierai peut-être parfois le « tu » pour désigner le même personnage. Apollinaire l'a bien fait, mêlant le « je » et le « tu » (*Zone*: « Aujourd'hui tu marches dans Paris les femmes sont ensanglantées / C'était et je voudrais ne pas m'en souvenir c'était au déclin de la beauté »). Et qui mieux que lui, dans le siècle d'où je viens, a aimé la langue que j'aime aussi, qui m'a formé et à qui je voudrais léguer quelque chose?

Alors, les écrivains : on avait pris pour toi (essayons la deuxième personne) un rendez-vous avec Borges. Une vieille dame qui portait un nom illustre dans la littérature française, qui allait au ciné avec lui (voir toujours le même film, te disait-elle), quand ils étaient jeunes tous les deux. Tu arrives chez lui, dans un immeuble de la *calle Maipú*, à Buenos Aires. Une plaque de cuivre sur la porte : Borges. Tu sonnes, tremblant, la *mucama* t'ouvre, t'introduit dans un salon (tu as peut-être déjà raconté la scène, dans un autre livre, tu ne te souviens plus duquel, vous non plus sûrement, alors ce n'est pas grave, n'est-ce pas Borges d'ailleurs qui a écrit que nous répétons toujours les mêmes histoires originelles?). Et là, consternation. C'est une espèce de salle d'attente, il y a des chaises le long des murs, sur trois côtés, avec des solliciteurs assis dessus, en quête l'un d'une préface, l'autre d'une recommandation, qui te regardent par en dessous : un concurrent. Sur le quatrième côté, un sofa vide. Tu n'as rien de précis à lui demander, à Borges, tu as juste pris ton courage à deux mains pour parler avec lui de Buenos Aires, tu as lu tout ce qu'il a écrit sur sa ville, tu connais tous les lieux autrefois louches qu'il a évoqués : le « faubourg délabré et aplati » qu'on nommait la « Terre de feu », sur lequel ont poussé des immeubles résidentiels, les rives du *rio* Maldonado recouvert à présent par une avenue, le *puente de los Cuchilleros*, le « pont des Surineurs » où il emmena Drieu une nuit... où il y a peut-être maintenant une station-service, ou un McDo (j'ai oublié). Mais avoir avec lui une conversation à bâtons rompus en présence de tous les autres, qui en plus vont manifester leur impatience, forcément, en toussotant, raclant des pieds, etc. Un peu comme lorsqu'on fait la queue pour acheter un billet de train — parce qu'on est un attardé qui n'achète pas ses places par Internet —, et que devant vous il y a un type — un vieux comme vous, en général — qui prétend se faire délivrer un billet pour Brive-la-Gaillarde en passant par Montluçon, avec réduction senior, son petit-fils qui a le tarif enfant, un chien (est-ce qu'il n'y a pas un tarif chien ?) et un vélo, et dans le sens de la marche s'il vous plaît. Et est-ce qu'il n'y a pas moins cher, un autre jour ? Bref, c'était tout bonnement impensable. Là-dessus, l'illustre aveugle entre dans le salon, appuyé sur sa canne et guidé par la *mucama* qui l'aide à prendre place sur le sofa, les deux mains posées sur la canne, les yeux de guingois. À qui est-ce le tour ? Au premier de ces messieurs. Impossible, décidément. C'est alors que tu comprends comment t'en tirer : il est aveugle ! *Ciego !* Il ne verra rien si tu t'en vas sur la pointe des pieds. Et tu te lèves, très délicatement, et tu marches comme un chat, évitant de faire craquer les lames du parquet, et les autres ne disent rien, évidemment, trop contents, et la *mucama* t'ouvre la porte, te voilà sur le palier, te voilà dans la rue, tu achètes *La Nación* ou *Clarín*, tu allumes une Parisienne filtre, tu es libre ! Et c'est ainsi que tu as rencontré l'un des principaux écrivains du vingtième siècle. Tu es un marginal. Tu n'attires pas la lumière, a dit un jour une petite crapule télécrivaine. Eh non, petite tête de buzz, ivre de lumière artificielle comme un papillon de nuit. Je ne fais pas de bruit non plus. Je fais partie des Forces spéciales.

C'était à Buenos Aires, et c'était il y a longtemps. Les militaires étaient encore au pouvoir, une trinité honteuse : un vieil ivrogne de la biffe, un amiral lubrique et un aviateur à tête de cheval-momie. Buenos Aires : ses gratte-ciel avortés, ses gares anglaises et ses cimetières italiens, son estuaire « couleur de lion » dans lequel des avions clandestins précipitaient des opposants politiques, les nuages bleus des jacarandas, ses grandes avenues dévalées par les *colectivos* bariolés comme des poissons de récif, ses *confiterías* parées de bois sombre et de vieux miroirs où se multipliaient les yeux de beautés créoles, son vacarme et la fumée rose des gaz d'échappement, ses crieurs de journaux, ses cireurs de chaussures, ses violonistes de rue et ses joueurs d'échecs, les kiosques où l'on pouvait jusqu'à l'aube acheter des cigarettes ou des fleurs, une poussière d'or autour de l'obélisque, ses taxis noir et jaune et les Ford Falcon des nervis paramilitaires, les étranges inscriptions que « des doigts errants » comme ceux de « l'Affiche rouge » avaient tracées sur les murs : *Reaparición con vida*, « Réapparition en vie »... J'avais, dans cette ville sauvage et raffinée, un ami avocat, Horacio, grand cavalier, grand cavaleur, un type bien, gai, élégant, qui défendait au risque de sa vie les familles des disparus. C'était aussi un admirateur de Napoléon, *che*! et il tenait caché sous son bureau un sabre de la Grande Armée pour se défendre au cas où un tueur serait venu pour en finir avec son insolente résistance. Ce n'était pas un fantasme, une fois le *portero* au bas de l'immeuble où il avait son cabinet, sur Diagonal Norte, l'avait prévenu, au moment où il allait prendre l'ascenseur, que deux types à sale gueule étaient montés jusqu'à son étage. Planqué, il les avait vus redescendre bredouilles. Des années plus tard, il en avait reconnu un dans un café et s'était présenté, c'était bien dans son genre. On était venus pour vous défenestrer, lui avait tranquillement dit l'homme de main, un ancien boxeur.

Sur le port du Pirée, il y avait une guitoune de l'agence Delphini annonçant qu'ils vendaient *eisiteria se olo ton kosmo*, des billets pour le monde entier. Ce que je voudrais faire avec ce livre, c'est un peu le boulot de l'agence Delphini : aussi vantard que ça. Je songe à cela en écoutant la musique qu'Eleni Karaindrou a composée pour *L'Éternité et un jour*, le film d'Angelopoulos. (Un vieil écrivain pas loin de la fermeture définitive, qui revoit des scènes de sa vie : j'aimais — non sans quelque mélancolique complaisance — m'identifier au protagoniste du film, d'autant qu'il est joué par Bruno Ganz. Je voudrais moi aussi danser au bord de la mer, en grand manteau trempé de pluie, avec celles que j'ai perdues : mais je sais que c'est un rêve.) Une autre image me vient à l'esprit : celle d'un jeune ramendeur de poteries, en Égypte, à Saqqara. On disposait devant lui, sur le sable, les dizaines de tessons remontés de la fouille dans des bannes de tiges de palmiers. Il réfléchissait longuement, silencieux, immobile, assis en tailleur comme les scribes et les serviteurs royaux dont les silhouettes peintes se voyaient encore sur les blocs de calcaire à une dizaine de mètres sous la surface, au fond du puits de fouille. Puis, sans apparente hésitation, il choisissait trois ou quatre tessons, les encollait, les assemblait, et les cassures en effet s'ajustaient. Puis il se replongeait dans sa contemplation immobile, avant de recommencer. À la fin de la journée, il pouvait avoir reconstitué un vase canope. Il m'avait emmené dans son gourbi de terre séchée, sur le plateau dominant la mer de palmes du Nil. La grande pyramide à degrés du roi Djoser tremblait dans les lames d'air chaud. Il m'avait montré les certificats que lui avaient décernés les archéologues pour qui il avait travaillé. *He is outstandingly intelligent,* avait écrit l'Anglais Harry Smith, *very gifted and patient,* ajoutait le Dr Eugen Strouhal, anthropologue tchèque, et je crois qu'ils ne se trompaient pas. C'est le même genre de travail que j'entreprends : rabouter, coller des dizaines d'éclats de souvenirs, en recomposer un vase imparfait, fracturé, dont je ne serai que le vide central.

Là-bas, en dessous, précédés par le faisceau poudreux des lampes frontales, on rampait sur le sable, sous les blocs hirsutes de cristaux longs et souples qui me faisaient me souvenir de ce vers où Whitman dit de l'herbe *and now it seems to me the beautiful uncut hair of graves,* « voici qu'elle me semble la splendide chevelure non coupée des tombes ». Provenant des momies de chats offerts à la déesse Bastêt, dont les guenilles traînaient partout, des milliers de puces pétillaient dans l'air chaud, légèrement puant (une odeur de pourriture ancienne, entre sucrée et acide, la même un peu que je sentirais à Armero, en Colombie, sur les champs de boue où flottaient les morts tués par l'éruption du volcan Nevado del Ruiz). Au détour d'une galerie, on tombait sur des chapelles funéraires dont mon ami égyptologue, suivant du doigt le tracé des hiéroglyphes, me présentait avec enthousiasme les occupants : Resh, son fils aimé Mery-Ptah, Mery-Sekhmet, chef du double grenier, Nehesy le Nubien, commandant de l'expédition du pays de Pount, le Soudan où j'irais bien plus tard, Mery-Râ, chef de la Maison du Roi quand Sa Majesté était encore un enfant. Frises, rouge sur noir, de moissonneurs, de meneurs de bœufs, de constructeurs de bateaux, zigzags turquoise ceignant des carrés ocre, Osiris au sombre profil, Isis à ses pieds, grands et rouges, les pieds, de vrais arpions, sortant du sable, de la nuit...

Una giornata al mare... Solo e con mille lire... Tu écoutes distraitement un vieil air de Paolo Conte, un chanteur de ton temps... *Ti splende negli occhi la notte / Di tutta una vita passata a guardare / Le stelle lontano dal mare...* Pas besoin de traduire, n'est-ce pas? Pas bien gai, c'est comme *L'Éternité et un jour*, mais y a-t-il une obligation d'être toujours gai quand vos amis meurent, qu'avec eux s'en vont des pans de votre vie, et que vous-même êtes invité par courrier personnalisé à penser à vos obsèques? Que vous vous retrouvez, une fois par an au moins, petite foule au crématorium du Père-Lachaise, réunions mélancoliques qui sont chaque fois une variante un peu fruste de la fameuse matinée chez le prince de Guermantes — ces pages sublimes d'intelligence, d'humour cruel? Ce sont nos derniers salons, sous la coupole bleue étoilée qu'escalade une sorte de cité idéale. Pas de généraux, pas d'altesses, ici, des vieux camarades, pas revus depuis des années, et qu'on évalue d'un coup d'œil anxieux. Arrondis, gommés comme de vieux savons, tous, ou presque (mais les savons maigrissent en vieillissant, eux).

Marc, longs cheveux gris, il a bien changé, mais pas tant que ça finalement. A rapetissé, il te semble — déjà qu'il n'était pas bien grand. Antoine, ses fanons de vieux bœuf serrés dans une écharpe verte, chapeau blanc et pompes bleues, a l'air d'une très vieille femme. Sylvie a toujours la même troublante voix rauque, mais elle est squelettique. Jules, lunettes noires, foulard blanc, cheveux plaqués en arrière, très droit dans un manteau sombre, il ne s'en tire pas mal. Comme Vincent, bronzé, cheveux gris drus comme une brosse à bougies. Qu'on le veuille ou non, chacun se compare aux autres, essaie de porter beau. Tu redresses le dos, en dépit de la fatigue. Ça grince. Que personne n'aille dire de toi : « Dis donc, il en a pris un coup, je ne l'aurais pas reconnu. Bien amoché... » Avec tout l'alcool que tu as éclusé dans ta vie, tout le tabac que tu as fumé... Que personne ne lise sur ton visage le « sourire de vieux marchand d'habits ramolli » que Marcel s'étonne (et se réjouit) de trouver sur celui de M. d'Argencourt, qu'on voie plutôt en toi, comme dans le vieux duc, « une ruine, mais superbe, et moins encore qu'une ruine, cette belle chose romantique que peut être un rocher dans la tempête ». Morbleu ! Morsure de la vanité dans la tristesse. Victor a encore une belle tignasse noire, quand tu lui glisses quelques mots il tourne la tête dans tous les sens, l'incline comme le ferait une poule, essayant de capter tes paroles : il est sourd comme un pot. Il est incroyable que vous ayez tous été des jeunes gens ardents (mais vous devriez savoir que « c'est avec des adolescents qui durent un assez grand nombre d'années que la vie fait des vieillards »). Ce sera bientôt le tour de l'un ou l'autre d'entre vous, chacun le sait et ne peut s'empêcher de se demander qui fournira l'occasion des prochaines retrouvailles. Sur les marches, ensuite, tandis que retentit la *Passion selon saint Matthieu*, on hésite à se quitter. Pour ça, peut-être ?

Je déteste cet usage moderne de la crémation, pour des raisons historiques évidentes, mais aussi parce que j'aime les cimetières. (Ciel ! qu'ai-je dit là...) Pas par délectation morose, non, pas par affectation romantique, mais parce qu'ils sont des lieux où le passé se manifeste discrètement, silencieusement. Il ne demande rien, il est là. Ah, je sais bien que le passé est proscrit, banni, qu'il est tenu désormais pour une chose dégoûtante, une maladie honteuse qui nous empêcherait de jouir du présent, devenu le temps unique. C'est pourtant de là qu'on vient, mes chéris. Nous sommes tout tramés de passé, qui est aussi la matière même de la littérature. Pour commencer à découvrir une ville, deux endroits, selon moi : ses gares pour connaître ses habitants actuels, ses cimetières pour être présenté à ses morts, c'est-à-dire à son histoire. Sans compter qu'il y en a de très beaux — pas les contemporains, que la laideur futile des tombes, en marbre noir pailleté, poli, coiffé en vague, décorées l'une d'une guitare, l'autre d'une planche à voile, une autre encore d'un casque de moto (pourquoi pas un plat de cassoulet, une niche à chien ?), rend sinistrement divertissants.

Non loin de l'usine *Praszko Papirny NP*, couronnée de slogans rouge et or vantant le socialisme, le cimetière juif de Prague, dont l'herbe avait envahi les allées, et des arbres poussaient dru, pleins d'oiseaux, lilas blancs, marronniers roses, bousculant dalles et stèles — Dr Franz K., Hermann K., Julie K. Derrière une gare d'autobus, près de l'aqueduc de Saladin, au Caire, un cimetière chrétien dévasté, mais dont le vieux gardien t'avait pris par la main — et ce geste donnait une plus grande foi en l'humanité que toutes les proclamations qu'on lit dans les journaux — pour te montrer, sous des anges de plâtre mutilés, les caveaux ouverts comme pour une Résurrection ratée. Des huppes volaient entre les croix, des bougainvillées jetaient des taches de sang sur les gravats. (J'étais allé visiter ce cimetière et quelques autres ruines attenantes pendant que mon ami Nessim, collectionneur de vieilles voitures — il avait eu une Isotta Fraschini et la Rolls de la reine Nazli, mère de Farouk, « une des trois au monde dont le tableau de bord portait des inscriptions en arabe » —, patientait non loin de là dans une ruelle d'un bidonville d'Ain el-Sira où un gros mécano arménien auscultait sa Bentley 1952. La voiture — arrière effilé de yacht, avant de locomotive à trois phares — faisait paraît-il un petit bruit, imperceptible à mes oreilles profanes mais qui fâchait Nessim : le moteur aurait dû être silencieux au point qu'on « ait l'imprression d'êtrre rremorrqué », me disait-il avec son charmant accent égyptien. L'Arménien écoutait le moteur avec un stéthoscope, ses aides lui passaient des pièces de rechange miraculeusement surgies, enveloppées de papier huilé, des profondeurs du bidonville, Nessim, assis sur un tabouret, buvait des petits verres de thé, et moi j'avais fini par en avoir marre d'attendre la satisfaction de ce qui me paraissait une lubie pittoresque.)

Au creux d'un vallon, sur l'île des Pins, en Nouvelle-Calédonie, le cimetière des déportés de la Commune, pierres au sol sous l'herbe haute, pas de croix, une pyramide avec les noms (l'un d'eux s'appelait Gaydamour) et l'inscription « À leurs frères morts en exil — Souvenir des déportés de 1871 », et non loin la mer étincelant sous les palmes, la splendeur de la Nature que seule sut reconnaître Louise Michel. Le cimetière des Rois mages à Goa, dont les enfeus délabrés semaient crânes et tibias parmi les bouses de vaches dans la poussière rouge, sous les hauts cocotiers, et la langue portugaise des inscriptions funéraires aussi se délitait, remplacée peu à peu par l'anglais, puis par rien, car le cimetière était abandonné (à côté, devant la prison des *Reis Magos*, un écriteau rendait un involontaire hommage à la littérature comme moyen d'évasion, interdisant d'introduire dans ses murs « alcool, ganja, opium, feuilles de bétel, échelles de bambou, bâtons, couteaux, armes à feu, livres »). Le cimetière marin de Saint-je-ne-sais-plus-quoi (il n'y a que des saints sur tout le tour de La Réunion, les curés ont bien fait leur boulot — alors qu'il y a dans l'intérieur de si beaux noms, si imagés, Rivière des Pluies, Ravine Patates à Durand...), avec près des brisants la tombe d'un type qui était capitaine au long cours et est mort en duel, une belle vie et une belle fin, à mon avis, et celle, ornée d'un petit buste doré assez moche, de ce bon vieux Leconte de Lisle dont on nous apprenait autrefois les poèmes à l'école... Mon ami Serge, qui était comme mon père et mon frère à la fois, qui connaissait beaucoup de poèmes par cœur, qui m'expliquait les strophes du *Cimetière marin*, aimait réciter *Le Cœur de Hialmar* : « Une nuit claire, un vent glacé. La neige est rouge. / Mille braves sont là qui dorment sans tombeaux / L'épée au poing, les yeux hagards. Pas un ne bouge. / Au-dessus tourne et crie un vol de noirs corbeaux. » Ça c'est de la versification ! Aragon y a pensé pour son *Téméraire*, et peut-être même, qui sait, Rimbaud pour son *Dormeur du val.* Le cimetière du *Cerro Panteón* à Valparaíso, comme une espèce de vaisseau fantôme abandonné aux chiens errants et aux oiseaux, voguant au-dessus de la baie où d'autres navires tournent sur leurs ancres... Le cimetière de Khair Khana, sur une colline dominant Kaboul où les roquettes tombaient au hasard, les stèles ou les simples pierres sur des tumuli grossiers, les drapeaux verts claquant dans les nuages de grésil, les inscriptions disant par exemple « Mon cher fils, un tyran t'a tué, maintenant tu es l'hôte de Dieu, tu es parmi les fleurs, mais tu es sous la terre, ma fleur magnifique ».

On arrivait à Kaboul, à l'époque, par un avion introuvable, qu'aucun panneau n'annonçait à l'aéroport de Delhi, de la compagnie Ariana (j'ai longtemps gardé sur un de mes sacs de voyage une étiquette, qui me semblait un trophée enviable, de cette compagnie rare). On atterrissait à Bagram, qui n'était pas encore une base américaine, mais avait été une base soviétique. Dès l'arrivée, le paysage prenait à la gorge : le Tupolev en bout de piste sur ses pattes grêles, posé sur un plateau caillouteux jonché d'épaves de machines de guerre, bombardiers, hélicoptères, chars et véhicules blindés divers poudrés de neige, certaines assez présentables encore, d'autres complètement désossées. Des *moudjs* très barbus et enfouraillés, comme il convenait, m'avaient fait bon accueil, m'assurant que *França* et Afghanistan étaient *friends* (je ne sais pas pourquoi on passe si souvent pour les amis du genre humain, ce doit être notre génie). La muraille blanche de l'Hindou Kouch barrait la plaine au nord, proche (ou paraissant telle). Si j'avais été metteur en scène, j'aurais aimé monter un drame de Shakespeare dans ce décor, *Richard III* par exemple.

Cheminant le long de la Kabul River, consultant ma carte, je n'étais qu'à moitié rassuré, car ceux qui tenaient l'autre rive ne m'auraient sans doute pas accueilli comme un *friend* : les partisans du sinistre Gulbuddin Hekmatyar (ce sbire de l'ISI, les services pakistanais, est toujours en vie à l'heure où j'écris, la mort est injuste). Pour les amateurs de ruines, le paysage était enthousiasmant. Le soleil couchant dessinait dans ce hachis urbain des ombres aberrantes, qui s'entremêlaient et se confondaient, noir sur ocre, avec les plissements des montagnes environnantes. Les toits de tôle froissés faisaient un bruit de tonnerre dans le vent. C'était comme si un marteau géant avait écrasé ces constructions de brique, laissant subsister presque intacts ici une mosquée à colonnes corinthiennes blanches et clochetons bleus, qu'on aurait dite italienne (ou pétersbourgeoise), là le petit palais anglo-mauresque d'un marchand d'autrefois. La destruction ne s'installe pas de la même façon dans une ville de brique ou dans une ville de béton. Je me souviens de la place des Martyrs, dite encore place des Canons, sur la ligne de front à Beyrouth pendant la guerre civile. Un capitaine manchot des Forces libanaises m'y avait mené dans sa Toyota au pare-brise orné d'une sainte vierge. Les grands immeubles étaient debout, mais criblés de trous de différents calibres, comme si des mites géantes s'y étaient attaquées. Des herbes, des arbustes avaient soulevé le macadam, des oiseaux y profitaient tranquillement de la guerre. Je m'étais dit que si elle finissait un jour, cette guerre — et il faudrait bien que ce soit le cas, au moins provisoirement —, on devrait laisser la place dans cet état afin de témoigner de ce que peut la folie des hommes, c'eût été le plus grandiose des monuments, on serait venu le visiter de loin. Ce n'est pas le parti qui a été adopté, la spéculation immobilière a ses raisons, surtout au Liban... Le soir, le capitaine manchot m'avait invité chez lui, à Aïn Remmaneh. Chez lui, c'était une pièce en parpaings nus éclairée par une unique ampoule au plafond. Il y cohabitait avec son frère, qui ne quittait pas sa kalach, même pour dîner, ses vieux parents en robe de chambre assis sur leur lit défait, et un chat gris. Sur une table, une photo d'un frère tué par les *mourabitoun* syriens, à côté d'un petit bouquet de roses. Au mur, un chromo de la Cène. « On n'a plus d'espoir qu'au Bon Dieu », me disait-il. « On va pas partir. S'il n'y a plus de conscience dans le monde, *khalass*, on va mourir ici. » Les parents approuvaient. Pour eux, de toute façon, les carottes étaient cuites. Pour me ramener à l'hôtel Alexandre, à Achrafieh, il avait démarré, dans une pétarade infernale, le petit blindé M113 qui lui servait en quelque sorte de véhicule de service. C'était son frère qui conduisait, lui se tenait à la mitrailleuse 12,7. Crachant des flammes, cliquetant des chenilles, l'engin prenait des virages à angle droit, les rues étaient noires, encombrées de carcasses, il fallait baisser la tête car les *Hezbs* et les *Souris* (les Syriens) n'étaient pas loin, de l'autre côté d'un fossé d'ombre, m'assurait-il (il me semblait que s'ils étaient si proches, ce n'était pas le moyen le plus discret de se déplacer, mais je n'y connaissais rien), les étoiles brillaient au-dessus de nous, je me tapais des petits coups d'arak et je dois reconnaître que j'étais peinard.

Aux environs de Jadayi Maiwand, les « Champs-Élysées de Kaboul », qui évoquaient plutôt à vrai dire ces vues des villes de l'est de la France au sortir de la Grande Guerre, installé sur une chaise au pied d'une ruine, un *moudj* m'avait hélé : *Tchaï ?* D'accord, va pour le thé. Je le suis à travers les décombres, toujours pas bien sûr de la couleur politico-religieuse des occupants du lieu. Enfin, il a l'air amical. On débouche dans une pièce surchauffée par un poêle à bois (dehors il gèle, on est en décembre ou janvier), autour duquel une douzaine de ses congénères, barbus et coiffés du *pakol*, sont assis sur des tapis. Massoud porte le *pakol*, d'accord, cette espèce de béret que certains prétendent une survivance du temps où l'armée d'Alexandre de Macédoine campait dans la région, mais ceux d'en face peut-être aussi ? Les murs tapissés d'affiches ne me donnent guère d'indications : une vue de New York, une autre d'un port de la Riviera française ou italienne (c'est plutôt bon signe), de la Ka'aba (inévitable), d'autres de Karachi (mauvais, ça), le portrait d'un enturbanné à barbe très noire qui ne me dit rien qui vaille. Dans de tels cas, paumé au milieu d'un champ de bataille, le voyageur tant soit peu lettré pense inévitablement à Fabrice à Waterloo : je ne déroge pas à la règle. Je crois distinguer dans leur conversation le nom de Peshawar, je les entends répéter sans cesse « journaliste », mais ils ont décidément l'air de bons garçons, un peu virils et armés, mais bons garçons quand même. Enfin, ils me désignent le sud tout proche, chez Hekmatyar, et me font comprendre qu'il ne faut pas que j'aille traîner par là, faisant le geste de trancher la gorge. Je suis du bon côté, tout va bien. D'ailleurs, je crois comprendre que le portrait de l'inquiétant barbu est celui d'un commandant mort, car on me fait signe, tête inclinée sur les deux mains jointes, qu'il dort : et il me semble que s'il était en train de piquer un petit roupillon, on ne me signalerait pas une occupation correspondant si peu à l'image qu'un soldat se fait de son chef. Je peux boire tranquillement mon thé brûlant et très sucré.

Pourquoi va-t-on faire le touriste au milieu des guerres civiles ? Peut-être, il ne faut pas l'exclure, pour se donner des émotions. Cela n'a pas que du ridicule — même si ça en a, aussi. J'ai évoqué, au tout début, le désir d'être autre. On peut espérer le réaliser furtivement, à l'improviste, dans des situations dangereuses. C'est une curiosité qui n'a rien de honteux, qui ne fait de tort à personne, après tout. Il y a bien des gens qui paient très cher pour éprouver, quelques instants, la sensation de l'apesanteur. Pas forcément autre, d'ailleurs, mais... inattendu. À Sarajevo, l'explosion très proche d'un obus me réveille, tôt le matin. Mon premier réflexe est de m'habiller en vitesse, non pour descendre dans la rue, mais pour ne pas risquer de mourir nu. Quelle idée ! Cela me surprend, je n'aurais pas imaginé cela (lors du seul accident de voiture que j'ai eu, il y a longtemps, je dois m'extraire par la portière qui se trouve désormais au-dessus de moi, je me hisse hors de l'habitacle, j'ai atterri au milieu d'un champ de boue qui a d'ailleurs amorti la cabriole, ma première pensée, si on peut appeler ça ainsi, est que je vais salir mes chaussures). À moins de perdre le sens de la mesure, on n'y va pas pour se donner et donner aux autres l'illusion de la bravoure (je le dis au prix d'une certaine lourdeur, ou d'être suspecté de dénégation, parce que, parmi les conséquences de la prolifération de l'universel baratin, on s'accorde à déplorer, à raison, l'encouragement aux expressions haineuses, mais on néglige en général, comme faisant moins de dégâts visibles, le triomphe de l'outrecuidance). De vrais courages, j'en ai vu parmi ceux qui vivaient dans le danger, à qui il était imposé et qui décidaient de le traiter par le mépris. Ce vieil homme (enfin, vieux comme moi à présent) qui à Beyrouth, habitant sur la ligne de front, n'en prenait pas moins son bain de soleil quotidien face aux snipers. Il m'avait emmené promener jusqu'à la muraille de conteneurs qui marquait la frontière entre l'Est et l'Ouest, les deux parties ennemies de la ville. C'est la seule fois de ma vie où j'ai *entendu* des balles siffler, miauler plutôt, comme des chats sauvages (« ces longs fils d'acier tentants » qui entourent Bardamu au début du *Voyage...*), et lui ne baissait pas la tête (moi si). Ou bien ce prof qui, à Sarajevo, allait tous les matins en petites foulées à son bureau dévasté de l'université, simplement pour ne pas s'en laisser conter par la guerre. Acte gratuit, bravade modeste. Il est mort maintenant, mais d'un cancer, je crois. Alors, même si c'est pour tenter de faire l'expérience de ce qu'on est, ou de ce qu'on est aussi, l'espace d'un instant, pourquoi pas ? Et puis on ne va pas n'importe où, de n'importe quel côté. Si faiblement utile qu'on soit, si sceptique parfois, on a tout de même choisi un camp, on n'irait pas chez ceux d'en face, avec les intégristes manipulés par les services secrets pakistanais, ou les Serbes génocidaires de Karadzic, ou l'armée syrienne de Hafez el-Assad, père de l'actuel Bachar, non moins cruel que lui mais bien plus honoré par la presse occidentale, comme le Bismarck du Moyen-Orient.

Et puis aussi, finalement, si on va là-bas, à Kaboul, à Beyrouth ou à Sarajevo, (ou à Djouba, à Hodeïda ou à Gaza, que je ne connais pas), c'est parce qu'on est curieux du monde, et qu'il est comme ça aussi, plein de bruit et de fureur qui nous échappent largement, et qu'à un moment on ne se contente plus d'en entendre parler par la radio, on a envie d'aller voir là-bas, loin, à quoi ça ressemble, cette immense cacophonie. Voir, apprendre à voir, c'est l'abc du métier d'écrivain. Perec, citant Jules Verne en exergue de *La Vie mode d'emploi* : « Regarde, de tous tes yeux regarde ! » Ce livre que j'entreprends, auquel je commence à croire, je pourrais l'appeler *Choses vues* — ceux qui n'ont pas lu ce formidable recueil ne savent pas quel écrivain-Protée était Victor Hugo, tour à tour libertin, portraitiste à l'eau-forte (Thiers, Blanqui...), chroniqueur, polémiste, militant (les prisons), avocat de la liberté d'aimer, ancêtre inattendu de « l'école du regard » (les descriptions méticuleuses, maniaques presque, du long texte sur l'exécution de Tapner à Guernesey).

Massoud, je l'ai rencontré une fois. Une Toyota m'avait conduit de bon matin dans une première caserne où on avait récupéré un autre 4 × 4 d'escorte, puis dans un second cantonnement où on nous avait indiqué le lieu du rendez-vous. Notre convoi fonçait à une allure folle sur la route de Paghman, les *moudjs* aux portières brandissant leurs kalachs, vociférant, projetant dans les fossés ânes et âniers effarés. Au bout d'une dizaine de kilomètres, sur la droite, de l'autre côté d'un torrent, une ancienne *guest house* était ce qui restait d'un club de golf britannique. C'était là. Dans la salle à manger, le « Lion du Panchir » prenait son petit déjeuner avec quelques commandants en treillis. Profil assyrien, longs yeux effilés, petite barbe pointue très dix-septième siècle (Richelieu, duc de Guise, etc. Regardant des portraits de l'époque, celui d'Henri II par François Clouet, je m'aperçois que le *pakol*, macédonien ou pas, ressemble fort à l'espèce de galette que les grands personnages portaient volontiers alors). Les mains lentes cueillaient du poisson grillé, du fromage aigre, les paroles étaient rares, dites à voix basse, on entendait le murmure du torrent, les visages brillaient faiblement dans l'ombre, la scène avait quelque chose d'une cérémonie sacrée. On m'avait fait asseoir à l'écart, je me demandais un peu ce que je faisais là, j'avais l'impression d'assister à un rite secret, de temps en temps Massoud faisait signe qu'on me resserve du thé. Au bout d'une demi-heure, enfin, il s'était levé, j'avais pu commencer à l'interviewer, dans une pièce à l'étage. Rien de ce qu'il m'avait dit n'avait démenti l'idée que je me faisais de lui — un homme grave, réfléchi, défenseur d'un islam modéré qui ne prétendrait pas régenter la vie publique. Je crois que j'étais plutôt intimidé. Dix ans plus tard, j'irais sur sa tombe, une simple rotonde blanche percée de six fenêtres et de deux portes, coiffée d'un dôme de tôle verte, sur une butte au-dessus du village de Bazarak. Tout autour s'arrondissait un cirque de montagnes fauves crêtées de neige. Au fond de la vallée, le Panchir écumait sous les saules, couleur de jade, du maïs séchait sur les terrasses. Le vent faisait claquer un drapeau vert frappé d'une inscription coranique en lettres arabes au-dessus d'un assez incongru secrétaire à pieds galbés flanqué de deux fauteuils. Je m'y étais assis, j'avais signé le registre des visiteurs et sans doute écrit une phrase qui n'était pas inoubliable et que j'ai oubliée. À Douchanbé, plus tard, au cours d'un dîner avec des « expatriés », j'avais été confronté à cet esprit de dérision dont les Français s'enorgueillissent : c'était un tueur comme les autres, selon eux (je ne crois pas), en plus son mausolée était minable, avec son toit de tôle — que n'auraient-ils pas dit s'il avait été en marbre ?

Beaucoup d'images de Kaboul se bousculent dans ma mémoire, beaucoup aussi de Beyrouth. On est plus attentifs dans ce genre d'environnement, où d'ailleurs il se passe plus de choses, on rencontre des gens plus insolites, plus éloignés de ce que nous croyons être la vie humaine, et cela peut être encore une raison d'y aller voir. Je me souviens d'Ali Reza, un gamin de seize ans, qui m'avait lui aussi invité à prendre le thé dans les ruines à Chindawol avec ses frères d'armes, dont un cul-de-jatte qui ne pouvait retenir ses larmes devant un chromo représentant le cheval de l'imam Hussein revenant de Kerbala sans son maître, tête basse et plus hérissé de flèches qu'un saint Sébastien. Lui-même (le cul-de-jatte) avait marché sur une mine antipersonnel, mais son sort semblait le chagriner moins que celui du petit-fils malheureux du Prophète. Ali Reza portait un casque de tankiste, deux grenades à la ceinture et l'inévitable kalach. Son père était portefaix, lui-même espérait aller à l'école un jour (je me demande si son vœu a été exaucé). Il n'était pas sûr d'avoir déjà tué un ennemi, peut-être mais il n'avait pas eu loisir de le vérifier, il n'était pas vantard. Je me souviens d'un *first commander* du Wahdat (une milice de l'autre bord) qui, assis en tailleur au milieu d'un salon dévasté d'un ancien palais royal dont il arrachait lambris et marqueteries précieuses pour nourrir son poêle, regardait des films de kung-fu, des bandes de balles de mitrailleuse croisées sur sa poitrine (et c'était une version plus sauvage d'une scène dans le palais Anitchkov, en 1917 ou 1918, que décrit je ne sais plus où Isaac Babel). Dans un asile de fous (il serait exagéré d'appeler cet établissement « hôpital psychiatrique »), je me souviens de visages du malheur (parce que les autres, les combattants, pas plus qu'à Beyrouth n'avaient en général l'air malheureux) : têtes de vieilles femmes plus fripées que la terre, enroulées dans des couvertures sur des bat-flancs ; une borgne qui hurlait, demandant qu'on la laisse sortir, qu'elle voulait se marier, qu'elle avait besoin d'un mari ; voix rauques, petites voix cassées, pas de voix du tout : dans une pièce à part (c'était un asile pour femmes) un homme à la face grimaçante, écarquillée, presque hilare, de très vieux chat, qui était là depuis vingt-trois ans, ne disait plus un mot, ne proférait aucun son, se retournait sur sa couche, veillé par sa mère qui aurait aimé, me faisait-elle dire, qu'une roquette les tue une bonne fois pour toutes. Entouré de visages de Méduse, un énorme chaudron où bouillottait le riz du jour répandait sa fumée sur ce pandémonium. C'est difficile, me disait la soignante aux beaux yeux verts, mais je les aime quand même. Dans un autre asile, pour hommes celui-là, un enfant recroquevillé au bout de sa couche, genoux serrés, ramenés sous le menton, famélique, sa mère est morte, son père remarié ne veut plus de lui ; un homme assis à la fenêtre, jambes pendant dans le vide, regarde le paysage dévasté que couvre la neige ; d'autres marchent lentement dans la cour, une bouche édentée me désigne en hurlant des tombes de fous tués par une roquette. Crânes rasés, fumée des poêles, sur tout ça l'écho lointain du canon roulant dans la montagne.

Il n'y a pas de bout du monde, le monde est parfaitement cousu à lui-même, mais certains lieux, pour lesquels j'éprouve une incontestable attirance, sont tout de même plus susceptibles que d'autres de recevoir cette appellation. Il y a peut-être une espèce bizarre de snobisme dans cette dilection, la fierté un peu enfantine de ne pas aller à Venise comme tout un chacun, mais c'est surtout que s'y ressent mieux qu'ailleurs, plus tranquillement, plus naturellement, l'éloignement de cette broussaille de modes, d'engouements, désirs, tabous et mythologies, et d'actualités aussi impérieuses qu'éphémères, qui fait l'habitus d'une époque. Je n'apprendrai rien à personne en disant que vieillir, c'est faire l'expérience de cet éloignement : comme une côte vue d'un bateau qui prend le large, le paysage lentement s'estompe. La langue elle-même, certains de ses territoires vous sont étrangers — cependant que celle que vous pratiquez, qui vous semble pure comme le cristal, à d'autres est devenue obscure. Je lis dans *Le Monde*, quotidien qui se faisait autrefois remarquer par son style à la monsieur de Norpois, des phrases du genre « Facebook fait le pari des chatbots. Le réseau va permettre aux entreprises d'utiliser ces robots de conversation sur Messenger ». Une langue éventuelle de la planète Mars ne me serait pas sensiblement moins intelligible. (Écrivant cela, c'est autant et même plus de moi que je me moque que du quotidien du soir.) Je ne m'égare pas tout à fait : cette expérience d'un lent *éloignement du monde* (avec une minuscule...) vous rend plus réceptif au charme secret de certains lieux où ledit monde n'existe pas, ou bien si dilué qu'il n'est pas incommodant. Je ne conseillerais à aucun jeune couple d'aller faire un voyage de noces à Porvenir en Terre de Feu, par exemple, mais pour un type dans mon genre, cette ville dont le nom, ironiquement, signifie « Avenir », est une destination qui a ses mérites.

Une ville, c'est un grand mot. Un peu moins de six mille habitants, au bord du détroit de Magellan, l'un des plus beaux noms tatouant la peau du globe, pour moi. Bout du monde, peut-être pas, mais enfin à l'extrême bout de l'Amérique du Sud. Un employé de la Transbordadora Broom, la compagnie affrétant la barge qui dessert Porvenir à partir de Punta Arenas au Chili, m'avait assuré que c'était *una grande ciudad*, « une grande ville », puis il s'était repris : *grande, no, pero... con toda comodidad*, et même ça, « pourvue de toutes les commodités », était un peu exagéré. Sur la barge *Melinka*, une sainte vierge au fond d'une sorte de grotte bleue éclairée par des bougies électriques était l'objet des dévotions nauséeuses d'éleveurs de moutons dévastés par le mal de mer. Un fort vent chassait au-dessus de la Terre de Feu des nuages couleur de mâchefer, le détroit était tout soutaché d'écume.

Je remarque en passant que ce nom, Terre de Feu, a fait rêver non seulement des imaginations embrumées comme la mienne, depuis l'enfance (et c'est une des très rares choses qui me restent de l'enfance), mais même des esprits aussi rassis que le sec Jules Renard, parfait prosateur troisième-républicain, qui a dans son *Journal* cette rare envolée : « Par les soleils couchants, il semble qu'au-delà de notre horizon commencent les pays chimériques, les pays brûlés, la Terre de Feu, les pays qui nous jettent en plein rêve, dont l'évocation nous charme... » (Allez, Jules, lâche les amarres...) Cette contrée fabuleuse, j'en ai probablement découvert l'existence dans *Le Phare du bout du monde*, roman de Jules Verne remarquable au moins par les noms expressifs qu'il donne aux chefs des féroces pilleurs d'épaves : Kongre, « un malfaiteur redoutable, souillé de tous les crimes », et son second Carcante, « de caractère sournois, d'âme fausse ». Kongre et Carcante, ces noms pour individualiser de cauteleux salauds sont un chef-d'œuvre, qui justifie tout le livre... Des individus diaboliques, les parages pourtant (ou parce que) peu peuplés n'en ont pas manqué, notamment, au dix-neuvième siècle, un déserteur chilien, pirate et grand étripeur du nom de Cambiazo dont la devise était *Conmigo no hay cuartel*, « Avec moi pas de quartier », sur pavillon rouge à tête de mort, et qui finit fusillé puis débité à la hache en place publique à Valparaíso, ou encore Julius Popper, un chercheur d'or roumain demi-fou, un genre de Kurtz du *Cœur des ténèbres*, qui tirait les Indiens Selknam comme du gibier, ou plus près de nous le colonel SS Walter Rauff, inventeur des camions-chambres à gaz utilisés dans les « terres de sang » de l'Est, qui dirigea à Porvenir, après la guerre, une entreprise de conditionnement de crabes avant de finir tranquillement ses jours à Santiago, sous Pinochet (après avoir été employé par pas mal de services secrets occidentaux, et même israéliens, si j'en crois sa notice Wikipédia, qui est notre moderne Bible).

Porvenir c'était un amas de petites baraques de bois ou de tôle peintes de couleurs pastel au fond d'une baie, avec une modeste cathédrale bleu ciel, et des gros paquets de vent qui soulevaient des tourbillons de poussière dans les rues à angle droit. La maison où Rauff avait vécu seul avec un chien (un berger allemand, je suppose), il était question d'y poser une plaque. Ben voyons... On n'avait pas tellement de célébrités à se mettre sous la main à Porvenir, on n'était pas regardant sur la qualité. Pour l'heure, le journal local titrait sur l'éradication totale du castor de la Terre de Feu, qui avait été décidée en raison des dégâts que ces animaux causaient aux rares arbres de la grande île. Je demeurais à l'hôtel Rosas, j'y avais pour uniques commensaux deux curés, pas du modèle ascétique, qui s'empiffraient de *caracoles* (des escargots), serviette nouée autour du cou, au-dessus du col dur, suçotant et crachotant, louant sans doute le Seigneur en même temps qu'ils se torchaient les lèvres dans des serviettes empesées. Il faut dire que Porvenir est une bourgade très catholique, notamment parce qu'une bonne partie de la population est composée d'émigrés croates (parmi lesquels, je suppose, un certain nombre de descendants d'*Oustachis*). Quand j'en avais assez de la compagnie des curés, j'allais dîner au Club croate, où une serveuse qui ressemblait à un crapaud me servait par demi-pintes une espèce d'élixir de casse-tête nommé *coñac nacional*. Dès que je pénétrais dans la salle à manger déserte (mais il y avait, au-delà des fenêtres encadrées de dentelle, la présence nocturne du détroit, ce passage entre les deux grands océans, et cette compagnie me suffisait : juste du noir, mais un noir qui me parlait), cette malheureuse créature allumait la radio, estimant sans doute que cela faisait partie des aménités susceptibles d'embellir le repas d'un solitaire — et moi je me sentais si étranger, et si étrange, que je n'osais la prier d'éteindre. Puis je rentrais, avec une provision de gueule de bois pour le lendemain, par les rues où les chiens errants avaient commencé leur concert nocturne. Plutôt content de ma soirée. Somme toute.

Au bout des rues commençait la toundra, les étendues pierreuses, herbeuses de la Terre de Feu, sous des guenilles de nuages déchirées par un vent incessant. Sur les pistes on croisait peut-être un véhicule toutes les heures, un pick-up signalé de loin par son sillage de poussière. Parfois, sur le rivage au-dessus duquel s'étiraient des bandes d'eau et de ciel de tous les bleus possibles (bleuités, délires et rythmes lents !), l'épave d'un grand voilier en fer du début du siècle précédent. Des guanacos, assez ridicules avec leur lippe dédaigneuse que contredisait, à l'autre extrémité de l'animal, leur queue fourrée entre les jambes, détalaient à l'approche de la voiture. C'était dans ces parages que le nommé Popper avait exercé ses activités d'explorateur, de chercheur d'or et de tueur. Ce type qu'une photographie montre posant, fusil en main, tel un chasseur devant un fauve abattu, à côté du cadavre d'un Indien Selknam nu, son arc tombé près de lui, s'était taillé un petit empire en Terre de Feu, allant jusqu'à battre monnaie et émettre des timbres à son chiffre. Alors, dans un cimetière de pionniers abandonné, on était content d'apprendre sur une stèle mangée de lichen que les Fuégiens, de temps en temps, avaient fait passer le goût du pain à un de ces féroces colons venus d'Europe leur prendre leurs terres et leur vie : *In memory of John Saldine, who was killed by Indians on 20th July 1898. In memory of Edward Williamson and Emilio Traslaviña who were killed by Indians near San Sebastian on January 10th 1896.* Popper, quant à lui, était mort mystérieusement à Buenos Aires, dans la chambre de sa maison de la rue Tucumán, ayant parcouru le monde, Inde, Chine, Japon, Amériques, à l'âge de trente-six ans. (J'ai beau m'en retenir, il y a tout de même quelque chose de romanesque qui ne me déplaît pas complètement chez ce petit Juif de Bucarest aventureux.)

Des dîners solitaires, dans des endroits où je n'étais pas attendu, ma vie en est pleine. Je l'ai peut-être cherché, ou bien quelque défaut social en moi m'y condamnait, je ne sais pas. Je trouve toujours un certain charme mélancolique (mon adjectif favori : je suis plutôt un joueur de violoncelle) à ces soliloques (qu'est-ce d'autre qu'écrire, après tout ?). À Kaliningrad, l'ex-Königsberg, j'avais essayé de ranimer mes souvenirs de la *Critique de la raison pure* devant le tombeau d'Emmanuel Kant, puis tenté en vain de retrouver le cimetière d'Eylau (qui s'appelait désormais Bagrationovsk) immortalisé par Hugo (« Il reprit : — C'est bien vous, Hugo ? c'est votre voix ? — Oui. — Combien de vivants êtes-vous ici ? — Trois. »). J'avais eu une rencontre ridicule avec des supposés poètes membres du PEN Club : le peu filandreux qu'on avait à se dire était déchiqueté par une traductrice amateure qui n'émettait qu'une suite de balbutiements effrayés, sorte de bouillon où surnageaient des mots qu'elle me susurrait à l'oreille. J'acquiesçais mais avais envie de lui dire de la fermer, et qu'on arrête cette comédie. La malheureuse s'était sapée comme pour une réception au Kremlin, longue jupe fourreau noire ornée d'un jabot de mousseline gaufrée, talons hauts, elle était au supplice et j'avais pitié d'elle. Il y avait heureusement dans l'assistance une ravissante prof de français, et fixer ses vifs yeux noirs dans son visage russo-asiatique à la belle tresse noire (elle devait avoir du sang kazakh, ou turkmène) m'aidait à passer le temps. Anna portait une robe bleu roi qu'elle avait coupée elle-même, comme tous ses vêtements, m'apprit-elle plus tard, et qui faisait une tache de beauté joyeuse au milieu de la grisaille des poètes (et de moi-même). Cela me rappelait les temps frugaux de mon enfance, quand les femmes coupaient les vêtements de la famille en utilisant des « patrons » achetés avec des magazines spécialisés (beaucoup de choses en Russie faisaient remonter des souvenirs d'enfance). J'avais bien essayé de l'inviter à dîner, mais elle avait un mari, hélas. C'était donc seul, mais éclairé par son souvenir comme une vieille lanterne de papier illuminée par une bougie, que j'avais mangé un bout de viande qui eût satisfait un chat moyen, accompagné de deux verres de vin du Chili, à l'hôtel Tourist.

Les verres de vin du Chili me font bifurquer vers Chicago, au Quadrangle Club de l'université. J'étais allé là-bas parler de je ne sais plus quoi devant un public clairsemé (je me souviens que plusieurs des étudiants, cependant que je m'efforçais de retenir leur attention, mastiquaient d'énormes parts de pizza, ce qui m'avait quelque peu décontenancé). Le campus se trouvait loin du Loop, le centre de Chicago. Il tombait une pluie glaciale. J'avais donc décidé de dîner au restaurant du « club » réservé aux professeurs et invités. Dans la solennelle salle à manger lambrissée de sombres boiseries, j'étais seul, il faisait froid, je me faisais l'effet d'être un personnage de Sempé. Les serveuses noires étaient plutôt rogues (cet hôte imprévu devait rallonger leur soirée de travail), elles zézayaient à toute vitesse une langue dans laquelle je ne reconnaissais aucun mot, ni même aucune intonation d'anglais. Leur stupeur lorsque j'avais demandé, bien poliment, me doutant que ce n'était pas l'habitude ici, *a glass of wine... — Of wine ? — Yes, I'm afraid.* Au bout de dix minutes on m'avait apporté, solennellement, posé tel un calice de vin de messe sur un petit plateau argenté, ledit verre. Bien aigre, mais je n'allais pas chercher des histoires pour si peu. Lorsque j'en avais demandé un second (meilleur, d'ailleurs), j'étais entré évidemment dans la catégorie des ivrognes à surveiller. L'éclairage était si faible que j'avais le plus grand mal à lire *Fort comme la mort* dans un très vieux livre de poche aux caractères minuscules, au papier jauni couleur de Gauloises maïs. D'où le sortais-je ? Il avait peut-être appartenu à mes parents ? Il me semblait qu'Olivier Bertin, le triste héros du roman, qui portait d'ailleurs mon prénom, relativement rare à l'époque de Maupassant, n'était pas sans lointains rapports avec moi. « Le désir de la famille, d'une maison animée, habitée (...), ce désir du contact, du coudoiement, de l'intimité, qui sommeille en tout cœur humain, et que tout vieux garçon promène de porte en porte... », n'était-ce pas de moi que ça parlait, un peu ? *O Lord!* (comme disent les

Anglo-Saxons). Se pouvait-il que je fusse ce personnage de sinistre comédie? J'aurais bien repris un troisième verre, pour me réconforter, mais n'osai pas. Je sentais que l'Amérique m'avait à l'œil. Dehors, lorsque j'étais sorti fumer (faiblesse qui eût définitivement, si je l'avais affichée, fait de moi un hors-la-loi), la pluie qui cloquait les flaques noires avait cessé, les flaques étaient lisses. J'aurais peut-être dû sortir malgré les frimas, en fin de compte, essayer la pizzeria du centre commercial de la 53ᵉ Rue...

Lors d'une précédente digression (ce que j'écris, quoi que ce soit, pourrait s'appeler ainsi : *Digressions*; se recommandant non seulement de Sterne, inévitable dès lors qu'il s'agit de divagations, mais encore de notre Montaigne : « Je m'égare, mais plutôt par licence que par mégarde. Mes fantaisies se suivent, mais parfois c'est de loin, et d'une vue oblique »), lors d'un précédent écart, donc, j'ai cité *Le Cimetière d'Eylau* (et auparavant, même du Leconte de Lisle !). Ces œuvres d'une poésie devenue surannée, qu'on nous apprenait à l'école, pourquoi leur retrouve-t-on, en vieillissant, quelque charme ancien? Moi, en tout cas. Mais pas seulement moi : j'ai, comme beaucoup d'autres, entendu Pierre Michon réciter *Booz endormi* (c'est l'occasion d'une telle récitation qui est à l'origine, si je me souviens bien, d'un des récits de lui que je préfère, « Le Ciel est un très grand homme »). C'est par ces grands hymnes que nous (ma génération encore) avons d'abord eu accès à la splendeur de la langue. Je sais bien que, pour reprendre un titre d'un autre ami écrivain, notre époque est celle de « la fin de l'hymne » (avec cet ami, soit dit en passant, nous avons failli en venir aux mains un soir, à Saint-Pétersbourg, où il me soutenait qu'écrire en alexandrins au vingtième siècle faisait de vous un tocard — il est vrai que la vodka nous échauffait, et a peut-être un tant soit peu gommé dans mon esprit l'objet du différend). Je le sais bien, et c'est parce que je crois aussi, à ma façon moins théoricienne, moins érudite, plus intuitive, à l'obsolescence de certaines formes littéraires, et non seulement de ces formes mais de l'esprit qui les animait, que je rejette l'idée d'écrire des « mémoires » ou des « souvenirs », que j'essaie d'inventer une façon éclatée et inversée d'écrire, partant en quelque sorte de l'extérieur (autant que je sache, le terme d'« Antimémoires » est déjà pris...). Je ne suis le centre de rien, même pas de mes récits : je voudrais m'en tenir à cette éthique d'écriture. Quoi qu'il en soit, ce sont ces poèmes « à l'ancienne », que n'a pas annulé tout ce qui va de Villon à Mallarmé et au-delà, qui m'ont fait, comme à bien d'autres, découvrir non seulement les fastes de la langue, au point que des centaines de vers tournent encore dans ma tête, rythmant tout d'un coup, à l'improviste, ma marche sur un chemin de bord de mer (« Seigneur, vous m'avez fait puissant et solitaire » et la suite, de façon assez incongrue, cet après-midi, revenant de nager — et là, dans « l'eau verte », c'est « plus douce qu'aux enfants la chair des pommes sures » qui vient flotter comme une algue), mais encore une certaine morale archaïque (« Gémir, prier, pleurer est également lâche », ce genre de maxime à la mort-du-loup). Eh bien, voilà une longue phrase, qui ne me vaudra pas la sympathie des « modernes » : qu'y faire ? (Une amie qui lit mon manuscrit me fait observer que je cite inexactement le vers de Vigny : ce que Moïse dit à Dieu, c'est

« Ô Seigneur ! J'ai vécu puissant et solitaire ». J'en suis stupéfait, tant cette plainte orgueilleuse — et que je ne prends certes pas à mon compte ! — était, dans les termes que j'ai dits, gravée dans ma mémoire. Je la laisse pourtant telle qu'elle scandait mes pas sur le chemin littoral, l'été dernier. C'est comme avec Perec et le goujon géant : ce bougé fait partie du fatras de ma mémoire.)

Et maintenant Hugo me transporte, « d'une vue oblique », vers un autre « bout du monde », plus incontestablement extrême que les autres, celui-là, puisqu'on ne peut aller au-delà en latitude et que, même si le réchauffement climatique le transforme peu à peu en marécage gelé (c'est un des endroits où on est autorisé à dire « c'était mieux avant »), il y règne tout de même des conditions assez rudes : le pôle Nord. Quel rapport avec Hugo ? Voici : c'est au pôle Nord que j'ai achevé la lecture des *Misérables* — un de ces livres qu'on a lus même sans les lire, tant ils imprègnent une culture littéraire, historique, politique. Mais là, par 90 degrés Nord, je l'ai lu jusqu'au bout, jusqu'aux derniers vers de l'épitaphe de Jean Valjean, au Père-Lachaise : « Il dort. Quoique la vie fût pour lui bien étrange / Il vivait. Il mourut quand il n'eut plus son ange ; / La chose simplement d'elle-même arriva / Comme la nuit se fait lorsque le jour s'en va. » Avoir fini *Les Misérables* au pôle Nord, j'avoue que je trouve ça assez chic, c'est une des incontestables distinctions dont je peux me prévaloir. J'avais passé deux semaines dans une bourgade du bord de l'océan Arctique, Khatanga, qu'un vol hebdomadaire reliait à Moscou. Khatanga, c'était quelques petits immeubles de brique, des baraques de bois à toit de tôle sous de hautes cheminées haubanées, des rues de glace au-dessus d'un estuaire de glace. Un bled pas tellement différent de Porvenir, en nettement plus froid quand même. Dans les moins trente, le nez gelait. On y rencontrait des gens peu banals, tel l'ancien trappeur Vladimir Eisner, originaire d'une famille d'Allemands de la Volga, qui écrivait des récits inspirés de ses expéditions de chasse dans l'estuaire du fleuve Ienisseï durant la nuit polaire — c'est pendant l'hiver que la fourrure des renards bleus et autres zibelines est la plus belle. Je ne peux pas vivre loin d'ici, m'expliquait-il, c'est dans ces régions que se réfugiaient autrefois ceux qui voulaient échapper à la dictature communiste, les gens du Nord sont libres et rudes, *son hombres de armas tomar* (curieusement, nous conversions en espagnol, langue qu'il avait apprise seul dans une station météo du Grand Nord, observant parfois des aérolithes dont la chute illuminait le ciel noir, parce qu'elle sonnait à ses oreilles comme une langue de pirates, et que c'était celle, selon lui, des oiseaux migrateurs...). Il était allé une fois ou deux en Allemagne où ses dix frères et sœurs (!) avaient émigré, mais il y faisait trop doux, il pleuvait sans cesse, la neige lui manquait. Il était intarissable sur les animaux de l'Arctique, chouettes harfangs, élans, ours, loups, et j'aimais cette conversation si éloignée des propos que j'avais l'habitude d'entendre ou de tenir. Comme on devrait être las de vivre toujours dans le même petit monde de discours ! Quoi de plus intéressant que d'apprendre que lorsque l'ours polaire, poussé par la curiosité ou la faim, s'aventure jusqu'à la lisière de la taïga, en hiver, il y rencontre l'ours brun, et qu'il s'enfuit, parce qu'il est *muy cobarde*, très lâche, tandis que *l'oso pardo* est un guerrier valeureux ? Ou que les loups sont dangereux seulement en février, pendant leurs noces ? J'avais l'impression de parler avec Jack London — auteur que d'ailleurs Vladimir admirait.

J'étais reçu à Khatanga par un personnage chaleureux, que ses amis appellent Stef, c'est donc ainsi que je le nommerai moi aussi, un pied-noir à l'accent chantant étrangement exilé dans cette contrée sans oliviers ni orangers, ni arbres du tout, sinon ceux que la glace dessine sur les vitres. Sa passion, ou l'une de ses passions, la seule en tout cas qu'il m'ait été donné de connaître, était le mammouth, dont le permafrost sibérien recèle des troupeaux que le dégel fait de temps en temps affleurer — certains « petits peuples » locaux, ainsi que les Russes les désignent, voyant en eux, d'assez poétique façon, des baleines souterraines. Stef avait fait extirper du sous-sol gelé, par un énorme hélicoptère MI-26, un bloc à l'intérieur duquel il pensait que se trouvait un mammouth en état de marche, ou presque, et l'avait entreposé dans un souterrain qui avait dû servir à stocker des missiles, du temps de la guerre froide (Khatanga était alors une grande base militaire, proche du continent nord-américain par-delà le pôle). La glace y avait l'aspect de cire de bougie fondue, hérissée de buissons d'aiguilles cristallines. Nous y dégelions le mammouth à l'aide de sèche-cheveux. On recueillait des blocs d'une espèce de glaise pleine de grands et épais poils roux, qu'on faisait ensuite fondre dans des seaux d'eau tiède. Je me souviens qu'il régnait dans la cave une odeur de bête fauve, une odeur qui avait quelque chose comme vingt mille ans (je ne garantis pas la date, mais c'est en tout cas le signe le plus lointain que le passé m'ait adressé). En fin de compte, je crois que l'animal enclos dans ce bloc s'y trouvait à l'état de hachis, mais je n'ai pas connu la suite de l'histoire, car entre-temps nous étions partis pour le pôle, où Stef avait des correspondants.

Dans l'avion-cargo Antonov 74, on remplit trente fûts de kérosène, le trop-plein gicle et coule sur le plancher, on éponge avec de vieilles serpillières, on ne va pas s'en faire pour ça, *Davaï*, on est en Russie. Trois heures de vol, on atterrit sur la banquise à la base ironiquement nommée Bornéo, là on s'entasse avec tout un fourbi dans un hélicoptère MI-8, et en route pour le pôle. Pas tout à fait le pôle : il y a quinze jours les trois grosses tentes qui ressemblent à des demi-citrouilles posées sur la glace s'y trouvaient exactement, mais ça bouge tout le temps, maintenant on en est éloignés d'une trentaine de kilomètres. Il est l'heure qu'on veut puisque tous les méridiens convergent ici, nous commençons notre « journée » (mais il fait jour en permanence) à l'heure où Andreï, Alexeï et Volodia, les scientifiques russes de la tente voisine, qui ont choisi l'heure GMT, finissent la leur. On va dîner chez eux pour notre petit déjeuner, la vodka posée par terre gèle mais, sur la table, la chaleur du gros poêle à kérosène a vite fait de la rendre gouleyante, on discute volcans sous-marins et ours blancs, météorites et bases dérivantes, Andreï l'océanologue s'échauffe et déclare qu'il est fier de deux choses, la victoire sur le nazisme et le vol de Gagarine, qu'il reste « marxiste à cent pour cent », Alexeï le météorologue se tait, c'est un géant hirsute aux clairs yeux de loup (je regrette de n'avoir pas connu, à l'époque, l'histoire que je raconterais plus tard dans *Le Météorologue*), puis cependant qu'ils vont se coucher on sort faire un tour aux environs, muni d'une espèce de pistolet à chevrotines pour le cas improbable où on rencontrerait un ours, certains jours la lumière découpe tout, chaque arête de chaque crête de glace bleutée, chaque ombre si noire dans le parfait cercle éblouissant, d'autres elle efface tout relief dans un bain laiteux, et on craint de se perdre, alors finalement, comme on n'a pas d'expérience à mener, de glace à carotter ou de salinité de l'eau à mesurer, on rentre se mettre au chaud sur son lit de camp et on ouvre *Les Misérables.* On se délecte des invraisemblables digressions. On est ému malgré tout par la fin de Javert, on souligne certaines phrases (« Une de ses anxiétés, c'était d'être contraint de penser » ; « Sa suprême angoisse, c'était la disparition de la certitude » : portrait du militant, celui de l'ordre comme celui du désordre). On en est à la fin. Chapitre six du livre neuvième de la cinquième partie : « Il y a, au cimetière du Père-Lachaise, aux environs de la fosse commune, loin du quartier élégant de cette ville des sépulcres, loin de tous ces tombeaux de fantaisie qui étalent en présence de l'éternité les hideuses modes de la mort, dans un angle désert, le long d'un vieux mur, sous un grand if auquel grimpent les liserons, parmi les chiendents et les mousses, une pierre. » Comme c'est beau, ce sujet rejeté en toute fin de phrase, tombant comme une pierre, comme c'est latin !

Le Kamtchatka n'est pas mal non plus, comme bout du monde. L'envie d'aller là-bas remonte à ma petite enfance, où un tel voyage semblait définitivement exclu, l'URSS était une immense forteresse fermée qui semblait bâtie pour durer beaucoup plus qu'une vie humaine. Il y avait chez ma grand-mère un planisphère que j'ai toujours, accroché non loin du bureau où j'écris ces digressions. Le Kamtchatka figure tout au bout à droite de la carte, longue péninsule d'où partent en guirlandes les îles Aléoutiennes vers l'Alaska, et les Kouriles vers le Japon. De Petropavlovsk, la capitale, sortent des routes qui ne mènent pas bien loin. De l'une je me souviens, parce qu'elle s'arrêtait dans un bled qui devait s'appeler Palama ou quelque chose comme ça, mais qui était en tout cas la capitale d'un peuple nommé les Coriaces. Des volcans haussaient leur cône parfait au-dessus de la forêt emmitouflée de blanc, tel l'Avachinsky couronné de fumées, sur les pentes duquel je faisais mes premiers (et derniers) essais de conducteur de chiens de traîneau. Je me retrouvais plus souvent qu'il n'eût convenu le nez dans la neige. Dans mon attelage de huit chiens, certains aux yeux bleus, d'autres aux yeux marron, d'autres encore vairons, chiens du Kamtchatka, d'Alaska, chiens tchouktches, il y en avait un qui ne m'aimait pas, aboyait dès que je m'approchais, et dont la mauvaise volonté fut responsable d'un tendon pété dans l'ascension d'une côte. Iouri, un ancien ouvrier de l'arsenal de Vilioutchinsk, de l'autre côté de la baie, nous accompagnait, mon amie Anne et moi. Il travaillait sur les sous-marins nucléaires que les Russes appellent « grands croiseurs sous-marins lance-missiles ». C'était un homme des bois très doux, à la barbe rousse et aux yeux bleus, que la vue d'une perdrix des neiges émouvait jusqu'aux larmes.

Des marins d'un bateau frigorifique de pêche hauturière, l'*Amarel*, avaient édifié une cabane sur la place Lénine, et échoué devant un canot de sauvetage qui faisait une tache rouge sur la neige. Ils se relayaient là-dedans, se réchauffant et faisant bouillir des marmites de brouet sur un grand feu. Ce n'est pas le genre de manifestation qui est encouragé en Russie, mais comme elle n'était pas dirigée contre les autorités, celles-ci laissaient faire, et même aidaient un peu. Depuis un an l'armateur sud-coréen avait cessé de payer les soixante-quinze hommes d'équipage, qui n'avaient même pas de quoi acheter le gas-oil pour reprendre la mer. Ils avaient de formidablement bonnes têtes, les plus vieux, on les aurait bien vus sur les barques pirates de Stenka Razine, les plus jeunes avaient l'air de bons garçons à peine sortis de l'école. Nikolaï, le capitaine, vingt-neuf ans de mer, était un beau mec aux yeux bleus, aux courts cheveux gris, au sourire scintillant d'or. Dans sa vie aventureuse il avait été patron de pêche en Nouvelle-Zélande. « Là-bas, disait-il, dans un cas pareil, on saisit le bateau, ici non, on a une justice moyenâgeuse. » Un autre avait une gueule de grognard, des moustaches blondes en croc, de minuscules yeux bleus dans une face ridée, rougeaude, des oreilles d'éléphant, le pif bourgeonnant. Le médecin au visage doux et las sous sa chapka, en vareuse kaki crasseuse et bottes de feutre, restait silencieux. Une campagne de pêche durait huit à dix mois, dans les eaux glaciales des mers de Béring et d'Okhotsk, les tempêtes qui soulevaient en automne des vagues de vingt mètres, pour un salaire annuel de quatre mille dollars quand on était simple matelot. Nikolaï Ivanovitch, l'officier navigateur, fils de métallo, nous avait menés jusqu'à l'*Amarel* en cale sèche. Ses lunettes lui donnaient un air d'intello du bord, d'ailleurs le travail sur les cartes et les instruments n'est pas en principe un boulot physique, mais il avait dû une fois, nous racontait-il, sortir sur le pont par un vent de 135 km/h, assuré par deux camarades, pour casser la glace qui emprisonnait l'antenne radar. Ça lui avait pris vingt minutes et il avait eu les mains pratiquement gelées. Cela faisait un an et demi qu'il n'avait pas vu sa femme, qui lavait les sols à la poste de Sovietskaïa Gavan sur le détroit de Tartarie. Elle pleurait quand il l'avait au téléphone. Je ne sais pas si les marins de l'*Amarel* ont eu gain de cause, s'ils ont retrouvé leur famille, s'ils sont repartis en mer. Je crains que non. (Je ne sais pas non plus ce qui est advenu au « marin martyr » rencontré autrefois à Athènes alors qu'il occupait depuis un an, cinq mois et dix jours une cabane construite en face de l'université, réclamant à l'État une pension pour accident du travail. Sa cahute était toute bardée de banderoles du genre « Je suis le marin bien connu, Dionysis Papazogonopoulos, opéré du cœur, père de deux enfants. *Justice or death !* ».)

Avant de partir (avec toujours en tête, quand je quitte un lieu si lointain, si en dehors des sentiers battus, ce vers de « Limites » où Borges dit « Il est une porte que j'ai fermée jusqu'à la fin du monde »), nous étions allés au marché de Petropavlovsk faire provision d'œufs de saumon pour régaler les amis au retour. Et là, c'était une splendeur. Des milliers de lingots ambrés de poissons pour lesquels notre langue n'a qu'un nom, mais le russe une flopée, *lossos, sima, siomga, keta, tchourka, gorboucha, nerka,* d'autres que j'ai oubliés, chacun désignant une espèce différente (certaines très laides, bossues, crochues, carabosses), des millions de grosses perles scintillant dans des seaux sur la neige, dorées comme des grains de raisin mûrs, couleur rubis, topaze, feu, sang, trésors de Golconde ou de Crésus, caverne d'Ali Baba, or du Pérou rutilant dans la cale d'un galion espagnol... J'aimerais que le déballage que j'ai entrepris approche — oh, de très loin — la beauté de ces étals derrière lesquels siégeaient des *babouchki* très emmitouflées dont l'haleine montait dans l'air glacé comme la fumée de petites locomotives.

Si vous vous demandez « comment ce type fait-il pour se souvenir de tout ça, il doit avoir une mémoire infernale, ou bien alors beaucoup d'imagination », vous faites fausse route. Ma mémoire est devenue désastreuse, quant à l'imagination, il me semble en avoir très peu (vous voyez comme je suis bien équipé comme écrivain...). Tout simplement, je pioche dans la soixantaine de cahiers ou carnets que j'écris, très irrégulièrement, depuis une trentaine d'années. De modèles divers, certains de poche, d'autres d'un format plus important. Dans cette simple différence, il y a, mine de rien, toute une évolution : les cahiers (le plus ancien est un classique Clairefontaine orné de la verseuse d'eau) témoignent d'un temps où je commençais à écrire, où j'étais plus « romancier » (tout en y résistant) et où je notais, certains soirs, chez moi, des pensées qui me semblaient importantes — à présent que je les relis, je n'en suis pas toujours aussi convaincu qu'alors. Les carnets, qui tiennent en poche, sont eux les témoins d'un temps ultérieur, où je commençais à arpenter le monde, et où l'observation avait pris le pas sur la méditation — disons plus modestement la rumination. Je m'étais mis à la peinture sur le motif. Parmi les cahiers, il y a aussi des modèles à couverture de papier marbré, à pages très blanches et épaisses, que j'achetais dans une papeterie de Lisbonne qui a fermé depuis longtemps, la *Papelaria da Moda*, rua do Ouro, rue de l'Or. Les carnets sont de différents modèles — ceux, oblongs, à couverture vergée ornée d'une main à plume, que les éditions Actes Sud fournissaient volontiers, du temps qu'elles étaient une petite maison, carnets Moleskine classiques à élastique, carnets à spirale, carnets de la BnF dont la couverture présente des manuscrits d'écrivains (ceux que je préfère sans doute), carnets chinois à reliure cousue, assez peu maniables, carnets Muji achetés à Pékin ou Shanghai, portant leur étiquette revêtue d'idéogrammes — la seule chose que j'y déchiffre, c'est qu'ils m'ont coûté sept renminbis, cette prétendue « monnaie du peuple » qui n'est jamais appelée par son nom mais par celui de *kuai* —, chinois encore ces longs calepins, assez élégants, portant en couverture un dessin de la proue Art déco du Peace Hotel sur le Bund de Shanghai, et que j'ai achetés dans la boutique de souvenirs de cet établissement. Des carnets souples à couverture noire en simili-veau achetés dans la belle papeterie Vertecchi, via della Croce à Rome, témoignent du fait que la Villa Médicis, tout en haut du Pincio, est devenue un des points par lesquels passe et repasse périodiquement ma course zigzagante — pas aussi souvent que je l'aimerais, certes, mais assez tout de même. J'aime son austère façade couleur d'os hissée au-dessus de la Ville (c'est à dessein que j'y mets une majuscule), refuge un peu aristocratique, je le reconnais, contre la foule de touristes en short, sanglés d'appareils photo, hérissés de perches à selfie, qui congestionne désormais les rues en contrebas. J'aime le dépouillement inconfortable de ses chambres, le murmure de l'eau dans les vasques, les ombres qu'une lumière pauvre fait danser la nuit sur les murs de la loggia, les visages de pierre rongée qu'on caresse d'une main distraite, sous les pins, l'odeur de garrigue du Bosco, les chandelles mauves et blanches des acanthes, le dôme de Saint-Pierre à travers les lauriers, les volées de cloches dans l'air de Rome. C'est là que, bon ou mauvais, a commencé de se former le projet de ce livre. Pas uniquement là, car à l'origine d'un livre, et surtout aussi erratique que celui-ci, il y a toujours tout un réseau de causes — rêveries, obsessions, rencontres, hasards — dont certaines échappent à l'auteur lui-même. Mais surtout là.

Cahiers, registres, carnets, portugais, italiens ou chinois, tous ces feuillets liés ne m'ont pas seulement permis de me souvenir de visages, de propos, de paysages : ils font partie de mes paysages. L'écriture qui les couvre a un peu changé avec le temps, il me semble qu'elle est plus assurée, plus énergique à présent (tout ne se déglingue donc pas à mesure qu'on vieillit...). Certaines notes, prises au crayon, sont presque effacées. D'autres fois, ce sont des circonstances extérieures — les cahots de la route, la pluie — qui les rendent difficilement lisibles. À Riga, lors de la dislocation de l'URSS, il pleuvait le jour où sur l'hôtel de ville fut amené le drapeau rouge et hissé à sa place le drapeau letton, grenat-blanc-grenat, et mes notes, prises pour une fois au stylo bleu, sont constellées de flocons bleuâtres : « La foule a envahi la rue Gorki, qui d'ailleurs ne s'appelle plus Gorki, mais (illisible). Chorale en costume folklorique assez ridicule. On sort le drapeau nouveau, tendu par des jeunes filles en bonnet brodé. Applaudissements interminables. Un rayon de froid soleil, bienvenu. Le drapeau rouge descend, applaudissements, le letton gravit les escaliers, porté par des jeunes filles genre prospectus Intourist, jupes orange plissées, longues nattes, toques et gilets brodés. Le nouveau drapeau monte, les bonnets descendent, les têtes se lèvent. Hymne national. Pour un instant, chacun a l'air joyeux. Puis dispersion, parapluies-cerfs-volants, la vie monotone reprend. »

(J'étais arrivé à Riga par un train tchékhoviennement nommé *Tchaïka* qui venait de Minsk. J'avais pour compagnons de compartiment deux soldats de l'Armée rouge, l'un grand et brun, ukrainien, l'autre biélorusse et court sur pattes. Costauds tous deux, en gilet de corps kaki. Le Biélorusse, petits yeux bleus et dents en or, était pilote d'hélicoptère, l'Ukrainien je ne me souviens plus de sa spécialité. Cependant que derrière la vitre maculée de boue on devinait le défilé des paysages marécageux qui sont ceux du *Coup de grâce* de Yourcenar et des petits romans élégants d'Eduard von Keyserling, ils avaient déballé leurs provisions — rôti de porc à l'ail, œufs durs, immondes gâteaux aigres Zéphyr, bidon de vodka *samogon,* faite par la grand-mère de l'un des deux — et m'en avaient aussitôt fait profiter, avec cette sociabilité propre aux trains russes. Plus de cinquante degrés, la vodka, m'avaient-ils dit fièrement. Ils s'en envoyaient de grands verres cul sec, et s'étaient amusés que quant à moi j'y aille par petites lampées : *Pioch kak jenchina,* « tu bois comme une femme », s'étaient-ils moqués, et c'est bien la première et la dernière fois qu'on me disait ça. Ils avaient tous deux servi en Afghanistan où ils avaient peut-être participé à des massacres, ça ne les empêchait pas de me dorloter comme des mères poules : l'Ukrainien m'avait donné l'adresse de son frère qui était flic à Riga, pendant la nuit ils m'avaient fait ma couchette, avaient parlé tout bas pour ne pas me réveiller et m'avaient porté mon sac jusqu'au quai à l'arrivée à Riga — eux continuaient vers Tallinn. De charmantes brutes, si c'étaient des brutes. L'arrière-grand-père du Biélorusse était Cosaque du Kouban, il avait combattu avec les Blancs de Wrangel puis la cavalerie rouge de Boudienny (et d'Isaac Babel), jusque devant Varsovie où il s'était peut-être trouvé, en 1920, en face de mon grand-père à moi, qui était dans le détachement français sous les ordres de Weygand : cette imagination nous avait semblé justifier quelques trinqueries à la vodka. La sono du train diffusait de la musique US, l'Ukrainien avait, collées dans son carnet, des photos de groupes de rock américains, et même une de Schwarzenegger en officier russe dans *Red Heat*, on sentait que l'URSS allait vers sa fin...)

Quelquefois, rarement cependant (non que j'aie rarement connu cet état, mais dans ces cas-là en général je n'écris pas), c'est l'ivresse qui brouille le trait sur les pages de mes carnets. À Valparaíso, ville qui m'est chère, je griffonne, après un dîner solitaire (tiens, encore un !) : « Gueule écarlate — coup de soleil pris en arpentant, à travers la brume, la corniche de l'épouvantable Viña del Mar, ou plutôt au retour, quand la brume se levait, et que j'ai passé un temps considérable à regarder les phoques (lions de mer). Très gros, sales gueules, certains avec des crinières, se fritent sans cesse, rugissant, crocs baveux, truffe rebroussée, enfoncée. À côté de ça, la dignité engoncée des pélicans. Gueule écarlate, donc, et enduite à la vaseline (la seule graisse que je possède dans ma trousse de toilette, pour des raisons qu'il est inutile de préciser). Je dois être bien séduisant... Restau en bas d'Almirante Montt. Heureusement les serveuses ne sont pas jolies. Connard... (avant, la recherche d'un restau : mais, près du Somerscales, trop jeunes et chics, trop bobos, je n'ose y faire pénétrer mon vieux chien, moi). En fait, je choisis les restaus selon des critères compliqués mais où une certaine laideur, un côté vétuste, archaïque, démodé, entrent en ligne de compte. » (Finalement, ce texte se tient, je ne devais pas être si rond que ça, même si la graphie en est hasardeuse.)

Peu de dessins, ou alors très rudimentaires, pour préciser un détail pour lequel le vocabulaire technique me manque (l'arcature compliquée d'une fenêtre à Goa, les frises de petits animaux cornus qui se poursuivent à l'extrémité des toits pagodés de la Cité interdite à Pékin, un véhicule blindé russe BMP, par exemple. Ou bien un clocheton sinistre, évoquant un mirador, noir dans le crépuscule, percé de deux trous lumineux, de l'hôpital où meurt ma mère ; au fur et à mesure que j'avance dans la cour, l'éclat de ces espèces d'yeux se fait plus vif, puis pâlit et s'éteint, et il me semble que c'est le masque de la mort. Un hasard à quoi je n'attache nulle signification superstitieuse fait que je verrai le même genre de lugubre beffroi sur les bords du Mékong à My Tho, au Vietnam, où est mort son frère, mon oncle, l'un des premiers tués de la guerre d'Indochine). Des plans sommaires à main levée (quartiers d'Osaka, de Kaboul, de Magadan sur la mer d'Okhotsk...). Quantité de noms, d'adresses qui ne me disent plus rien, écrits souvent d'une main hésitante par des gens peu coutumiers de notre alphabet, Arabes, Chinois, Russes. Qui est Medhat Nader Mahmoud, qui habitait au sixième étage du 5 Almotaky Street à Alexandrie ? Anaibis Carrera Aguilera, qui avait des yeux bridés et des dents éclatantes et chantait à El Papa, à Cuba ? Cela, je l'ai noté alors, mais rien d'autre ne me revient d'une femme qui pourtant, je l'ai noté aussi, *me regaló su vida*, m'offrit sa vie (en échange il est vrai d'un paquet de cigarettes More et d'*algún cosmético...* je faisais une affaire). Il devait y avoir beaucoup de rhum dans cette promesse ; mais supposons que je l'aie prise au pied de la lettre, je serais peut-être à présent, je ne sais pas, par exemple le vieux tenancier d'un casino clandestin à La Havane. Et Fifi Abou Dib, et Mounir Boustany, et Pascal Moughanès, et tant d'autres croisés à Beyrouth pendant la guerre civile ? Et Trân Dinh Nghiêm, dont l'adresse à Hô Chi Minh est si compliquée que je ne cherche pas à la retranscrire (peut-être était-ce cet ancien prof de français qui m'avait dit avec ironie, un soir, dans une guinguette au bord de la rivière de Saigon, buvant du whisky de contrebande à la lumière tremblante de lampes à pétrole, que nous, anciens militants contre la guerre du Vietnam, avions cru que les communistes, c'était Sparte, et admiré cela en eux, alors que c'était Corinthe ? Comme pour me disculper, et surtout par sympathie, je lui avais offert un dictionnaire français-tonkinois-chinois acheté chez un bouquiniste de Dong Khoi, l'ex-rue Catinat). Et Aldina Bukva de Sarajevo, et la petite Ioulia d'Ekaterinbourg ? Un si grand gouffre de temps et d'espace nous sépare, peut-être sont-ils morts, sont-elles mortes — souvent l'ignorance que j'ai de l'onomastique de leurs pays ne me permet pas de savoir si ces êtres qui m'ont assez connu pour déposer un jour leur nom sur un de mes carnets, mus peut-être par l'espoir que je me souviendrais d'elles, ou d'eux, sont hommes ou femmes. Et cette injustice que je leur fais (et qu'ils doivent bien me rendre) me donne envie de publier tous leurs noms, afin de ménager la possibilité que, par un hasard extraordinaire, chez un bouquiniste de Dong Khoi, ou en face de la mosquée de Nebi Daniel qui est un des lieux du *Quatuor d'Alexandrie*, où j'ai acheté il y a une trentaine d'années deux Verlaine et une petite édition des *Essais*, l'un d'eux découvre un jour la trace minuscule de sa rencontre avec un écrivain qui sera peut-être mort, à ce moment-là. Mais je ne le ferai pas, rassurez-vous.

Rossia, Moskva 107078, D/V S. V.I. Cette adresse-là, poste restante, je vois très bien de qui il s'agit (mais je n'ai mis que l'initiale de son nom, on ne sait jamais). Vadim, ex « nouveau Russe » poursuivi par la mafia, m'avait donné rendez-vous dans une station de métro. À ma question « comment ça va ? », il avait laconiquement répondu *Jivou*, « je vis », avant de m'emmener dans la piaule où il se planquait, une chambre dans un appartement communautaire. Dans la cuisine collective, une vieille en robe de chambre faisait cuire de la soupe aux choux, la buée couvrait les vitres, l'odeur imprégnait tout l'appartement. Cette atmosphère si profondément déprimante de l'ex-URSS. On entendait les gens qui allaient et venaient derrière la porte de la chambre de Vadim, il baissait la voix, on n'entendait plus alors que la radio qu'il avait allumée pour couvrir ses propos, par peur des « insectes » (des micros). Il y avait un petit Lénine en bronze au-dessus d'une vitrine, quelques livres de science-fiction dedans, un téléphone en bakélite noire datant des années cinquante, son lit n'était pas fait. Sa vie avant, me disait-il, c'était caviar et champagne, grands restaus et casino, et vacances sur la Côte d'Azur. Des quelques affaires qu'il trimballait de planque en planque dans un sac en plastique, il sortait pour me la montrer une photo de sa femme, une belle blonde pulpeuse. Il cherchait dans un dictionnaire le mot « honte » (*styd* en russe). Honte et peur (*strakh*) étaient ses compagnes. Il consultait chaque jour les avis de décès dans le *Moskovskii Komsomolets*, s'il était tué il n'y figurerait même pas. Qu'est-il devenu, lui aussi ? Mort ? Refait ?

Prendre des notes : ce qui compte, c'est de trouver (d'essayer de trouver...) quelques mots justes pour pincer l'impression (l'équivalent peut-être du *punctum* barthésien en photographie ? Il faut en tout cas, l'impression, l'épingler avec des mots-aiguilles). « Justes », ça veut dire quoi ? Impossible de donner une définition, sinon que sur le moment, on sent qu'il y a un accord entre ce qu'on voit, entend, et les mots qu'on trouve. Et qu'ensuite, longtemps après, les relisant, l'impression se rouvrira, se déploiera, un peu fanée mais là, cependant. Trouver ces mots qui épingleront, non pas « le réel », mais l'impression qu'il vous fait, c'est un travail. « Trouver des mots pour ce qu'on a devant les yeux, comme cela peut être difficile », dit Walter Benjamin dans le petit recueil intitulé *Paysages urbains.* « Mais lorsqu'ils viennent, ils frappent le réel à petits coups de marteau jusqu'à ce qu'ils aient gravé l'image sur lui comme sur un plateau de cuivre. »

J'aime bien cette métaphore du métal repoussé, et cette idée, que Benjamin exprime ensuite, que sans ça, sans ces mots, l'image ne se dégage pas « du vécu trop aveuglant » (j'ai souvent utilisé ce passage dans des conférences qui devaient raser mon public. Tout ça assez flaubertien, aussi). Un écrivain ne voit vraiment que lorsqu'il a trouvé les mots pour dire ce qu'il voit. Si on ne s'astreint pas à cette recherche, qui fait rester longtemps, carnet en main, interdit, sorte de comique échassier immobile dans le mouvement qui l'entoure, ça ne sert à rien de noircir du papier — et souvent, ça ne sert à rien, en effet : les gribouillis restent lettre morte. Inutile de dire que, dans mes carnets, la plupart des pages sont ça : des enfilades de lettres mortes, d'où ne se lève plus aucune vision. Mais pas toutes.

Et ce n'est pas seulement par ce qui y est écrit que cet amas de carnets lève en moi un tourbillon d'images qui sont mon théâtre du monde — c'est aussi par tous les papillons serrés dans leurs pages, dont chacun ou presque libère une bribe d'histoire : cartes postales, timbres, feuilles séchées, tickets de métro ou de bus, billets d'entrée pour des musées, notes ou cartes d'hôtels — celle de l'hôtel Leroy, 25 Talaat Harb à Alexandrie, annonce *View over the sea, rooms with bath and phone, restaurant and salons with all amusement,* mais elle doit dater d'avant Nasser. Dans ma chambre aux parquets poussiéreux, aux contreplaqués éclatés, aux fauteuils de skaï crevés, aux draps gris, qu'éclairait une unique ampoule au bout d'un fil pendant du plafond, j'hésitais entre découragement et rigolade. Il était inutile de se mettre en quête de cintres dans la penderie, de savon, de serviette ou de papier-cul dans la salle de bains. Un vieux clope traînait dans la baignoire. À cinq heures du matin la voix tonitruante du muezzin m'avait tiré du sommeil (je dormais bien, à l'époque), suivie par celle, grêle, des coqs réveillés par Dieu sur les toits des immeubles voisins où prospéraient basses-cours et potagers. Des années plus tard, j'ai voulu voir si l'hôtel Leroy avait poursuivi sa descente aux Enfers : il semblait avoir été transformé en une sorte de dortoir pour jeunes filles encapuchonnées, où je fus, cela se conçoit, fraîchement reçu. Il y a encore l'hôtel Versailles, 46 boulevard de l'Amour à Khabarovsk, qui justifiait son nom par une débauche de lustres, fanfreluches et dorures, l'hôtel Azimut de Vladivostok où j'avais eu une conversation assez arrosée, la graphie l'atteste de nouveau, avec un marin qui connaissait des lieux parés pour moi de séductions incompréhensibles certainement à la plupart de mes lecteurs, les îles du Commandeur où mourut du scorbut Vitus Bering, découvreur du détroit qui porte son nom, entre Alaska et Sibérie, l'île Wrangel dans l'océan Arctique où survécut la dernière colonie de mammouths (ce type, qui fréquentait des rivages fabuleux, avait été épaté d'apprendre qu'en France aussi on buvait de la vodka : divers est l'étonnement que suscite le monde), le Tamarin à l'île Maurice où des oiseaux aussi chamarrés que délurés venaient partager mon petit déjeuner, l'ANA Hotel 7-20 Naka-machi, Naka-ku, à Hiroshima, non loin des berges plantées de roses trémières de la rivière Motoyasu, et ce paysage de pêcheurs à la ligne, de jeunes filles à vélo sous des ombrelles et de grues cendrées picorant dans les frisures de l'eau était si agréablement paisible qu'il était difficile d'imaginer que la température était montée en ce lieu à quatre mille degrés, un jour lointain où il devait y avoir aussi des jeunes filles à vélo et des grues cendrées sur le rivage ; et encore le Grand Hotel et des Palmes via Roma à Palerme, où mourut Raymond Roussel, le Britannique Hotel de Naples où je me souviens de jours heureux, le Voznessenski d'Ekaterinbourg, le Tangbo à Shanghai, le Lu Song Yuan à Pékin, autant d'adresses à quoi s'attachent parfois des guirlandes de souvenirs, comme des girandoles éclairant une salle de bal désertée, et par exemple l'hôtel Leroy m'évoque aussitôt le restaurant Élite, « l'établissement de l'Élite alexandrine », 43 Safia Zaghloul, où madame Christina, la tenancière, était fière d'exhiber un manuscrit du poème de Constantin Cavafy, « Les dieux abandonnent Antoine » (« Comme un homme courageux qui serait prêt depuis longtemps, salue Alexandrie que tu perds » : *apokheiréta tin, tin Alexándria pou khánis*), dont Leonard Cohen s'inspira pour une chanson ; mais c'étaient plutôt des tubes déjà vieillis qu'on entendait à l'Élite, « Tu ne viendras pas ce soir » d'Adamo, « Capri c'est fini » d'Hervé Vilard, et « Adieu jolie Candy » et « Aline », des trucs comme ça, bien sirupeux. Madame Christina se souvenait du vieux poète grec peu de temps avant sa mort, tout vêtu de noir, chapeau noir et écharpe rouge, traversant la rue Safia Zaghloul pour rentrer chez lui, et elle m'avait mené, non sans répugnance ni propos qu'on qualifie généralement de réactionnaires, dans son ancien appartement, rue Sharm el-Cheikh ex-Lepsius, qui ressemblait paraît-il à la demeure d'un héros de conte d'Hoffmann (je ne me représente pas très bien ce que cela veut dire, mais je suppose : un lieu raffiné) ; c'était désormais la pension Amir où un type très aimable en pyjama nous avait introduits dans un taudis jonché de sacs d'ordures entre des paillasses à même le sol. (Tiens, au fait, si on revenait à la demeure de Nabokov?) Parmi toutes ces cartes, il en est une qui m'émeut particulièrement, celle de l'hôtel Olümpia de Tallinn, car je me souviens qu'au bar du quatorzième étage de cette tour hideuse dominant les clochers de la vieille ville hanséatique officiait une ravissante serveuse au casque de cheveux si blonds, aux yeux d'un bleu si pâle, à la peau si laiteuse que je voyais en elle une diaphane déesse du Nord, Nord absolu, Nord magnétique.

Et encore, entre les pages, quantité de billets de train (Sverdlovsk-Saint-Pétersbourg Ladoga, Shanghai Hongqiao-Beijingnan, Beijing-Haila'er...), de *boarding passes* d'Air France, Turkish, Iberia, Lan Chile, American Airlines, Aeroflot, Air China, et de compagnies bien plus exotiques comme Aerosvit, Azeri Airlines ou Royal Brunei, la première compagnie aérienne qui m'ait appris que sans Allah on ne pourrait pas voler — depuis, ça va, j'ai enregistré (les annonces dans l'avion mentionnaient également que le trafic de drogue était puni de la pendaison, *hanging to death*). J'avais passé deux jours plutôt sinistres, pas un de plus, à Bandar Seri Begawan, capitale du sultanat, sous de vertigineux nuages d'ardoise et de mercure et une pluie chaude et le gong du tonnerre, lisant Michaux dans ma chambre d'hôtel, me risquant dehors quand les cataractes s'interrompaient, dans les rues de Bandar Seri Begawan blasonnées par la tronche du sultan qui passait, et passe peut-être toujours, je n'en sais rien, pour l'homme le plus riche du monde (moustache clairsemée, oreilles un peu décollées), tentant de visiter l'énorme mosquée aux coupoles d'or où j'étais si étroitement suivi, mes mouvements si contrôlés par une sorte de sacristain cagot, que j'en étais vite sorti pour me réfugier, le déluge ayant repris, au Hua Ho Department Store où j'avais fait l'acquisition, pour vingt-deux dollars singapouriens, de six slips de marque Crocodile — très probablement fausse, mais des slips, n'est-ce pas, ce n'est pas des tableaux, on se fout de leur authenticité. Naturellement, tout en lisant *Mes propriétés* j'avais aussi un coin de mon esprit occupé par le souvenir de Conrad dont le Patusan de *Lord Jim*, un des romans qui font partie de ma petite bibliothèque imaginaire, n'était pas si loin, sur la côte nord-ouest de Bornéo. Et c'est ce qui me détermina, bien que je n'en eusse pas trop envie tant c'était évidemment la seule chose « à faire », à aller visiter Kampong Ayer pendant une éclaircie : ville de bois délicatement perchée sur pilotis, échafaudée de guingois, liée par d'innombrables passerelles sous lesquelles fonçaient avec un bruit de guêpes les *river-texis* effilés. Des bancs de bouteilles en plastique scintillaient comme des *growlers* incongrus sur ce fleuve tropical qui devait ressembler à la Berau de Conrad. Il y avait là, sur l'eau, une modeste petite mosquée qu'on eût dite balnéaire, blanche et verte, ceinte d'une coursive de planches, avec un minaret qui ressemblait à un phare. Il n'y a aucun pays, si apparemment détestable qu'il soit (le Soudan), dont je ne garde un bon souvenir, et le désir d'y retourner (la conscience que chaque jour rend plus improbable la réalisation de ce vœu est même une des mesures du temps qui passe, qu'on nomme désormais : le temps qui reste). Cette petite mosquée de Kampong Ayer est une des choses qui suscitent en moi une vaine nostalgie du sultanat de Brunei, avec aussi, il faut le reconnaître, au retour, une ravissante hôtesse de Royal Brunei, dont le voile si fin et transparent semblait signifier qu'il n'était là, arrondi autour d'un visage aux longs cils évoquant un peu celui d'une Audrey Hepburn malaise (c'est-à-dire mieux), que pour être ôté. Un petit nuage.

Un « titre de transport sur aéronef militaire », signé par l'adjudant Lombard, me rappelle un passage en Transall entre Kaboul et Douchanbé au Tadjikistan. Ce voyage me laisse un léger sentiment de frustration : sanglé sur la banquette latérale, engoncé dans le gilet pare-éclats réglementaire, je n'avais pas été autorisé à aller contempler, par l'unique petit hublot à l'arrière, les cimes enneigées de l'Hindou Kouch que je n'apercevais furtivement que lorsque l'appareil s'inclinait. C'est à Douchanbé que, l'ayant trouvé dans la bibliothèque de l'ambassade, j'ai lu *L'Usage du monde* de Nicolas Bouvier, que j'avais jusque-là négligé de lire à force d'y être incité par trop d'amis. Venant d'un pays où les femmes étaient contraintes de revêtir l'apparence de sépulcres noirs, j'avais trouvé (baudelairiennement...) que les hautes femmes de Douchanbé à la longue chevelure cascadant dans le dos étaient les plus belles du monde (et c'est peut-être bien vrai, après tout). L'ambassadeur était un ami, grand connaisseur du monde russe, rencontré bien avant à Moscou (j'ai oublié chez lui, un jour, une *Vie de Rancé* incomplètement lue, que du coup je n'ai jamais terminée : je ne saurais donc dire si c'est vraiment le plus beau livre de Chateaubriand — comme le soutiennent ceux qui, me semble-t-il, n'aiment pas trop Chateaubriand). Un syndrome nerveux faisait que certaines de ses phrases se terminaient en une sorte de hurlement. À l'aube, sur le tarmac de l'aéroport de Douchanbé, qui n'est pas l'un des plus actifs du monde, nous marchions vers la zone réservée aux quelques avions militaires français : je devais embarquer dans un vol de retour vers Kaboul. Le soldat des commandos de l'air qui gardait l'enceinte nous intima l'ordre de nous arrêter, mon ami voulut exciper de sa position, mais sa phrase « Je suis l'ambass... » enfla en une gueulante incompréhensible. Qu'on imagine la scène : le soleil levant éclairant les neiges de l'Hindou Kouch, l'aéroport désert, le factionnaire inquiet armant son FAMAS sous les carlingues kaki... Ça aurait été une façon pittoresque de mourir, mais le militaire avait du sang-froid, et un officier accouru confirma nos qualités. Garde-à-vous.

Et je trouve encore, entre les pages : une contravention dressée à Velas, dans l'île de São Jorge aux Açores, par l'agent Artemísio Cabral Bettencourt pour stationnement irrégulier en face du jardin public (comme j'avais, au commissariat, refusé de la payer tant le prétexte m'en paraissait extravagant dans une bourgade dont le parc automobile ne devait pas excéder dix voitures, l'agent Artemísio s'était pointé le soir à mon hôtel et m'avait expliqué que si je ne payais pas, il perdrait la face devant ses collègues : touché par la modestie de son argumentation et aussi par les sonorités fastueuses de son nom, qu'eût pu porter un navigateur du seizième siècle, je m'étais exécuté et nous avions même fini par boire un verre ensemble) ; des paquets de cigarettes, d'une époque où ils n'étaient pas couverts d'images infâmes, Reval allemandes à la livrée jaune et bleu, Cleopatra King Size égyptiennes, Além Mar portugaises arborant des caravelles aux voiles frappées de la croix écarlate, Jinsheng chinoises bleu nuit et or (l'éditeur de Canton qui m'en avait offert une cartouche m'ayant assuré que c'étaient les plus chères du monde) comme les Juan Bastos, « cigarettes hygiéniques supérieures ne séchant pas la gorge » de la Manufacture des tabacs du Tchad, à Moundou ; des cartes de visite, des coupures de presse (*Monstro que dá medo a pescador é só uma baleia*, « le monstre qui a effrayé un pêcheur est seulement une baleine », la relation d'un *escándalo* au conseil municipal de La Plata, où un édile péroniste avait menacé de mort une de ses collègues du même parti, la braquant avec un revolver dont il s'était servi ensuite pour démonter la gueule de quelques conseillers qui prétendaient s'interposer, les laissant *bañados de sangre*, baignés de sang — comportement qui, même en Argentine, est tout de même inadéquat, comme on dit maintenant, dans le cadre d'une assemblée élue), des petits cartons revêtus de photos affriolantes (mais qui ne m'affriolaient pas) trouvés chaque soir sous ma porte à Shanghai (*Full-body massage 98 rmb*, avec des exclamations en chinois qui m'échappaient, mais pas la signification de la fille en petite culotte et talons hauts, l'air langoureux), une serviette en papier d'un Bar Nostalgia dont j'ignore à présent en quel endroit du monde il se trouve, mais où j'avais dû me livrer à une de ces ruminations alcoolisées dont j'ai le secret, quelques photos d'identité — une jeune femme que j'appelais *Abejita* parce qu'elle avait une tête de jolie abeille, un Égyptien inconnu (mais qui ne l'était pas pour moi à l'époque) qui répond sans doute au nom, marqué sur la même page, de Saad Gobran, un Russe, de face et de profil (c'est une photo d'identité judiciaire), nommé Vassili Kovalev, dont je me souviens parfaitement, lui.

C'était à Magadan, port sur la mer d'Okhotsk que Chalamov, dans ses *Récits de la Kolyma*, appelle « le débarcadère de l'enfer », parce que c'est là qu'arrivaient, transportés à fond de cale dans des conditions effroyables, les malheureux (et malheureuses : il faut lire *Le Vertige* et *Le Ciel de la Kolyma*, d'Evguénia Guinzbourg) condamnés à la déportation dans les camps de l'Extrême-Orient sibérien (les bateaux-prisons étaient enregistrés sous l'appellation « transport de marchandises diverses »). La mer, lorsque nous y étions, mon amie Anne et moi, commençait à geler dans la baie de Nagaïevo, elle avait l'apparence d'une purée grise sur laquelle un pâle soleil traînait quelques heures par jour, au ras de l'horizon. Des centaines de milliers de déportés avaient emprunté, escortés par des chiens et des soldats, la route qui montait du rivage vers la ville. Beaucoup n'en reviendraient pas. Je l'ai déjà dit ailleurs, mais je le répète : cette histoire est un peu la nôtre aussi, même si nous ne voulons pas la connaître. Le communisme a été une passion européenne. Sur un mur le long de cette « Nagaïevskaïa », une main avait écrit un sarcastique *Vsie plokha, chto nie Revoloutsiia ?*, « Tout va mal, pourquoi pas la Révolution ? » Vassili Kovalev était un petit bonhomme pétulant, volubile, arborant un sourire entièrement métallique, couvert en dépit du froid d'une simple chemise épaisse de bûcheron sur un tricot, coiffé d'un béret basque sur ses cheveux grisonnants — « Tant que les oreilles ne gèlent pas, ça va ». Son père, un koulak, avait été fusillé en 1933, alors qu'il avait trois ans. Vassili Ivanovitch avait fait des tas de métiers, docker, marin, ouvrier dans une usine d'embouteillage de vodka... Arrêté en 1952, expédié à la Kolyma, libéré à la mort de Staline, sans doute (j'ai oublié). Sa haine de l'Union soviétique était sans faille — cela peut se comprendre. À travers une ville qui préférait oublier, il nous avait guidés d'un lieu de détention ou d'exécution à un autre. Entre des immeubles lépreux de cinq étages, dans une cour bordée de garages en tôle : « Ici, on fusillait. Les gens qui habitent tout autour ne le savent pas, ou ne veulent pas le savoir. Tout le monde s'en fout. » Devant une grande esplanade enneigée plantée de sapins : « Il y avait ici une maison dans la cave de laquelle on fusillait. Après, c'est devenu une coopérative de menuiserie, puis elle a fermé, on l'a rasée et on a asphalté, il y a un an. » (Précision utile : dans la Russie stalinienne, « fusiller », *rastrelat'*, signifie : une balle dans la nuque, à bout touchant.) Vassili Ivanovitch nous avait menés jusqu'à une maison d'un étage en brique. Par un soupirail, on s'était glissés dans le sous-sol. Par terre, une épaisse couche de glace à travers laquelle on distinguait, dans le faisceau de sa lampe, des ferrailles, des vieux pneus, des godasses. Des étoiles de givre aux murs et au plafond. Porte métallique, énormes loquets, vestiges d'anciens châlits. Il avait été enfermé ici avec cinquante autres, pendant quatre mois. « On avait deux cents grammes de pain par jour. Personne ne parlait : quand tu parles, tu perds des calories. Des types s'accroupissaient pour mourir, les bras croisés, se balançant, et quand ils ne se balançaient plus, ils étaient morts. » On était montés à l'étage. Une pièce emplie de gravats, de boîtes de conserve vides, de bouteilles : c'était le bureau du chef de camp, un droit commun qui tuait les prisonniers de sa propre main. Les murs étaient couverts d'un plâtre badigeonné de vert et de rouge. J'en avais, je ne sais pourquoi, arraché un éclat triangulaire. Il est toujours, scotché, dans le carnet où figure aussi la photo d'identité judiciaire de Vassili Ivanovitch.

Sur le rivage de la baie de Nagaïevo, entre un quartier de baraques de bois étrangement nommé « Shanghai » et une lugubre petite cité, sur la grève semée de bouteilles de bière qui faisaient scintiller la neige d'éclats mordorés, j'avais rencontré une femme d'origine coréenne. Elle était couturière, était venue ici pour l'amour d'un homme. À présent il l'avait abandonnée, et elle n'avait plus de travail. Elle aurait voulu vendre son appartement pour retourner chez elle, mais personne n'en voulait, même pour les malheureux vingt mille dollars qu'elle en demandait. Elle avait à peu près perdu l'espoir de s'évader. Elle marchait solitaire le long des palissades pliées, sous un ciel abricot griffé par des poteaux télégraphiques de guingois. Vivre ici est très difficile, disait-elle, et je la croyais.

Tu mens. Comment ça, je mens ? Oui, par omission, comme disaient les curés d'autrefois. Il y a autre chose dans tes carnets, à quoi tu tiens sûrement plus qu'à ces billets de train ou d'avion, paquets de cigarettes et autres cartes d'hôtels, ou même éclats de plâtre. Le « moucheron colombien de Villa de Leyva, fin du vingtième siècle », écrasé et encadré sur une page ? J'étais parti là-bas en catastrophe (la catastrophe, c'était moi), après deux jours de soûlerie et de sexe minable, ayant dormi trois quarts d'heure. Dans l'état d'épuisement et de panique où je me trouvais, j'avais oublié à Paris à peu près tout ce qui est nécessaire à une vie minimum, slips, chaussettes, livres, etc. Villa de Leyva, c'était très beau, un vieux village de conquistadores, de la véranda de la maison coloniale je voyais des lucioles clignoter dans l'herbe noire des berges du ruisseau, sous les grandes ailes luisantes des bananiers, mais j'étais encore démoli, et surtout terriblement anxieux parce que je me trouvais à quatre heures de route de Bogotá, et sans moyen d'y revenir, et que là-bas, dans les allées de la Foire du

Livre, j'avais croisé une fille très belle qui m'avait souri, et qu'il me semblait qu'avec elle ma vie au plus bas pourrait renaître — on meurt un nombre incalculable de fois dans sa vie, note quelque part Proust, mais moi j'ai toujours eu une particulière disposition à ça. « L'angoisse de l'amour te serre le gosier / Comme si tu ne devais jamais plus être aimé », combien de fois tu t'es redit ces vers d'Apollinaire... (J'écris ça avec ironie alors qu'à présent, ça a toutes les chances d'être vrai, une bonne et dernière fois.) Vêtue de noir, cette jeune Colombienne aux cheveux brun-roux, à la peau de terre cuite, avec un grain de beauté où, je ne sais plus, c'est à peine si j'avais osé la regarder, répondre à son sourire. Et à présent, dans la nuit de Villa de Leyva, commençant à me noircir de nouveau avec du vin blanc chilien, je voulais revenir à Bogotá et la retrouver. En amour, je suis acharné mais lent. À quoi ressemble-t-elle aujourd'hui, qu'est-elle devenue, qui a-t-elle épousé (parce que c'est comme ça que ça se termine en général, surtout en Colombie) : je donnerais cher pour avoir des réponses à ces questions insolubles. Que serait-il advenu si je l'avais retrouvée ? Peut-être vieillirais-je à Bogotá ou (je préférerais) à Carthagène des Indes, devant la mer Caraïbe, sous une branche de bougainvillée, le visage barré d'une moustache grise (ça se fait, en Amérique du Sud), ayant presque oublié le français, entouré d'enfants et de petits-enfants ? Peut-être aurais-je été tué par les FARC ? (Chateaubriand imagine dans les *Mémoires...* ce qu'il serait advenu de lui s'il avait épousé Charlotte Ives, la fille, qu'il aimait, de ses hôtes anglais du temps de l'exil : « Je serais devenu un gentleman chasseur ; pas une seule ligne ne serait tombée de ma plume ; j'eusse même oublié ma langue... ») Nos vies sont des jardins aux sentiers qui bifurquent, comme le dit le titre d'un récit de Borges. Et il n'est pas certain que celui que nous avons suivi soit celui qui nous convenait le mieux, que nous aurions choisi si nous en avions eu le loisir (ou le courage).

La première fois que j'étais allé en Colombie, j'étais parti de façon presque aussi précipitée, mais tout de même plus ordonnée. L'éruption du volcan Nevado del Ruiz, faisant fondre la neige et la glace qui couvraient son sommet, avait déchaîné un fleuve de boue (un *lahar*, c'est le terme scientifique) qui avait enseveli la petite ville d'Armero. Vingt mille morts. Un journal pour lequel il m'arrivait de travailler m'avait mis dans le premier avion (je me souviens, atterrissant de nuit à Bogotá, des milliers de lumières tremblotantes aux alentours de la ville, comme si sous les serres on cultivait non des fleurs mais des cierges). Aux environs d'Armero, de part et d'autre de la route la boue faisait de molles ondulations au-delà desquelles, loin, on voyait des collines vertes et bleues. Tout un tas d'épaves émergeaient de cette mer couleur de marc de café, tracteurs dont on ne voyait que la selle, voitures broyées, rails tordus, toitures, même un petit avion. Des hélicoptères passaient en rase-mottes, phares allumés. L'air chaud et lourd, imprégné d'une pestilence semblable à celle de vieilles serpillières pourries, faisait mal à la tête (la même puanteur aigre qu'exhalaient au marché Dantokpa, à Cotonou, les momies d'animaux préparés pour le culte des *vodouns* : oiseaux, caméléons, grenouilles, têtes de chiens, de biches, de singes, de petits carnassiers, hures, groins, rictus, orbites vides, dents serrées brillant sur des lambeaux de lèvres noires). À mesure qu'on approchait de ce qui avait été Armero, les corps se faisaient plus nombreux, gonflés, cirés, rouges et noirs, comme brûlés, certains semblant crawler dans la boue, nus parce que la soudaineté de la catastrophe, survenue en pleine nuit, ne leur avait pas laissé le temps de se vêtir, ou parce que sa violence les avait déshabillés. C'était la première fois que je voyais des morts qui ne soient pas familiaux, des morts abandonnés aux oiseaux comme dans l'*Iliade*, brutalisés, violés par la mort, obscènes, c'était un rude baptême, sans doute utile pour entrer pleinement dans la vie. L'agonie d'une petite fille, Omayra, avait été filmée « en temps réel », comme on dit maintenant, c'étaient les premiers essais de la grande indécence télévisuelle mondiale. Au retour, je cheminais avec un groupe de jeunes pompiers volontaires, nous avions sauvé un chien isolé sur un îlot, hirsute et terrifié, qui n'osait se lancer dans la mélasse. C'étaient des étudiants, Patricia, Marta, Gladys, Diego Fernando, Edgar et William. Ils plaisantaient pour se distraire de l'horreur, ou bien peut-être aussi parce qu'ils étaient très jeunes. À un moment nous étions passés devant un poste de télévision échoué au bord de la route : allume-le, on va prendre les nouvelles, avait dit l'un. Et une autre, craignant à tort que je ne sois choqué : *Faltamos de seriedad*, « Nous manquons de sérieux ». Sur un tas de ferraille tordue, près d'un cadavre noir dont la main agrippait la route comme s'il avait voulu y échapper au *lahar*, je me souviens d'un portrait de jeune fille aux lèvres boudeuses, chaîne d'or au cou, anneaux aux oreilles, en robe verte : intact dans le désastre, seul le verre était cassé.

Mais non, ce n'est pas du moucheron de Villa de Leyva qu'il s'agit, ni des souvenirs qui tournent autour de cette minuscule tache brune sur une page d'un cahier. Quoi, alors? Oui, c'est vrai : une dizaine de feuillets roses (le rose ici n'est pas une fioriture sentimentale, c'est juste parce que c'était la couleur d'un bloc de travail qu'on utilisait à l'époque), sur lesquels une femme que tu aimais et qui t'aimait (elle ne voulait pas que tu l'appelles une femme, mais « une fille », et elle était si jeune que ce n'était pas complètement ridicule) t'écrit que c'est très difficile de vivre avec toi. « Vivre est très dangereux », c'est le leitmotiv d'un des romans qui fait encore partie de ta petite bibliothèque imaginaire, *Grande Sertão : veredas*, du Brésilien Guimarães Rosa, titre platement traduit en français par *Diadorim*, du nom du principal et équivoque personnage, alors qu'on aurait pu tenter : « Grand désert : pistes », ou même « Grand Sertão : pistes », ou « Pistes du Grand Sertão », si on tenait absolument à une formulation acceptable pour le lecteur (et d'abord l'éditeur) moyen. Un des grands livres du vingtième siècle, en tout cas. Tu noies le poisson, ou plutôt : tu brouilles les pistes. Pas du tout. Je digresse, c'est ainsi que j'avance. Dans le Grand Désert? Oui, peut-être. C'était le soir, la nuit bien avancée, même, sans doute. À ton bureau, fumant un cigare, dans cet appartement dont veulent aujourd'hui te chasser les héritiers Ducon, et ils y parviendront bien sûr — que pèses-tu en face d'eux et de leur escorte d'huissiers? —, tu écris, tu prétends écrire. Elle, assise sur le divan en face de toi, dans la pièce où il y a déjà beaucoup de livres, mais moins qu'aujourd'hui, des fleurs mortes peut-être aussi, mais je ne crois pas, ça c'était après, t'écrit sur ces feuillets roses, de son écriture rapide, comme penchée par le vent, qu'elle t'aime mais que c'est difficile de vivre avec toi, qu'on se sent parfois bien seule. Cette lettre, cela te coûte de la relire, c'est pour cela peut-être que tu ne l'as pas évoquée d'abord — c'est plus facile de parler du Kamtchatka. Mais c'est aussi parce que tu n'as pas envie de parler de toi — tu es ce creux sonore au sein du vase reconstitué de Saqqara, tu veux t'y tenir. Mais il faut être un peu véridique, aussi.

Après, un jour, elle s'en va. Et tu deviens dingue. Madame Bovary après que Rodolphe l'a abandonnée. Il y a des épreuves dans lesquelles tu te montres un peu résistant, par orgueil peut-être, mais pas celles de l'amour. Tu fais un voyage catastrophique au Chili (après celui non moins catastrophique en Colombie — quelle corvée ça devait être de t'accueillir... Si jamais l'un de mes hôtes, l'une de mes hôtesses d'alors lit ces pages, qu'il ou elle y trouve l'expression de mes regrets sincères, et même confus). Tu y lis *Les Testaments trahis* de Kundera, tu soulignes des passages comme celui-ci : « L'étrangeté dans sa forme choquante, stupéfiante, ne se révèle pas sur une femme inconnue qu'on drague, mais sur une femme qui, autrefois, a été la nôtre. » Tu es un peu théâtral, n'empêche que tu en baves. Tu en baves énormément. Tu écris des choses comme ça, où on sent des réminiscences apollinairiennes (« Et tu recules aussi dans ta vie lentement / En montant au Hradchin et le soir en écoutant / Dans les tavernes chanter des chansons tchèques... ») :

Soleil plomb fondu
Les neiges des Andes coulent au Mapocho
Et moi j'ai bu trop de *pisco sour*
Je lis le *Canto General* dans le *parque forestal*
Les carabiniers mènent leurs chevaux dans les allées.

Hier dans un bistro de Bella Vista
Où je dînais seul
Un jeune homme à l'air accablé
Qui ressemblait à James Dean
Buvait de la bière
J'aurais dû aller lui parler
On ne fait jamais ce qu'il faudrait.
Une Gitane en robe mauve
Aux beaux seins de pain d'épice
M'a demandé un vœu
Que alguien vuelva
Elle m'a piqué sept mille pesos
Et m'a maudit de surcroît.
Dans la gare où arrivaient les trains de Valparaíso
Quand j'étais plus jeune
J'ai rencontré un de mes personnages
Je lui ai dessiné la cathédrale avec de l'encre et du sang
Elle m'a posé un lapin
Ne fais pas de peine à *Patito* m'a dit sa mère
Qui était plus saoule que moi.
Dans le soir je marche sur un tapis de fleurs de jacaranda
J'ai failli suivre une fille à la bouche triste
On ne fait jamais ce qu'il faudrait
Je dîne seul dans une gargote de la place d'Armes
Dans la rue braillent des prédicateurs
La Lune au-dessus des montagnes est ronde et pâle
Comme un verre de vin blanc de Panquehue.

(Ce personnage d'un de mes livres, une jeune comédienne pour qui, m'entaillant les doigts, je faisais des dessins *a sangre y tinta*, bien des années plus tard, de retour à Santiago où je travaille à la Bibliothèque nationale, je vois sa photo en une d'un magazine, avec la légende *Que tiene ella que no tienen las otras ?* « Qu'est-ce qu'elle a que n'ont pas les autres? » Je réussis à avoir son numéro de téléphone, l'appelle, tremblant, marchant de long en large dans ma chambre d'hôtel pour canaliser mon émotion. Sa voix est jeune, amicale. Je lui balance du *usted*, elle me tutoie immédiatement. Elle se souvient de moi, *como no ?*, ne semble pas me tenir rigueur de mes folies. Non, je n'étais pas *molesto*. Elle est prise par le tournage d'une série télé. Dans une semaine? Je pars le surlendemain, on ne se reverra pas.)

Au retour, des amis bienveillants me forcent à me faire interner dans une clinique. Banlieue ouest, banlieue chic, des villas entourées de parcs, dans l'une d'elles la clinique. Des tas de gens célèbres y ont été soignés (je ne me mets pas dans le nombre...). Althusser, notamment, que je tenais, dans ma jeunesse, pour mon maître. Ce lieu, que j'appelle la Villa Médicine, ma chambre d'angle avec ses trois fenêtres, le parc enneigé, fait partie de mes paysages. Je n'en garde pas un mauvais souvenir. Certaines musiques que j'y écoutais, chaque fois que je les réentends, m'y transportent de nouveau (la messe en *ut* mineur de Mozart, la sonate pour piano et violon de César Franck, *Così fan tutte* et surtout l'air « *Soave sia il vento* », les chants juifs transcrits pour violoncelle de Sonia Wieder-Atherton). Nadia, une des filles d'étage, une Franco-Marocaine très aimable qui se soucie de mon moral, déplore que je n'écoute que de la « musique triste », elle me prête un CD de *Reggae Dance*, c'est gentil mais moi mon plaisir est de prendre mon petit déjeuner en écoutant *Così*, qui d'ailleurs n'est pas triste. Pour ne pas la vexer, je suis obligé de me taper Eddy Grant, Errol Dunkley, Sundance Kid et toute la bande rasta jusqu'à ce qu'elle remporte le plateau. « Vous voyez, lui dis-je, je me mets aux choses modernes » : elle a l'air ravie du succès de sa thérapie. J'ai de la sympathie, et même un peu d'attirance, pour Moktaria, une jeune aide-soignante intelligente, qui me dit qu'elle n'a pas fait réparer sa télé tombée en panne, qu'elle préfère lire. Dans la mesure où je suis tout de même un des moins amochés des pensionnaires, peut-être aussi parce qu'on sait plus ou moins la raison qui m'a amené là, je suis un peu le chéri de ces dames, Nadia, Moktaria, Annick la Réunionnaise, Huguette, Houria, et cela flatte ma vanité pourtant drôlement endommagée. Un sultan bien déglingué. Ça ne tire pas à conséquence. L'irresponsabilité propre à la vie d'hôpital me repose. Les médicaments assoupissent. Mes amis se succèdent, leur générosité, l'imagination qu'ils déploient pour m'apporter des petits cadeaux, sont sans bornes. Anne, Alain, Serge, Annie, tant sont morts aujourd'hui... Je fais des pastels (des natures mortes autour de bouteilles d'eau minérale, sujet nouveau pour moi mais assez technique avec ses transparences et ses reflets. « Vous êtes un artiste complet », me dit, pince-sans-rire, le chef psychiatre : n'exagérons rien), je lis l'*Histoire de la décadence et de la chute de l'Empire romain*, de Gibbon, j'écris la moitié d'un livre, celui de tous mes livres qui aura le plus de succès, la vie est bizarrement faite (je me souviens que l'aiguille de la perf enfoncée dans le dos de la main droite créait l'illusion que l'Anafranil s'écoulait directement dans mon stylo, qu'en lieu d'encre j'écrivais avec de l'antidépresseur). Je tiens un journal, que je relis aujourd'hui. Je sursaute en y trouvant ceci :

« Alors que j'en suis à ma sixième cigarette, le soleil passe sa tête rutilante au-dessus de la maison d'en face, et deux mésanges viennent picorer le beurre que j'ai posé sur l'appui de la fenêtre. » Ainsi, à l'époque (qui n'est tout de même pas celle du Dr Charcot), on pouvait cloper dans sa chambre ! Le chef psychiatre est un type très droit, élégant, courte barbe bien taillée, courtois, un peu distant, affichant une bienveillance impassible, invariablement vêtu (lorsqu'il vient, certains soirs, faire la causette) de costars trois pièces prince-de-galles, d'apparence si grande bourgeoise que je le surnomme (banalement) Dr Freud. Avec son adjoint en revanche j'ai de longues discussions, c'est un oulipien qui me met au défi d'écrire deux phrases dont les initiales des mots seraient toutes les lettres de l'alphabet, dans l'ordre montant et descendant. Je m'exécute : « Alarmé bizarrement contre des étreintes fugaces, grandes heures imaginaires, joules, kilowatts lumineux mêlés nuitamment, obscènes péchés qualifiés ruts salaces, tu urines vers Washington, xylognathe, yeux zappeurs. Zibelines, yacks, xérus, wapitis vautrés unanimes te saluent ravis, quidam psychiatre oulipien, nouveau maître, lettré kabbaliste, jeune inconnu hier, grave fantaisiste ennemi des cons. Basta, assez ! » J'appelle ça « Le nouvel Orphée ». (Je précise que si je ne vois plus ce que peut bien être un xylognathe — un type à la mâchoire de bois ? —, le xérus, en revanche, n'est autre chose qu'un rat palmiste.) Je me promène dans le parc, j'y étudie les feuilles mortes pour une page du livre que j'écris. À certaines heures du crépuscule, il me semble qu'une lueur mauve émane de leurs amoncellements. Lorsque ma bonne conduite me permet, assez vite, d'obtenir des autorisations de courtes sorties, que je mets à profit pour m'enfiler quelques petits verres de vin, en compagnie d'amis complices, dans une brasserie du voisinage, au carrefour dit « de la Grâce de Dieu », je rentre à la nuit tombée (c'est l'hiver), et les fenêtres allumées de la Villa Médicine, vues à travers le treillis noir des arbres, m'évoquent *L'Empire des lumières.* C'est ma maison.

Il n'y a pas que dans le parc de la clinique que j'étudie les feuilles mortes. Le jardin du Luxembourg est un autre terrain d'observation — je ne passe pas ma vie en Sibérie ou en Terre de Feu, il m'arrive d'être en France, à Paris et même au centre de Paris. Le jardin du Luxembourg est un des lieux du monde que j'ai le plus fréquenté. Un jour très lointain, j'y ai vu, sous le kiosque à musique, réincarné en jeune chef d'orchestre, mon ami Benoît mort d'overdose après que l'aventure gauchiste se fut terminée. Il pleuvait, une poussière d'eau (ce qu'à La Réunion on appelle joliment une « farine de pluie ») flottait sous le kiosque. Lèvres minces pincées aux commissures, grand front, cheveux courts blond-roux, air ironique : c'était presque exactement mon ami mort — mon premier ami à mourir, si jeune. Et il dirigeait le petit orchestre comme Benoît l'eût fait, je crois (il était musicien) : avec un peu d'amusement manifeste (ce n'était pas le *Berliner Philharmoniker*, il ne se prenait pas pour Karajan), mais sans non plus faire le clown, avec juste un rien en trop dans les gestes, pour montrer que ce n'était pas complètement sérieux, ces valses de Strauss pour un public de parapluies.

Toutes les saisons tournent autour du bassin du Luxembourg, celles de l'année et celles de la vie, c'est mon étoile polaire, mon horloge astronomique, le centre de mon zodiaque. L'hiver, les mouettes s'y tiennent sur la glace, ébouriffées, renfrognées face au vent, et le jet d'eau figé ressemble à une énorme chandelle. Le soleil bas et blanc fait briller les toits de zinc, la coupole de l'Observatoire au fond des boulingrins jette un instant un éclat de vert chloré, des cristaux scintillent sur la terre noire des plates-bandes, la neige fondante (que les Russes désignent du nom expressif de *griaz*) clapote sous les pieds. Les arbres noirs lézardent le ciel, le soleil rouge y est fiché comme un clou. Des corbeaux y perchent, bruyants (ce ne sont pas des corbeaux mais des corneilles, m'apprend mon frère, assez porté sur l'ornithologie). Une jeune femme qui est peut-être un souvenir marche vite, en long manteau bleu marine, elle passe sous la statue de Laure de Noves (plus justement nommée Laure de Sade) où nous nous donnions rendez-vous, celle qui est partie et moi (c'est au Luxembourg, « dans l'allée qui longe le parapet de la Pépinière », que Marius rencontre Cosette : mais je ne le savais pas alors, il m'a fallu attendre de lire *Les Misérables* au pôle Nord). Au printemps, les voiliers inclinés sur son eau sont comme le rêve d'une autre vie, plus libre et aventureuse. Les jeunes feuilles des marronniers font comme des petites mains aux doigts pliés, serrés, d'un vert tendre. Les arbres se teignent à l'automne des couleurs du raisin mûr, les coups de vent en lèvent des vols d'étincelles, la course des nuages fait défiler, dans les flaques laissées par l'averse, comme un ciel souterrain étendu au-dessus d'un autre monde, peut-être meilleur, vu à travers des échancrures de la terre. Une goutte d'eau scintille au bout d'une tige, et de ce petit diamant liquide jaillit, inopiné, le souvenir des lignes d'*Autres rivages* où Nabokov relate comment

« son premier poème fusa » à la vue d'une goutte roulant le long d'une feuille de tilleul — et il y a dans cet épisode un peu de l'assurance ostentatoire de son génie qui rend parfois Nabokov irritant (au fait, et sa demeure ?). Une fille en jupe rouge, cuissardes noires, blouson noir, lunettes noires, cheveux noirs avec un crayon vert planté dedans, pianote d'un ongle précis sur son téléphone noir. Les marrons jonchent le sol, petits galets d'acajou poli dont on ne peut se retenir de fourrer un ou deux en poche, avec tous leurs relents d'enfance (mon unique voyage, avec mes parents, aux « châteaux de la Loire »), bogues éclatées, charnues, à l'intérieur d'un blanc satiné. Souvenirs d'enfance, encore, les feuilles de platane qui crissent sous les pieds comme si l'on foulait une très mince pellicule de glace (tandis que celles des tilleuls, jaune acide et gris perle, duvetées, forment un tapis moelleux), et qui rappellent celles qu'on nous faisait dessiner à l'école, il y a une immensité de temps. Les parfaits palmiers sont encore là (bientôt on les rentrera, avec les orangers devant lesquels pose une Japonaise aux jambes Louis XV, en robe noire à col marin), leur ombre au sol dessine une gigantesque araignée (souvenir de *L'Île mystérieuse*). Sous l'un d'eux j'attendais, il n'y a pas si longtemps, une autre femme, russe, qui fut un amour violent et bref — « Tu me trouveras sous ce palmier, comme un chameau », lui avais-je dit, et souvent ensuite je signais mes messages d'une icône de chameau (de dromadaire, en fait). L'été au Luxembourg est érotique. Robes légères, dont l'ourlet (ô Baudelaire !) bat mollement des jambes bronzées, maillots découvrant des bras fins, shorts minuscules, soutiens-gorge sous la mousseline, seins entr'aperçus, fines sandales, tennis.

Multiple crissement des pas sur le gravier. Japonaises à petits chapeaux, à ombrelles, queues-de-cheval, jambes pâles, pépiant. Cheveux qui volent, dansent sur les épaules, relevés sur la nuque, dont une mèche retombe... Taches de rousseur... Seigneur... Toutes les langues du monde tournent et se mélangent autour du bassin, dans un poudroiement de poussière dorée, se nouent un bref moment et se dénouent. Toutes les langues que j'aime à l'égal de la mienne, qui sont les voix multiples du monde, que j'aimerais tant parler comme je parle la mienne.

Soirée de septembre. La mer devant moi a toutes les couleurs du cuivre, du vert au rose à l'ouest, tavelée de plaques grises. Le clocher de la petite ville voisine fait sur l'horizon une encoche noire autour de laquelle semble se dérouler le lent glissement des couleurs. Au-dessus, du gris pigeon. Les premiers feux s'allument sur la côte en face. Tout est parfaitement immobile, les feuilles dont le vert s'assombrit, la mer, le ciel pavé de petits galets de nuage. Un moment, le silence est parfait, puis un chien se met à aboyer, assez loin, avec cette obstination stupide, sans espoir, qui caractérise les chiens, au moins la variante aboyeuse (je sens que je perds des lecteurs). Comme encouragé par ce bruit intempestif, le congélateur du port de pêche se met à bourdonner. Deux hirondelles passent en piaillant, puis un ramier aux ailes froufroutantes. Puis tout ça se tait, chien compris. Un avion déroule une traînée dont, si je voulais être précis (et je le veux), et ironiquement désuet (cela ne me déplaît pas), je qualifierais — je qualifie, donc — la couleur de « cuisse-de-nymphe-émue ». La carlingue, encore frappée par le soleil, fait une petite croix brillante. Il file vers le sud, sud-sud-ouest plutôt. Où peut-il aller ? À Lisbonne peut-être, où je serai dans un mois. Venant de Londres ? Un pin solitaire se détache sur une bande de ciel saumon, un petit collier de lumières en dessous. Le feu rouge d'entrée du port commence à clignoter. Tout vire lentement au mauve, va s'effacer dans l'indistinction de la nuit.

À présent c'est la nuit, j'ai retrouvé la lumière pâle de l'ordinateur. J'écris en écoutant la sonate en *sol* majeur de Schubert. J'ai une sympathie particulière pour cette sonate, parce que c'est un des premiers morceaux de musique (« morceaux », quel mot bizarre dans ce cas...) que j'ai écoutés, joué par Alfred Brendel, après des années passées dans l'éloignement de la musique, et de toute forme d'art. Bien plus tard, chez des amis éditeurs, j'ai rencontré Alfred Brendel. Arrivés tous deux en avance, nous étions seuls, dans une sorte d'atelier de peintre, je crois. Je me souviens qu'il était grand, avec de grosses lunettes. Je voulais lui raconter cette histoire, mais comme j'étais impressionné, je me suis mis à chantonner, mal, les premières mesures du premier mouvement (*molto moderato e cantabile*, pourtant). Je crois qu'il m'a pris pour un demeuré. Ce lieu maritime où j'écris est, avec le jardin du Luxembourg, l'autre foyer de mes orbites désordonnées. J'y ai photographié des centaines de ciels, toujours sous le même angle. Je m'y sens apaisé, pour autant que je puisse l'être. J'y ai passé des étés heureux, des hivers studieux. Je me souviens d'un jour près de l'eau, sur la grève (« plage » n'est pas le mot qui convient), avec la fille aux feuillets roses, je bandais tellement que je n'osais me lever pour aller me baigner, nous étions restés enlacés jusqu'à ce que la marée vienne lécher nos pieds, ses vaguelettes étaient incroyablement joyeuses, il nous semblait qu'elles étaient nos complices amusées, et cet après-midi reste un des moments de ma vie où j'ai été le plus pleinement, indiscutablement, irrationnellement heureux — non qu'il n'y ait pas eu de raison à ce bonheur, mais il se passait d'explication, il n'admettait aucun recul, il était là, un bloc dans lequel on était, comme deux insectes pris dans l'ambre, et c'est tout. On faisait partie du rivage, de sa beauté. Il m'est souvent arrivé depuis, marchant au bord de l'eau, de chercher le lieu exact où « ça » s'était passé, mais la mer a depuis charrié du gravier, des galets là où il y avait du sable, et je ne le retrouve plus. Nature au front serein, comme vous oubliez... Tristesse d'Olympio...

J'ai le vague souvenir de l'histoire d'un calife très puissant (Haroun al-Rachid ?) qui, revoyant sa vie peu de temps avant sa mort, se dit qu'il n'a vraiment été heureux que quelques jours. Je crois avoir eu, avec moins de gloire, plus de chance que ce calife, mais il me semble que l'eau est presque toujours associée à mes moments de bonheur. Parfois, mais pas toujours, il s'agit d'un bonheur amoureux. Sur la côte du Nordeste brésilien, dans l'Alagoas, je suis avec une femme aux yeux verts. Nous marchons le long de l'estuaire, au crépuscule. Gonflés de lumière, les nuages ont des couleurs de berlingots. Des feux brûlent sous les cocotiers de l'autre rive, un bar violemment éclairé fait un carré blanc dans le mauve. Au large, des plates-formes pétrolières encore frappées par le soleil, comme un archipel de métal lumineux. Sur la place, en face du débarcadère sculpté de tritons et de naïades, mestre Euclides, tout petit, trapu, vêtu d'une ample chemise de soie blanche à galons d'or, coiffé d'une casquette d'officier de marine, yeux charbonneux, sifflet au bec, vocifère d'une voix de poivrot écossais la légende de Charlemagne et de ses preux. Autour de lui, des filles en robe rouge, baskets et chaussettes blanches, le front ceint d'une couronne d'or d'où ruissellent des rubans verts et rouges, tapent sur des tambourins. Un barbu porte une miroitante église sur le chef. Nous marchons vers le restaurant *Pequim*, on va se taper des beignets aux crevettes et au piment et de la cachaça. Un camion passe, il s'appelle *Fazeramor*, « Faire l'amour ». Bonne idée. Nous marchons sur la plage, la nuit, sous les palmes cliquetantes. Nos deux ombres immenses, obliques, nettement dessinées sur la blancheur du sable, pantalons flambant de vent, jambes nues de femme, nos têtes perdues dans les brisants phosphorescents.

Ou bien, je suis en Italie, à Marina di Ravenna, avec une fille qui m'excite incroyablement. Un côté Claudia Cardinale jeune. *Che bellina*, a lâché un type à la gare de Bologne (ou bien de Milan ?), et moi, vaniteux comme un coq (on n'y peut rien), je me rengorge (bien des années plus tard, je vivrai la situation inverse lorsque la jeune femme russe que j'attendais sous un palmier du Luxembourg me demandera, au sortir du cinéma L'Arlequin, de ne pas prendre sa main comme j'en ai l'habitude, car nous formons un couple trop désaccordé en âge...). C'est l'hiver, et même les derniers jours de l'année (dans le train, traversant de nuit la plaine du Pô, nous voyions les illuminations de Noël clignoter dans le noir). Dehors, une brume glacée estompe le môle flanqué de pêcheries à carrelets sur pilotis, et l'indistinction de l'eau calme et du ciel, les projecteurs dans le brouillard, donnent à ces installations compliquées, avec leurs grands filets suspendus à des poutrelles haubanées en treillis métallique, l'aspect onirique de navires de guerre fantômes. Le phare octogonal blanc, percé de meurtrières, assez chiriquien, fait tourner sa croix de lumière, un cargo sort du *lungomare*, grande masse de feux lente, son sillage fait tanguer les vedettes de la *Guardia di Finanza*, on entend le halètement énorme de sa machine. Tout autour, des terres plates, violettes, moisies, hérissées de réservoirs, cheminées, halles industrielles en ruine — c'est le paysage du *Désert rouge* d'Antonioni. D'églises byzantines, aussi — dans la journée, on est allés visiter Sant'Apollinare in Classe, ses mosaïques bleues et dorées, ses apôtres-animaux nageant dans des vagues d'outremer, et le tombeau de Dante, et là, précisément, allongée sur le lit, la *bellina* tente d'écrire une carte postale à sa grand-mère (trois colombes, une vasque et une grappe de raisin du chœur de San Vitale), mais je sens que je ne vais pas tarder à lui compliquer la tâche (et même m'excite le fait qu'elle écrive à sa *grand-mère*). Elle a dans l'amour une joie, une liberté païenne que j'ai rarement rencontrées. Elle m'irrite, pourtant, parce qu'elle fume dans notre chambre de l'hôtel Diga (c'est une des nombreuses fois où je prétends arrêter de fumer), qu'elle s'enfile du Nutella au petit déjeuner (elle trouve qu'il y a dedans « beaucoup d'émulsifiants », et on ne sait pas pourquoi ça lui plaît) et qu'elle prononce « Montalais » le nom d'Eugenio Montale. Je suis ridiculement injuste. Ça ne doit pas être facile, en effet, de vivre avec moi (un peu tard pour m'en rendre compte). Elle me cite des poètes, d'une voix flûtée, et moi, non sans mesquinerie, j'interprète comme une cuistrerie destinée à m'épater ce qui n'est, après tout, qu'une volonté, qui devrait me toucher, de se montrer « à la hauteur ». Alors qu'il est si difficile, souvent impossible, de faire résonner en nous *a entonação das vozes que nunca ouviremos mais*, « l'intonation des voix que nous n'entendrons jamais plus » dont parle Pessoa, je me souviens bien de sa voix, aujourd'hui encore, et à présent je la trouve plutôt charmante. Avec tout ça, en dépit de mon intolérance, nous sommes heureux. Tout à l'heure, nous irons dîner de *frutti di mare* et de vin blanc *frizzante* au bord du Lido, je lui raconterai, pour la faire rire et en même temps pour l'instruire un peu, avec ce côté Pygmalion qui est une marque de considération mais doit être assez vite irritant, que je suis l'empereur Justinien qui pour la dernière fois rétablit dans toute son étendue l'Empire romain, et elle la belle Theodora, la fille du gardien des ours du cirque de Byzance.

Nous sommes enfants, mon frère et moi, à Dakar, au Sénégal. Il y a, sur la côte, en contrebas de la ville, une ancienne station de pompage devenue une maison où habitent des amis de nos parents — elle grande et un peu extravagante, lui gros et polonais, autant que je me souvienne, la chemise bâillant sur un large short, mais on s'en fout, ce n'est pas notre monde, celui des adultes, des fêtes qu'ils organisent de temps en temps. Notre monde à nous, c'est le jardin où filent des oiseaux aux couleurs éclatantes, si différents de nos discrets passereaux, où brillent des fruits et des fleurs inconnus, pétales et pistils écarlates visités par de grands papillons au vol flapi, et tout ça est stupéfiant pour les petits septentrionaux que nous sommes. C'est là, dans ce mini jardin d'Éden, que j'ai ouvert pour la première fois une grenade, et je suis ébloui à la vue de ces gros grains serrés, rubis, translucides (ressemblant aux œufs de saumon dont le scintillement de pierreries m'émerveillera, un demi-siècle plus tard, au Kamtchatka). Il me semble (ou plutôt c'est maintenant, sur l'autre versant, que je pense cela) que c'est une représentation de la vie. Mais notre monde, c'est surtout la petite jetée en latérite — c'est au moins ainsi que nous appelons la roche couleur de rouille, tourmentée, profondément creusée d'alvéoles où gargouille le ressac, où nichent les anémones de mer aux tentacules rétractiles qui font sous l'eau comme des grappes de minuscules feux d'artifice. La mer ici n'est pas ce milieu glauque et éventuellement inquiétant que nous avons connu jusqu'alors. À travers l'eau transparente, traversée d'ondulations lumineuses, on aperçoit des oursins aux longues aiguilles noires, les buissons violets des gorgones, les flèches des poissons de récif, des bancs de sars zébrés qui jettent des éclairs. On pêche : et sentir au bout de sa ligne le poids vibrant du poisson ferré, la canne se courber puis se détendre brusquement lorsqu'il jaillit à la surface, c'est une excitation qui n'est pas sans rapport (mais je suis alors assez loin de l'imaginer) avec celle de l'acte sexuel : Hemingway dit ça très bien dans ses nouvelles, notamment dans *The Big Two-Hearted River*, « La Grande Rivière au cœur double ». Ces journées au « Cabanon » — c'est le nom du lieu — sont parmi mes premières représentations du bonheur.

(Plus de trente ans ont passé, je suis de retour à Dakar, avec Jane B. Nous voyageons ensemble, au Brésil, au Vietnam, en Afrique, et c'est drôle parce que c'est moi l'invité, hôte des services culturels français, mais c'est elle la vedette, évidemment. J'apprends — pas toujours avec talent — à être prince consort. À São Paulo, nous sommes les témoins gênés, un peu amusés quand même, de la haine opposant l'attaché culturel et le consul général. Le premier, large et court sur pattes, chauve mais se rattrapant avec une barbe grisâtre et emmêlée, a été au MIR bolivien, a fricoté avec le Che, et estime — à juste titre peut-être — avoir eu une vie aventureuse au service de grandes idées. Le second est un diplomate de cabinet, mondain, sûr de lui, assez fat, ex-conseiller à l'Élysée et ne se privant pas de le faire savoir. Tête toujours levée, mains dans les poches d'un blazer moulant, il fume des Cohiba, l'attaché, qui a l'air d'être déguisé quand il porte une cravate, mâchouille de puants et démocratiques Toscani. Le consul ne se gêne nullement pour rudoyer l'attaché qui a l'âge d'être son père, l'attaché se remonte le moral le soir à grands coups de gnôle et devient alors violacé et suant. Une représentation, plutôt comique, de cette cascade dramatique de mépris et d'humiliation qu'est ce qu'on appelle « la société ». Nous visitons pour nous faire peur l'*Instituto Butantan* et ses collections de serpents, scorpions, araignées et autres délicatesses (elles ont brûlé depuis, quelques années avant celles, plus avenantes, du *Museu Nacional* de Rio). Des pieds conservés dans des bocaux, et qui ressemblent à de gros poissons trop bouillis, chair blanche en lambeaux, peau noire éclatée, invitent — et c'est assez convaincant — à porter des bottes pour se protéger des morsures de serpents. D'autres panneaux recommandent de ne pas tuer ces saloperies si on les rencontre, mais de les envoyer à l'Institut, « le transport par voie ferrée étant gratuit » (le transport des mygales par voie ferrée est gratuit, il me semble que c'est le genre d'annonce qui aurait réjoui Malcolm Lowry). Une horrible araignée avec une sorte d'anus au milieu du céphalothorax vient de tuer le mâle dont une patte poilue traîne sur le sable avec une plaque chitineuse hirsute, bien fait pour sa sale gueule. Au Vietnam, à Hanoï, c'est l'ancien musée de l'École française d'Extrême-Orient, vide désormais de tout objet d'art, que nous voulons visiter : « Monsieur, ils ont tout volé », vient me dire à l'oreille un vieux gardien. À Saigon nous buvons des Tom Collins à la terrasse du Continental en évoquant, classiquement, Graham Greene, dont il me semble partager la volonté de m'éloigner de ce qui pourrait être « chez moi » — il serait plus juste de dire l'incapacité à trouver, ailleurs que dans la mémoire, un lieu qui serait « chez moi ». (Elle a un avantage sur moi : elle a connu Graham Greene.) À Dakar, nous repassons par tous les repères de mon enfance. Du « Cabanon » masqué par la végétation je ne parviens à apercevoir que le toit de tuiles à quatre pentes, entouré de verrues de ciment blanc. Sur la plage de N'Gor, le bistro où j'ai écouté pour la première fois — avec quelle émotion ! — Richard Anthony chanter « J'entends siffler le train » est en ruine. La pointe des Almadies est désormais couverte d'hôtels et de villas de la nomenklatura. Devant la plage de Ouakam s'élève le chantier, en parpaings gris, d'une énorme mosquée à deux minarets offerte par l'Arabie saoudite. Il n'y a guère que mon ancien lycée qui n'ait pas beaucoup changé. J'y parle, dans l'amphi où officiait à mon époque une jeune prof de « sciences nat » dont j'étais amoureux, devant une centaine d'élèves chaleureux et insatiables questionneurs. À beaucoup de leurs questions je n'ai pas de réponse, mais j'improvise, je me débrouille, ils se marrent, me font signer leurs cahiers — les selfies n'existent pas à l'époque. Pour un moment, c'est moi la star, je me prendrais presque pour Patrick Bruel. Le soir, cependant que des nuées de charognards tournent sur la mer, denses comme des pluies de cendres, que s'allume le phare du cap Manuel, s'allume aussi sur la corniche une paillote enguirlandée d'ampoules, et soudain, avec une absolue certitude, me revient le nom de cet endroit où mes parents allaient parfois dîner, et danser, je crois : le Niani. Comment ce nom si longtemps oublié, enfoui sous les sédiments de plus de trente années, a-t-il jailli à la surface de ma mémoire ? Et après lui, ce sont d'autres mots disparus qui reviennent : alors que passe une carriole à cheval que je ne regarde pas vraiment, éclate le mot par lequel on désignait cette variante sénégalaise du fiacre : *carrossa*. À Soumbédioune, devant un étal de poissons à grosses lèvres et dos crénelé, c'est le nom de « badèche » qui émerge, depuis longtemps effacé et pourtant incontestable. Le temps qui altère les lieux, les visages, ménage des caches où les mots se terrent pour ressortir un jour, intacts. Comme des capsules de vie éternelle.)

L'eau, la joie de l'eau. Quelques années auparavant, sur une île proche de la Sardaigne, l'été. Mer immobile, palmes poussiéreuses. Nageant, je vois sur le fond mon ombre trouble, immense, environnée de rayons laiteux. Fantôme, mais je ne me sens pas du tout fantôme encore. Sur la plage, des jeunes filles en maillot noir, certaines avec dans les cheveux, qu'elles torsadent pour en exprimer l'eau, une fleur en plastique. Membres menus, pailletés de sable. Je tends l'oreille pour surprendre leurs prénoms : Maria Gracia, Erica, Stefania. Me regardent-elles ? Je ne crois pas, mais cette constatation qui d'habitude me causerait une petite douleur (tout de même assez supportable, sinon je serais mort depuis longtemps), cette fois n'altère pas l'espèce de béatitude dans laquelle me plongent le soleil, les « maints diamants d'imperceptible écume », la grâce aperçue de ces jeunes corps. C'est peut-être parce que je suis jeune encore : un autre jour, bien du temps a passé, j'éprouve un pincement au cœur en regardant en douce à Izmir, près de Cumhuriyet Meydani, une ravissante collégienne en uniforme — jupe écossaise et pull bleu, chemisier blanc, bas bleus —, assise sur le parapet qui longe la mer où glisse un porte-conteneurs rouge, parler avec sa copine (assez jolie aussi, mais moins). Conversent, causent au téléphone, rires clairs. De temps en temps, elle saisit ses cheveux mi-longs derrière la nuque et les ramène sur le côté gauche (elle sait combien j'aime ça, ce geste !). Je songe à un récit de Borges, *La Trame*, où un gaucho, tué comme César par son fils, « ne sait pas qu'il meurt pour qu'une scène se répète » : me prend-elle, vieux mateur sur le rivage, pour Leopold Bloom ? Non, simplement elle ne me voit pas. Enfin, ce jour-là, au large de la Sardaigne, tout va bien, je suis en paix. Vers le soir, au bout d'un chemin de broussailles où bruissent les lézards, je vais chercher de l'eau à la source (la maison que j'occupe avec mon ami Serge et sa femme Dominique, beaux tous deux, n'a pas l'eau courante. Serge est mort aujourd'hui, Dominique lutte contre la mort). La mer est d'un bleu vaporeux, la côte sarde baignée d'une brume dorée, le vent apporte des odeurs de maquis, de pierre chaude. Dans la petite niche de pierre moussue qui abrite la source, l'eau coule, sombre, lisse, douce. J'y contemple mon visage, Narcisse que troublent puis effacent les gouttes tombant du seau. Des noms sont gravés sur la margelle : Piero, Maria. Une grenouille verte se tient sur ses gardes, prête à plonger. Je m'asperge d'eau fraîche, j'éprouve sous les gerbes d'eau un sentiment de plénitude, de joie corporelle rarement rencontré dans ma vie. J'ai l'impression d'être ce Piero et cette Maria inconnus, pas d'être eux mais de les comprendre en moi, avec beaucoup d'autres. Je suis immense, je suis un héros grec.

Nager, tout simplement. Franchir la limite, la grande bordure des terres, quitter pour un instant sa part du monde, ne plus « avoir les pieds sur terre », ne plus marcher. Entrer dans un autre règne, s'aventurer. Retomber en enfance, car la lenteur, la gaucherie de notre progression sont celles de nos premiers temps, et aussi le sentiment d'être minuscule, fragile dans un espace immense. Naître. Être nu. Voler, lentement, gauchement, mais voler, être porté, ne plus peser. Rêver, l'eau est le lieu des images sans suite, désaccordées, des songes décousus, des bribes de vies possibles, des ravissements, du vague (c'est un heureux hasard qui fait de cet adjectif, dans notre langue, l'homonyme des grandes ondulations de la mer), de l'inconstant. Entrer dans l'eau, c'est faire l'expérience de l'*épochè*, cette philosophique suspension de tout. Mourir un peu, aussi, car on sait qu'on ne résisterait pas longtemps, que là-dedans, là-dessous, il n'y a de place que pour les « noyés pensifs ». Nager, se laisser caresser par un danger immense, jouer un instant avec lui. Septembre est venu, la grève est déserte, la marée y a déposé des franges noires de varech, toute la chaleur de l'été est encore enfermée dans l'étendue calme, les yeux ouverts sous l'eau tu vois les petits tourbillons de bulles brillantes que font tes mains y plongeant en cadence, tu entends son bruissement, son glissement contre ton corps, lorsque tu respires tu devines le soleil brisé par mille arcs-en-ciel, tu te sens plus libre et plus fort, et presque plus jeune, et peu importe que ce ne soit qu'illusion. Michaux : « L'âme adore nager. »

Retour à Port-Soudan. J'ai écrit un texte qui s'appelle comme ça, autrefois, et avant cela un livre intitulé *Port-Soudan*. Pas celui que je préfère, mais un de ceux qui ont eu le plus de succès. Parce qu'il est bref? Parce qu'il est sombre, et même très noir? C'est le seul qui ait obtenu ce qu'il est convenu d'appeler un « grand prix », je suis reconnaissant aux dames du jury qui me l'ont octroyé, mais je n'aime pas revoir les photos de sa remise, je crois bien que c'était au Crillon. J'y affiche une tête un peu bovine, un bœuf triste, à large lippe, et cravaté en plus (ça ne date pas d'hier, ça se faisait encore, à l'époque; on est toujours surpris de voir, sur les photos de Mai 68, la moitié des manifestants le cou serré par cet accessoire). J'en ai écrit l'essentiel à la Villa Médicine, à moitié abruti par les médicaments, mais enfin il y avait une autre moitié qui marchait encore, il faut croire. Cette circonstance explique la tonalité assez lugubre du livre, sans l'excuser complètement (j'ai essayé ensuite d'écrire une histoire assez proche, pas très gaie non plus mais plus complexe et faisant place à l'ironie, et ce livre est à mon avis supérieur, mais il a eu bien moins de succès, il fallait s'y attendre). J'ignorais tout alors de Port-Soudan, j'avais choisi cette ville parce que cette région du monde, dans notre tradition littéraire, ne passe pas pour un lieu d'agrément. « On vieillit très vite ici, comme dans tout le Soudan », écrit Rimbaud dans une de ses lettres à sa mère; et Nizan, qui était alors un écrivain que tout jeune lettré se devait d'avoir lu, appelle la mer Rouge, dans *Aden Arabie*, « le profond canal des enfers ». Dans les dispositions d'esprit qui étaient alors les miennes, ça m'allait, j'étais preneur. À peine les épreuves du livre corrigées, j'avais donc pris l'avion pour Le Caire, puis de là, en voiture ou en bus, j'étais descendu à Suez, où j'avais embarqué dans un bateau pour Port-Soudan. Pas pour vérifier quoi que ce soit, puisque « mon » Port-Soudan était une pure fiction : mais pour voir tout de même à quoi ça ressemblait, si c'était un lieu aussi terrible que celui que j'avais inventé (ce que je souhaitais). C'était le mois d'août, il faisait une chaleur thermonucléaire, et nulle bière pour rafraîchir le gosier, évidemment, sinon une espèce de lavasse sans alcool du nom de Birell, pour laquelle j'avais inventé le slogan *Birell avoids the hell.* Tout ça était parfait. À l'entrée de Port-Soudan, il y avait la statue en ciment d'une bouteille de Coca-Cola (je crois bien que je n'ai jamais bu autant de Coca-Cola qu'au cours de ce premier voyage au Soudan, certains jours je ne me soutenais que de ça, sans désirer autre chose), et la prison, où un ami à moi (enfin, pas tellement ami, puisque j'ai oublié son nom) fut incarcéré, et même fouetté (mollement, m'avait-il dit) pour avoir transporté quelques bouteilles de vin sous sa veste avec lesquelles il comptait fêter Noël, ou le jour de l'An, je ne sais plus, en compagnie d'autres « expatriés ».

J'écris ces lignes dans une forteresse du seizième siècle transformée en hôtel de luxe au Portugal, au bout de l'estuaire du Tage. J'ai été invité à y résider (le Portugal m'a toujours été amical), c'est là que je reprends ce récit, arrêté depuis un mois. On m'a très obligeamment donné un endroit pour travailler, qui est une vaste salle de réunion dont on a poussé les tables contre les murs, sous des housses. Mon bureau est seul au milieu de la pièce vide, sous une lampe. Ça me laisse de l'espace pour mes déambulations circulaires. Je me fais l'effet d'être un président de quelque chose, quelque chose de vide et d'incongru, une entreprise internationale de vente de feuilles mortes, par exemple, ou bien alors (peut-être parce que ces lieux furent des nids d'espions, durant la Seconde Guerre mondiale, ainsi que le raconte Frederic Prokosch dans un livre dont j'ai presque tout oublié — jusqu'au titre) un agent secret — profession qu'il ne m'eût pas déplu d'exercer, comme Graham Greene. J'entends le vent hurler dans les bastions. Je vois passer les bateaux illuminés qui entrent dans le Tage ou en sortent. Tout à l'heure, deux paquebots de croisière, respectivement le *Magellan* et le *Sapphire Princess*, m'apprend l'application « Marine Traffic » (*Sapphire* comme la bouteille bleue de gin dont je me tape de bonnes rasades, le soir, ma journée de travail faite). L'un va à Southampton, où il arrivera dans trois jours à quatre heures du matin, l'autre à Cobh en Irlande (port dont j'ignorais jusqu'à l'existence) où il est attendu le même jour deux heures et demie plus tard. Un coup d'œil à mon téléphone : ils se trouvent actuellement à la hauteur de Peniche, naviguant l'un à la vitesse de 14,3, l'autre à celle de 14,4 nœuds. Environnés par le *Celebrity*

Silhouette (où, dans quel immonde imaginaire contemporain les croisiéristes vont-ils chercher les noms de leurs navires ?), le *Meridiaan* néerlandais et le porte-conteneurs maltais *Xpress Vesuvio*. Je pourrais continuer longtemps comme ça, des pages entières, parce qu'ils sont désormais sur cette grande autoroute maritime qui monte vers le cap Finisterre puis Ouessant : partout sur l'écran des espèces de petites plumes de stylo, vertes ou rouges ou bleues ou turquoise, symbolisant des bateaux. Rien, de nos jours, qui ne soit fiché, repéré, suivi, tracé (sauf le vol MH370, et encore, ce n'est pas sûr). Tout d'un coup, une idée me vient, pour un livre que je n'écrirai pas, en étant bien incapable : un type (moi, par exemple) s'est fait coller à son insu une puce ou je ne sais quel gadget permettant de suivre ses moindres déplacements : de Paris à cette forteresse portugaise, de son lit à la salle de bains, à son vaste bureau cinquante mètres plus loin où il tourne en rond sur le parquet ciré, attendant ce qu'on nommait autrefois « l'inspiration ». Un autre type (une équipe se relayant, plutôt), à des milliers de kilomètres de là (en Chine, par exemple, ils sont très forts pour ça), surveille sur un écran ses déplacements, sans savoir de qui il s'agit. Ou bien au contraire on lui a dit (ou plutôt, à son chef) que le cobaye est un écrivain occidental. À quoi ça servirait ? C'est la question que se posent, sans trop s'y attarder (les questions entraînant souvent des ennuis), les Chinois devant leur écran. À rien, apparemment, c'est justement ça qui est beau. Mais peut-être aussi (l'expérience sur ce cobaye étant ensuite répétée sur des milliers d'autres) à inventer de nouvelles techniques de contrôle de l'humain. Notamment de cette variante atypique (croit-on) : un écrivain (occidental). Je devrais écrire ce livre, mais il me manque à peu près tout pour le faire, à commencer par l'envie. D'ailleurs il a sans doute déjà été écrit. Ou quelque chose du genre.

Tout ce qui est électronique ou informatique est revêtu pour moi des prestiges et des maléfices de la magie. Affaire d'âge. Ce dont un enfant se rit me plonge dans une stupeur qui a tôt fait de se transformer en rage, pour peu que la chose me résiste, et cela arrive souvent. Je relisais il y a peu un livre qui m'avait impressionné autrefois, et cette impression demeure : *Djann*, d'un écrivain soviétique persécuté par le régime, Andreï Platonov. Le roman raconte, sur le ton d'une épopée modeste, l'histoire d'un jeune communiste cherchant à rassembler les débris de son peuple, une bande de gueux si pauvres, si privés de tout qu'ils n'ont même plus envie de vivre, et à les conduire vers le bonheur. Ils errent, guidés par ce Moïse prolétarien, dans les déserts et les steppes de l'Asie centrale, du côté de la mer d'Aral, aux frontières du Kazakhstan, de l'Ouzbékistan et du Turkménistan. Se nourrissent de racines, de roseaux, mâchent du sable humide pour se désaltérer. C'est un livre profondément poétique et animiste, à la façon un peu de Walt Whitman : tout a une âme (c'est le sens du mot *djann*), même les herbes. Tout aspire au bonheur : et il est émouvant de se souvenir que pour certains, le communisme, qui laissa dans le vingtième siècle un tel sillon de sang et de malheur, fut d'abord ça : la recherche du bonheur pour tous. Mais ce sont les violents qui l'emportent, comme dit Flannery O'Connor. Bien, quel rapport avec l'informatique ? Ceci : ce livre m'a donné l'envie de retourner dans cette région du monde. Je tape donc sur Google Maps, comme ça, pour voir, « Paris-Achgabat » (c'est le nom de la capitale du Turkménistan, au cas où vous ne le sauriez pas). L'engin mouline quelques secondes et me livre l'itinéraire complet jusqu'au centre d'Achgabat, par la route. Six mille deux cent quatre-vingt-treize kilomètres, deux jours et dix-sept heures de route, selon eux (qui, eux ?) : ils sont optimistes. *Digo que el mundo es poco*, « je dis que le monde est peu de chose », c'est Christophe Colomb qui l'affirmait — et il s'y connaissait. Et quand je dis complet, c'est vraiment complet, sans omettre un rond-point, une bretelle, une bifurcation. Ça commence par « descendez la rue de l'Odéon, prenez à gauche la rue des Quatre-Vents, puis à droite la rue de Tournon », comme si j'avais l'intention de me rendre au pressing rue de Seine, mettons. Et ça continue comme ça tout au long des six mille deux cent quatre-vingt-treize kilomètres ! À Plovdiv où il faut prendre la route 66 en direction de Popovitsa / Svilengrad, à Ankara où on doit suivre Kirikkale / Kayseri / Samsun, à Erzurum où on longe l'Araxe, à Téhéran où on tourne à droite peu après le métro Chitgar pour prendre Azadegan Expy, à Shahroud où une cafétéria est indiquée comme « lieu chaleureux », à Hawdan Gechidi où l'on franchit la frontière avec le Turkménistan (le supermarché local est fermé à l'heure où je consulte cet itinéraire, il rouvrira demain à huit heures trente, il fait une température de huit degrés, la prochaine prière aura lieu dans trois heures cinquante et une minutes et dix-huit secondes, les chiffres défilent sur le site d'Islamic-Finder comme pour un compte à rebours), à Achgabat enfin où on me fait arriver, je ne sais pourquoi, à l'adresse d'un magasin de chaussures. Eh bien, moi, ces choses (je ne trouve pas d'autre mot que le plus banal de tous — ces miracles ? ces diableries ?), ces choses, donc, me laissent interdit. Dans une stupeur plutôt joyeuse, d'ailleurs : j'ai envie de me mettre aussitôt en route. Parmi tous les magasins de chaussures du monde (dont je me soucie peu, toutes les chaussures, peu ou prou, me martyrisant les pieds), j'ai envie de connaître celui-là, à six mille deux cent quatre-vingt-treize kilomètres de mon domicile parisien (à sept mille six cent sept kilomètres maintenant que je suis au Portugal). Peut-être quelque chose, quelqu'un m'y attend-il ? Des godasses accueillantes, simplement ? Une des rares paires qui me conviennent, après tout, je l'ai achetée, pour une somme dérisoire, sur un marché de Mongolie-Intérieure. Me revient en mémoire cette phrase de Claudel que j'avais mise en exergue à *L'Invention du monde* : « Car à quoi sert l'écrivain, si ce n'est à tenir des comptes ? Que ce soit les siens ou d'un magasin de chaussures, ou de l'humanité tout entière. » Peut-être y a-t-il dans ce magasin de chaussures d'Achgabat, vers lequel sur l'écran du smartphone le trait bleu de la route fonce à travers Balkans, Anatolie, Iran, grandes villes et bourgades poussiéreuses, échangeurs, rocades, frontières, montagnes, quelque chose qui parle pour l'humanité tout entière ? Peut-être un aleph s'y trouve-t-il, comme dans la cave de la rue Garay à Buenos Aires où Borges observa « l'inconcevable univers » ? Cela vaudrait le coup d'y aller voir.

Le Turkménistan n'est pourtant pas exactement un pays de cocagne. Un désert de poussière troué de puits de gaz ardents, un des pays les plus fermés du monde, genre de Corée du Nord centre-asiatique avec une lignée de dictateurs qui n'ont pas grand-chose à envier aux Kim.

L'actuel, un ancien dentiste, se fait appeler *Arkadag*, « le Protecteur », le prédécesseur était un vieux satrape communiste au physique de catcheur connu lui comme le « Grand Turkmenbachi », le « Père des Turkmènes ». D'Achgabat je me souviens d'avenues si larges qu'un avion de ligne pourrait y atterrir, minutieusement désertes, une voiture de temps en temps et aucun piéton, hormis quelques femmes déplaçant la poussière à l'aide de balais de fagots. Des immeubles de marbre blanc extravagants, clochetonnés, colonnés, coupolés, évolution tarabiscotée et orientalisante du style stalinien, bordaient ces vastitudes. Déscrts eux aussi, si l'on en jugeait par le peu de fenêtres allumées la nuit venue. Des palais à péristyles et fioritures mastoc, devant lesquels paradaient des soldats au pas de l'oie. Un musée qui ressemblait à une ventouse géante à déboucher les éviers, manche pointé au ciel, et qui exposait, au milieu d'un délire de cristal et d'or, tout ce qu'on pouvait rêver de savoir sur le Protecteur, à l'école (il était bon élève, on s'en serait douté), à l'armée, faisant du footing, du vélo, des arts martiaux, congratulant différents collègues dictateurs... La statue plaquée or du Grand Turkmenbachi tournant avec le soleil en haut d'une espèce de fusée lunaire d'*Objectif Lune*. La statue du Livre, aussi, le *Ruhnama*, espèce de pot-pourri offert à son peuple par le Père des Turkmènes. Je me souviens d'avoir cherché à m'en procurer un exemplaire en français dans une librairie dont il constituait l'unique fonds ; la préposée avait beau chercher, elle ne trouvait pas cette langue exotique. En finlandais, peut-être, me proposait-elle. Ça devait bien être un peu la même chose, ça commençait par « f », après tout ? Finalement, elle en avait dégotté un — traduction financée paraît-il par

Bouygues, ce qui est bien la plus normale des libéralités étant donné que cette entreprise de BTP a construit l'essentiel des cochonneries emphatiques précédemment évoquées. Cette statue du *Ruhnama* faisait bien dix mètres de haut, c'est la seule statue de livre que j'aie jamais vue (il ne me semble pas que même le « petit livre rouge », fameux en son temps, ait été ainsi honoré).

Il y a deux choses belles à Achgabat : les roses trémières dont les hampes aériennes balancent un peu partout leurs fleurs comme autant de moqueries de la pompe architecturale, et, sveltes et gracieuses et colorées comme elles, vêtues de longues robes fourreaux de couleurs éclatantes, coiffées de toques brodées, les jeunes filles — parce qu'il y a tout de même des êtres humains, dans les faubourgs. Il y a un grand marché en plein air dans les allées duquel on déambule en écartant des robes suspendues à des portants, des tapis, des étoffes fastueuses déployées comme des étendards, où chaque pas vous fait passer d'un pavillon tendu d'écarlate à un autre d'indigo moiré, d'émeraude, de noir étoilé, il y a ou plutôt il y avait ce marché de Tolkoutchka, ses chameaux carabosses et ses moutons à œil de serpent, car une amie turkmène m'apprend que les caprices « modernisateurs » du dentiste despote l'ont déplacé et relocalisé dans d'impersonnels bâtiments — pourquoi pas le remplacer par un *mall*? (Cette amie qu'un hasard m'a fait retrouver en France, longtemps après, je l'avais rencontrée là-bas, jeune violoniste jouant dans des orchestres russes, fille et sœur de musiciennes, s'essayant à tout, chanson, jazz, théâtre — elle avait joué Marianne dans *Les Caprices...* de Musset, et je pensais qu'elle devait y être irrésistible —, voulant tout, vive, jolie, rieuse, anneaux d'or aux oreilles, chevilles et poignets fins comme allumettes, petit foulard autour du cou, sandales aux pieds, et cette rencontre avait été un des moments lumineux de mon bref séjour au pays du Grand Turkmenbachi.)

Le type qui me conduisait là-bas, Tolik, est aussi un bon souvenir, dans un autre genre. Il m'avait mené voir, à travers les sables du Karakoum, les impressionnantes ruines de la ville très antique de Merv où était passé Alexandre de Macédoine et où avait vécu Omar Khayyam. C'était un petit trapu jovial, à cheveux ras grisonnants. Il avait fait la guerre en Afghanistan mais préférait n'en rien dire : « Il n'y a que du mal. » Il avait failli mourir de rire lorsqu'il m'avait vu boucler ma ceinture de sécurité. Je lui dois pourtant un des plus mauvais repas de ma vie, dans un rade au milieu du désert, au bord de la route où les camions levaient des rafales de poussière. Tout en étant soi-même bouffé par les moustiques on y bouffait du poisson-chat, *som*, pêché directement dans un canal-égout entourant le bistro : ainsi était-on sûr de la fraîcheur de la grasse et fétide saloperie. Tolik s'en pourléchait. Il appréciait aussi des mets plus corsés : chasseur de sangliers, il ne dédaignait pas d'en manger, bien que ce fût du cochon (seulement, il n'en apportait pas chez lui, car sa femme était très pieuse). « Chacun se débrouille avec ses péchés », telle était sa façon de voir, que je partageais. C'était aussi celle de mon chauffeur lors de mon deuxième (ou troisième, je ne sais plus) voyage au Soudan, originaire des monts Nouba et dont je regrette d'avoir oublié le nom, car nous étions devenus amis. Il conduisait à toute vitesse sa Land Cruiser dans le désert, mais s'arrêtait scrupuleusement pour faire ses ablutions et ses prières. Qu'on aille à la mosquée, à l'église, ou qu'on reste à la maison (la synagogue ne faisait pas partie des options, mais il devait en ignorer l'existence), c'était selon lui une affaire entre Dieu et soi. Et lorsque nous étions passés, à la sortie de Khartoum, devant une ancienne brasserie transformée en caserne, il s'était souvenu avec nostalgie du temps où, dans des guinguettes au bord du Nil, on mangeait de la friture en buvant de la bière. Et Dieu n'y trouvait rien à redire, selon lui — je confirmais, bien que n'étant pas *uléma*. Des types comme ces deux-là — ou encore comme Mukhtar, le patron du boutre qui me mena sur le récif corallien au large de Port-Soudan, qui priait sur le pont, tourné vers La Mecque pas bien loin au nord, mais ne crachait pas sur un coup de rouge —, des croyants comme ceux-là font croire à l'existence éparse de cet islam modéré et tolérant dont la plupart des intellectuels français postulent en toute ignorance de cause mais avec beaucoup d'assurance qu'il serait majoritaire et de toute façon essentiel (et il n'y a que l'essence qui compte).

Mukhtar m'avait donc embarqué sur son boutre à Port-Soudan, et nous avions mouillé à l'intérieur de Wingate Reef (ainsi nommé, je suppose, en l'honneur de Sir Reginald Wingate, gouverneur général du Soudan, plutôt que de son neveu, l'excentrique et brillant Orde Wingate, chef de guérilla qui expulsa les Italiens d'Éthiopie avant de combattre les Japonais en Birmanie et d'y mourir dans un accident d'avion). Mukhtar lui-même était un type assez peu conventionnel, au-delà de son goût pour le vin. Né à Kassala, non loin de la frontière avec l'Érythrée, il avait découvert la mer à l'âge de sept ans en allant visiter sa grande sœur à Port-Soudan, et s'était juré qu'il deviendrait marin. Avec son catogan, ses petites moustaches et sa mouche, il affichait la dégaine d'un mousquetaire noir. Le soir, cependant que la mer blanchissait Wingate Reef, que tournait plus au nord le pinceau du phare de Sanganeb Reef, que clignaient à l'ouest les lumières de Port-Soudan, Mukhtar racontait des histoires terribles de murène géante (*sharguma* en soudanais) bouffeuse de couilles de pêcheurs, ou d'un *crazy fish* qui défonçait la coque s'il entendait le moindre bruit — Sindbad n'était pas loin. J'ai rarement passé, dans les craquements des vaigrages de bois, le grondement régulier des brisants sur le récif, une aussi parfaite nuit en mer. Au matin, le soleil levant éclairait sur l'horizon les hangars, les réservoirs de pétrole, les portiques à conteneurs que leur flèche dressée faisait ressembler à de géantes autruches, les silos, antennes, minarets de Port-Soudan — un paysage que j'avais dessiné et peint d'imagination (assez éloigné de ce que je voyais à présent), pour quelques amis, quand j'étais à la Villa Médicine. J'étais chez moi. Quand le soleil avait été plus haut j'avais plongé (nagé plutôt, ne nous vantons pas, avec un schnorkel) au-dessus de l'épave d'un bateau italien sabordé en 1940, l'*Umbria*, avec toute une cargaison d'automobiles Fiat, d'obus et d'explosifs destinés à ces troupes italiennes qu'Orde Wingate délogerait d'Éthiopie. Or ce bateau m'était cher pour la raison suivante : quand j'écrivais *Port-Soudan*, dans ma chambre de la Villa Médicine, je connaissais son existence par les *Instructions nautiques (côtes ouest de la mer Rouge, des Jaza'ir à Ras Kasar)*, qui étaient rigoureusement le seul document que j'eusse sur la région — et je n'en souhaitais pas d'autre. J'avais imaginé une scène sur l'épave de l'*Umbria*. Et là, je la survolais, à quelques mètres sous l'eau claire, trouée d'épées de soleil. Je distinguais tout, treuils, guindeaux, manches à air, les bossoirs bâbord affleurant la surface comme il était dit dans les *Instructions*... Un petit barracuda se tenait immobile, torpille tigrée, à l'affût, au-dessus de la poupe. Un arbre d'hélice gisait à côté sur le sable bleu. Sur la tôle moussue, comme parcheminée, s'accrochaient des éponges couleur de lavande ou de bruyère. Le flanc tribord s'enfonçait dans du bleu sombre où passaient de prestes arcs-en-ciel. J'étais, je nageais, avec volupté (j'ai déjà évoqué mon rapport à l'eau) dans une page de mon livre.

Lors de mon premier voyage au Soudan, quinze ans auparavant, j'avais donc traversé l'Égypte jusqu'à Suez (en faisant beaucoup de crochets, jusqu'à Safaga et Quseyr au sud, sur la côte de la mer Rouge, puis de là jusqu'au Sinaï), empruntant divers moyens de transport dont le moins pittoresque n'était pas la Toyota absolument déglinguée d'un nommé Ahmadi, qui tombait en panne plusieurs fois par jour, en plein cagnard (on était fin juillet ou début août), situation dont on se tirait toujours plus ou moins car la voiture en carafe attirait aussitôt une foule de désœuvrés dont chacun émettait un diagnostic, parfois pertinent, sur l'origine de nos ennuis. Et, au pire, un camion nous prenait en remorque (c'est un des côtés sympathiques — qui peut aussi devenir insupportable — de ce que l'on nommait à l'époque le tiers-monde, qu'on n'y reste jamais longtemps isolé). Ahmadi était un type émotif, assez geignard, que les déboires de sa Toyota jetaient chaque fois au bord des larmes. Comme en outre il était enrhumé, il glaviotait abondamment par la vitre baissée, et je me souviens qu'il avait, pour faire venir des éternuements dont il attendait quelque soulagement, une méthode originale consistant à s'enfoncer des filtres de cigarettes dans les narines. Lorsque nous nous sommes séparés, à Hurghada, je n'ai pas tardé à le regretter. La plus remarquable de nos escales, à Ahmadi et moi, avait été le monastère de Saint-Paul, Deir Mar Boulos, une forteresse sacrée et pouilleuse dans le désert près de la mer Rouge. Ahmadi avait bien un peu hésité à passer la nuit chez des infidèles, mais la perspective d'une assiette de thon à l'huile et d'une couche à l'œil l'avait vite convaincu (d'ailleurs il faisait partie, lui aussi, des musulmans débonnaires). Tout un peuple allait et venait sur les remparts à la lueur de lampes à pétrole, hommes et femmes mêlés, et jeunes filles non voilées, enfin ! en qui je me plaisais à voir des Troyennes sur les murs d'Ilion. Dans les dernières lueurs du couchant, tout cela était d'une beauté tragique. Un moine parlant anglais m'avait fait visiter le monastère, l'église et ses fresques du sixième siècle, le donjon avec son pont-levis pour se protéger des attaques bédouines. Il voulait savoir quel genre de livres j'écrivais, j'avais peur de le décevoir. Et pourquoi prenais-je tant de médicaments (à l'époque je me baladais avec toute une panoplie d'antidépresseurs, anxiolytiques etc.) ? Là encore, je ne savais pas bien que lui répondre. « Pour être calme », je finis par bredouiller quelque chose comme ça, à quoi il me répondit qu'il n'y avait de calme et de repos qu'en Dieu. Il me parlait du corbeau qui nourrissait Paul l'Ermite, des lions qui creusèrent sa fosse, de ses rapports avec Antoine, celui de la *Tentation*, de l'autre côté du djebel, de sources miraculeuses, comme s'il s'était agi de nouvelles qu'il venait de lire dans le journal. Ou plutôt, non : comme de choses aussi évidentes et actuelles, mais bien plus importantes. J'ai oublié son nom et son visage mais ce type m'avait fait du bien, tout de même, au point d'envisager furtivement de demander l'asile à Deir Mar Boulos dont la saleté, cependant, me repoussait un peu. Le matin, tandis qu'Ahmadi en écrasait, j'avais assisté à la messe copte, écouté les étranges (à mon oreille) mélopées, rythmées du battement de je ne sais quelle percussion métallique, que chantaient les moines vêtus et coiffés de blanc. Des types dormaient dans un coin, des plateaux de thé circulaient, on parlait, se bousculait, tournait en rond pour recevoir la communion, un mouchoir sous le menton pour ne pas risquer de laisser choir à terre le pain sacré. Après la messe, on distribuait devant l'église le peu d'eau que Dieu avait accordé à l'ermite Paul. Chacun accourait avec bouteilles et jarres. Il faisait encore frais mais la lumière commençait à devenir violente. *This people very good*, jugeait Ahmadi, revenu de ses appréhensions de la veille. Et j'étais d'accord.

À Suez j'avais embarqué sur le *Djoudi*, ferry-boat saoudien. J'avais une cabine puante et surchauffée, sans hublot, à fond de cale, sous le hangar réservé aux camions, mais je n'insiste pas là-dessus, j'avais entrepris ce voyage, de toute façon, comme une ordalie, je faisais mienne, avec une délectation morose, cette phrase d'une lettre de Rimbaud : « Il est évident que je ne suis pas venu ici pour être heureux » (et pourtant ça m'arrivait, brièvement, comme par surprise : par exemple lorsqu'à Suez j'avais dégotté une bière, une vraie bière, et fraîche en plus ! On a les joies qu'on peut). Ce qui vaut la peine d'être noté c'est qu'une main particulièrement pieuse avait barré de noir le peu de chair féminine — les mains, le visage — qui apparaissait sur l'affiche indiquant la façon de passer son gilet de sauvetage (de toute façon, lesdits gilets de sauvetage devaient avoir disparu depuis longtemps, à supposer qu'ils aient jamais existé). À bord je m'étais fait quelques amis, un matelot indien, deux Égyptiens, Samir et Muhammad, qui allaient sans enthousiasme travailler en Arabie saoudite, l'un comme technicien TV, l'autre dans les frigidaires et climatiseurs, une spécialité demandée dans le pays. Samir et Muhammad m'apprenaient des rudiments d'arabe que je notais consciencieusement dans mon carnet, *sama*, ciel, *chems*, soleil, *qamar*, lune, *ana awez eekoul*, j'ai faim, *ana atchaan*, j'ai soif, enfin l'essentiel (surtout cette dernière proposition). Et aussi *samak al-khersh*, avec un dessin de requin. Je lisais le Coran (ce qui me servirait plus tard, à Khartoum, lorsque j'interviewerais ce vieux forban de cheikh Tourabi, qui était alors le chef spirituel du pays : je m'étais constitué une petite provision de versets peu amènes à l'endroit des femmes et des infidèles, qui le mirent en colère : évidemment, me dit-il, m'arrachant presque le saint Livre des mains, c'est traduit par une femme ! Il s'agissait de la traduction de Denise Masson, dans la Pléiade). J'y apprenais aussi que le Djoudi, dont le bateau portait le nom, c'était ce que nous appelons nous l'Ararat : sourate XI, 44 : « Le vaisseau (l'arche) s'arrêta sur le Djoudi. » J'étais intrigué (et même attiré) par une femme ensevelie de noir, dont on ne voyait que de beaux yeux et des mains fines : appuyée solitaire au bastingage, droite et svelte, elle regardait l'énorme cerise du soleil disparaître derrière les montagnes bleues du désert oriental. Que pouvait-elle bien penser? Un phare s'allumait sur la côte. Elle passait devant moi, à en juger par ses yeux (qui évidemment ne me regardaient pas) elle avait l'air très jeune. Le lendemain elle reparaissait avec trois petits enfants et son mari, un grand type barbu en djellaba (je mettais mes yeux dans ma poche). Quel effet cela pouvait-il faire, d'avoir pour mère ce fantôme noir? En débarquant à Djeddah, un voile noir dissimulait même ses yeux, elle avait encore franchi un dernier degré dans l'effacement. Il fallait croire que son sépulcre des jours précédents était une tenue de croisière, une sorte de costume marin islamique. Pour moi elle symbolisait (le mot « incarnait » serait évidemment impropre) cette relation que la littérature (Rimbaud, Nizan, mais aussi Thorkild Hansen, dont je lisais *La Mort en Arabie*) m'avait fait postuler entre la mer Rouge et la mort.

À Port-Soudan, je découvrais ce que j'avais imaginé, j'errais dans un paysage que j'avais inventé sans aucune prétention au réalisme, ni même au plausible, mais parfois, bizarrement, « ça marchait ». J'avais créé une ville infernale, que j'aurais pu aussi bien appeler Massaouah ou Aden, ou Quauhnahuac, et de temps en temps, la ville réelle à travers laquelle je marchais sans but, la chemise collée au corps par la sueur, ressemblait à celle de mon livre. D'ailleurs dans ses aspects les moins affreux. Derrière la gare, vestige à peu près abandonné du colonialisme britannique, miroitaient de grandes étendues lagunaires semées d'épaves, au fond desquelles s'érigeaient, gris fer sur les collines gris nuage, minarets et palmiers-dattiers, sans compter de négligeables habitations. Des hommes en blanc, des femmes en voiles éclatants, turquoise, saumon, pourpres, marchaient le long de la courbe des rails, sans crainte d'être dérangés par aucun train. Dans une rue de sable vers le port, une maison à toit de tôle, entourée d'une véranda, surmontée d'un château d'eau en fer à damiers noir et blanc, était celle du *harbour master* — le narrateur de mon livre. Près du *Coptic Club*, dans un petit quartier de vieilles maisons coloniales entourées de barbelés, entre des camions militaires à qui il manquait en général une roue ou deux, un type en treillis, enfoncé fusil d'assaut sur les genoux dans un vieux fauteuil club, levait les yeux sur moi, l'air pas commode. Devant les bureaux du *Marine Service Directory*, deux militaires plus avenants en vert olive, FM posés contre le mur, me hélaient : *Give me a cigarette*, et je comprenais d'abord, un peu étonné, *Give me a secret*. Mon secret, qu'ils ignoreraient toujours, c'était ça : j'avais décrit sans les connaître les lieux où ils glandaient, je les avais décrits eux, dans un rôle plus satanique.

Et cela reste mon secret. Depuis ce lointain premier voyage je suis revenu plusieurs fois à Port-Soudan — trois fois au moins, mais comme je commence à perdre le compte cela peut aussi bien être quatre. La dernière, c'était il n'y a pas bien longtemps. Et j'ai commencé à aimer cette ville (comme d'ailleurs tout le Soudan, à l'exclusion de ses autorités), au point de proposer (en vain jusqu'à présent) de venir y enseigner à l'œil la langue française. J'aime la lumière mauve du crépuscule sur l'esplanade devant le port, peuplée de joueurs de billard, de vendeurs de coquillages ou de carapaces de tortues, de braseros où chauffe le thé, de types qui tapent le carton pendant que d'autres font leur prière, de groupes de musiciens dont la foule reprend les chants lancinants.

J'aime qu'il y ait des femmes dans ce crépuscule, entre elles certes, mais pas dans des linceuls noirs comme de l'autre côté de la mer. Je crois que le Soudan n'a pas le gouvernement qu'il mérite, que c'est un des pays les plus civilisés d'Afrique, et cette grande civilité se manifeste notamment dans le fait que jamais on ne vous menace ni ne vous insulte ni ne vous implore ni ne vous flatte ni ne vous importune d'aucune façon, vous, l'étranger, le Blanc, l'infidèle : on vous fout la paix. Cette dernière fois où j'ai visité Port-Soudan, on m'a demandé d'inaugurer le nouveau local de l'Alliance française. J'ai coupé le ruban vert (c'est la seule fois de ma vie que j'ai inauguré quelque chose...), puis j'ai parlé, devant une petite centaine de personnes sur le toit-terrasse, sous les étoiles, garçons d'un côté, filles de l'autre, en fichus de couleur, les yeux faits, rieuses — plus que les garçons, comme toujours. Il y avait un enthousiasme naïf pour notre langue, que la plupart parlaient à peine, pour le « grand écrivain » qu'on leur avait dit que j'étais, et ils le croyaient, parce que je venais de loin, et le « grand écrivain » était terriblement gêné parce que le livre qui faisait sa petite gloire ici (tout le monde, sans l'avoir lu, savait que j'avais écrit un livre avec ce titre), qui remplissait de gratitude et même de fierté ces cœurs simples, imaginait leur ville comme une ville infernale. Le « grand écrivain » promettait de l'envoyer sachant qu'il ne le ferait jamais, bien sûr — leur déception, leur colère seraient trop grandes. Le « grand écrivain », avec qui on se faisait photographier et rephotographier, se sentait un escroc. (Je pense que c'est pour ça aussi que j'ai proposé de venir enseigner le français à Port-Soudan : pour me racheter. À l'heure où je corrige les épreuves, je reçois un message d'un ami de là-bas : « Je t'informe que le peuple soudanais a gagné le combat contre le président le dictateur Elbashir. On t'attend pour fêter la liberté tous ensemble sur la mer Rouge. » Que le Seigneur des mondes me fasse boire de l'eau bouillante en enfer si je n'y vais pas.)

A angústia da partida... L'angoisse des départs... *O frio especial das manhãs de viagem...* Le froid particulier des matins de voyage... C'est cette femme que j'ai aimée, ai-je dit, avec l'inconséquence d'un jeune homme, qui habitait une vieille maison à Lisbonne, sur laquelle pleuvaient les débris du monde moderne, c'est elle qui m'a appris les premiers vers que j'ai sus de Pessoa (et d'abord qu'il avait existé un homme étrange, coiffé d'un petit chapeau, portant de petites lunettes, travaillant comme Kafka dans de désolants bureaux, ne crachant pas sur le litre, contrairement à Franz, et qui avait « voulu être à lui seul toute une littérature »). J'étais ignorant, à l'époque (je le suis toujours, mais un peu moins, forcément), mais comme c'était il y a très longtemps (je pourrais presque dire comme Cendrars « en ce temps-là j'étais dans mon adolescence »), je crois que beaucoup en France ignoraient encore, comme moi, l'existence de cet écrivain majeur du vingtième siècle. Je me souviens d'un voyage avec elle dans ce petit train qui longe le Tage, que j'ai pris hier, qui n'a pas changé depuis ce temps lointain (le train, le

Tage non plus), sinon qu'à l'époque les billets coûtaient quatre-vingt-quinze escudos et que le poinçonneur y laissait une perforation en forme de cœur (il n'y a qu'au Portugal qu'on ait de telles délicatesses). Elle portait un long manteau bleu sombre, une écharpe beige nouée au cou, de petites boucles aux oreilles, une broche de cuivre fermait son col, ses cheveux blond-roux volaient sur ses yeux plissés, et lorsqu'elle m'a dit que contre toute prudence elle restait dîner avec moi j'ai failli tomber d'émotion dans les escaliers de la gare d'Estoril, et puis qu'ai-je fait de cet amour, comme de tant d'autres? « Elle ne m'a pas appelé, écrivais-je la veille de mon départ, que s'est-il passé? Peut-être simplement que je m'en vais avec ma futilité », et ce n'était pas mal vu. Aujourd'hui je crois que j'aimerais la revoir, mais elle sans doute pas, et bien sûr cela ne servirait à rien qu'à nous attrister en nous offrant mutuellement le spectacle du temps qui a passé, mais il y a des scènes de livres qui marquent pour toujours, et pour moi ce n'est pas tant celle où Emma Bovary et Léon font l'amour dans un fiacre que celle où madame Arnoux vient revoir Frédéric, et que ses cheveux sont blancs. J'aimerais, si je finis ce livre (et je le crois de plus en plus), qu'elle tombe un jour sur cette page où je parle d'elle avec émotion, les livres servent aussi à transmettre des messages au loin. (Il n'y a pas longtemps, j'ai revu aux Pays-Bas une amante d'autrefois, avec qui je craignais, sans doute à raison, de m'être mal comporté, et je voulais qu'elle sache que je l'aimais pourtant. Il fallait pour aller la voir prendre un train puis un bus, à Utrecht j'avais failli le rater mais heureusement il était parti avec cinq minutes de retard, et pendant que le bus 401 roulait dans la nuit à travers le plat pays, j'avais peur que nous ne nous reconnaissions pas, une trentaine d'années avaient passé. À l'arrêt à Sleeuwijk, elle m'attendait, et c'était la même — la même sinon que ses cheveux blonds étaient très mêlés de gris, que de très fines rides striaient sa peau, qu'elle était plus pâle et faible qu'autrefois, que c'était peut-être ce que des jeunes gens auraient appelé une vieille dame, mais je ne pouvais la voir telle, son parfum n'avait pas changé, que je reconnus aussitôt, ni sa voix ni son rire feutré ni son humour pince-sans-rire ni ses longues mains. Elle était si environnée d'images d'autrefois que je la voyais à travers elles, le passé en quelque sorte l'enveloppait d'un verre protecteur, et ce qu'il laissait passer du présent n'était pas effrayant mais émouvant. Peut-être, je l'espère, éprouvait-elle la même chose en me voyant. Ce que je fais, ce livre, a quelque chose à voir avec cette opération d'optique magique.)

L'angoisse du départ, donc. Il ne faut pas croire qu'on parte de gaieté de cœur. Il y en a peut-être, mais ce n'est pas mon cas. Je ne vais pas vous fatiguer, et me fatiguer moi-même, avec une tentative de métaphysique des voyages : rien de plus vain. Grossièrement, donc : il y a, qui vous pousse, la curiosité. Le monde est tout de même un objet assez vaste et bigarré, qui mérite qu'on y aille voir. À quoi ça ressemble, là-bas? Et puis, plus compliquée à définir, une envie de disparaître. Pas de disparaître complètement, on n'est pas si saint, mais quelque chose de plus doux, comme s'estomper, s'effacer. Prendre de la distance. Se faire désirer, peut-être (il y a de l'ambigu dans cette fuite). Et d'ailleurs pas vraiment non plus une envie, mais l'acceptation d'une nécessité. Il faudra bien, de toute façon, s'y résoudre, tirer sa révérence, autant s'entraîner. Ça a à voir aussi avec le fait qu'on ne reconnaît vraiment aucune place comme étant à soi, chez soi. Pas vraiment de demeure, pas de « foyer » ? Alors ce sera partout un peu, sans feu ni lieu, rien de dramatique. Le point où commence ce retrait, c'est en général les quais rive droite de la Seine, avec de l'autre côté du fleuve les quatre dièdres miroitants de la BnF. On est dans un taxi en route pour CDG, il est trop tard pour se demander si on n'a rien oublié, on a largué les amarres. J'aime bien la BnF, c'est une des institutions avec lesquelles j'ai eu de bons rapports (j'ai déjà cité la Villa Médicis, il y a aussi mon ancienne école, rue d'Ulm, bien qu'ils m'aient fichu à la porte autrefois, mais c'était il y a si longtemps, et ils n'avaient pas complètement tort...), j'ai failli écrire un livre sur elle, j'aurais peut-être dû le faire. Mes manuscrits y sont, au milieu d'autres bien plus admirables, qui leur ont fait une petite place. Je n'ai jamais pénétré sans une certaine exaltation dans les « pieds de tour », ces immenses puits de béton revêtu d'un tricot métallique sur quoi s'effrite la lumière, par lesquels on accède au rez-de-jardin. Une tour de la cathédrale de Reims y tiendrait, paraît-il. Cette esthétique brutale semble introduire à un lieu secret et terrible, une de ces bases formidables que font découvrir les récits de Blake et Mortimer, par exemple, mais en bas on trouve la moquette rouge « terre d'Afrique », les bois tropicaux des salles de lecture où ce qui est délivré, ce n'est pas seulement tout le savoir du monde, mais le silence à quoi la vie moderne est si hostile. Réserves de savoir et de silence, tels sont les territoires auxquels on accède par ces grands puits tapissés de cottes de mailles. Enfin les tours de la BnF sont comme le phare au bout de la jetée, le dernier signal de Paris, après on est déjà parti. On est en train de devenir un peu un autre.

Parmi les bibliothèques dans lesquelles j'ai travaillé, je me souviens de celle de Lima, au Pérou, entre la rue de la Poésie et la rue de l'Aviation : l'adresse me plaisait, comme elle eût plu à Apollinaire. Alfredo, un des bibliothécaires, petit, noir, moustachu, dont la dégaine et l'enthousiasme philanthropique m'évoquaient un garibaldiste, m'y avait accueilli avec générosité. Son caractère expansif ne l'empêchait pas de montrer cette prudence qu'on a dans les pays qui ont, ou ont eu peur : dans le petit restau italien où il avait ses habitudes, alors que je l'interrogeais sur Vladimiro Ilich Montesinos (ainsi prénommé en mémoire de Lénine !), le Raspoutine de l'ex-président Fujimori, trafiquant d'armes et de cocaïne, patron d'escadrons de la mort, il avait soudain baissé la voix, puis était passé au français. Les deux types de la table voisine n'avaient pas particulièrement l'air de tendre l'oreille, mais sait-on jamais ? Le *señor* Rafael, un vieux *taxista* qui mangeait ses mots, me menait chaque jour à la BNP (*Biblioteca Nacional del Perú*, rien à voir avec la banque) à travers les autoroutes urbaines, les échangeurs, la forêt de panneaux publicitaires, le béton moche, les gaz d'échappement, les klaxons de Lima, une ville dont je n'ai pas la nostalgie (et c'est rare). Le *señor* Rafael mangeait ses mots, mais je parvenais tout de même à le comprendre, ce qui m'était un sujet de fierté renouvelé. Un de ses ancêtres, Galicien, avait fait fortune dans le guano, c'est-à-dire, je le mentionne pour ceux qui auraient oublié une vignette fameuse du *Temple du Soleil*, la merde de mouette : un engrais tout ce qu'il y a de plus naturel à quoi il serait peut-être bon de revenir. (À propos, un des passages des *Misérables* qui m'avaient distrait au pôle est ce chapitre sur les égouts de Paris où Hugo se fait, avec son inimitable style enflammé, imagé, rhétorique, litanique, savant, l'avocat de l'utilisation comme engrais de la merde humaine — pour parler plus crûment que lui : « On expédie à grands frais des convois de navires afin de récolter au pôle austral la fiente des pétrels et des pingouins, et l'incalculable élément d'opulence qu'on a sous la main, on l'envoie à la mer. Tout l'engrais humain et animal que le monde perd, rendu à la terre au lieu d'être jeté à l'eau, suffirait à nourrir le mondc. ») Il était arrivé, me mâchouillait le *señor* Rafael, que le bateau qui transportait l'infâme mais précieuse cargaison en Europe pue si atrocement qu'on avait dû se résoudre à tout balancer à la mer, de fil en aiguille les affaires de l'ancêtre avaient périclité, les frasques de son fils dans le Paris du second Empire y avaient aussi contribué (il avait même paraît-il dîné avec Napoléon III), et c'est ainsi que son descendant se retrouvait, d'ailleurs sans amertume, chauffeur de taxi. Pour les besoins d'un livre je consultais, au dernier étage de la BNP, des journaux du dix-neuvième siècle qu'on m'apportait dans de grands cartons, réduits parfois à une feuille de papier jauni presque immatérielle et qui tombait en poussière sous mes doigts, comme des ailes de papillon — cela me gênait beaucoup, mais qu'y pouvais-je ? Il n'y avait pas de microfilms, ne parlons pas de numérisation. Ces journaux étaient pleins d'histoires faramineuses de combats d'ours contre taureaux organisés dans les arènes, de rixes politiques sanglantes et d'amours scandaleuses, je ne m'ennuyais pas une seconde (les contemporains, ceux que j'achetais dans les kiosques, n'étaient pas moins divertissants, tel le bien mal nommé *La Razón* titrant en une, à propos de je ne sais quel accord de navigation aérienne, *Traidores regalaron cielo a Chile*, « Des traîtres ont offert le ciel au Chili »). Le soir venu, le *señor* Rafael me ramenait à mon petit hôtel de Miraflores, le quartier chic où vit la famille d'Alberto, le protagoniste de *La Ville et les chiens*, ce premier, cruel et magnifique livre de Vargas Llosa. (Bien que ça n'ait aucun rapport avec les bibliothèques, je ne peux me retenir de rapporter une scène dont je fus témoin un matin au petit déjeuner : deux énormes Américaines en short lisaient à haute voix la Bible, interrogeant ensuite une Péruvienne, grosse elle aussi mais en jeans : « Qui était là quand Jésus est monté au ciel ? » À leur question, j'avais envie de répondre : « Moi. » Remarquant que j'écoutais, les éléphantesques bigotes avaient redoublé de zèle, monté la voix d'un cran, il y avait peut-être une âme à gagner. Contrairement à la plupart des gens de ma génération, je n'éprouve pas de mépris pour les choses de la religion — plutôt une stupeur devant les extravagances espagnoles, aussi indécidables pour moi que la corrida, par exemple, dont les vieilles églises de Lima étaient pleines, vierges rutilantes, christs sanguinolents, enfants Jésus à la tête hérissée d'aigrettes dorées, saintes poupées bariolées, enjuponnées, couronnées, recluses comme des poissons de récif dans des aquariums éclairés au néon. Mais ces laveuses de cerveau américaines, avec leurs grosses cuisses roses (coups de soleil) et leur effroyable accent nasillard, je les aurais bien envoyées au bûcher, pour leur apprendre la décence, physique et morale — allons, je vais encore perdre quelques lecteurs, ou lectrices.)

Une autre bibliothèque dont je me souviens : celle de l'université de Kaboul, lors de mon premier séjour là-bas. Le campus se trouvait sur la ligne de front. J'avais d'abord prétendu m'y rendre à partir d'un col enneigé entre la colline de la télévision et Gardanah-i-Sakhi, mais mes accompagnateurs avaient jugé que c'était trop dangereux, les combattants du Wahdat (un parti chiite lié à l'Iran) ayant pu y laisser des mines. On avait donc décidé de passer par le quartier de Dehmazang, un taxi nous avait laissés à proximité du zoo. Les bêtes sauvages et les livres se trouvaient en première ligne sans l'avoir demandé, et ils n'avaient pas lieu de s'en féliciter : la veille, le tigre avait été tué par un shrapnel. Il y avait plus d'hommes en armes que d'animaux dans le zoo, il restait un lion et une lionne, assez superbement indifférents aux détonations dont l'écho roulait contre la colline de la télévision, et un sanglier dans un fond d'eau croupie. Un type qui passait providentiellement par là s'était offert à nous mener jusqu'à l'université moyennant cinq mille afghanis, qu'il n'aurait pas volés. Des oiseaux chantaient dans les pins du campus, on traversait en courant les allées dont la neige scintillait d'éclats de verre et de douilles de tous calibres. Un canon de DCA s'était mis à tirer depuis la faculté d'économie au moment où on y passait : pointillé de tonnerre. Les *moudjs* qui m'accompagnaient, chevelus mais pas barbus (détail rassurant), l'air (et pas seulement l'air) complètement camé, poussaient des éclats de rire hystériques, je n'avais en eux qu'une confiance relative. Ils avaient voulu m'embarquer dans un BMP, un transport blindé russe, mais si peu expert que je fusse en combats urbains, je savais qu'on avait peu de chances de sortir vivant d'un tel engin s'il était frappé par un projectile, j'avais préféré continuer à pied. D'autant qu'il me semblait qu'une certaine anarchie régnait sur cette « ligne de front », et qu'on risquait autant de se faire allumer par de supposés amis que par des ennemis. Je pensais naturellement à la Cité universitaire de Madrid — c'est inévitable quand on est né à la politique, comme tous ceux de ma génération, avec les récits de la guerre d'Espagne, *L'Espoir, Pour qui sonne le glas, Hommage à la Catalogne*, etc., mais je n'étais pas sûr qu'un combat décisif fût en train de se livrer là. Enfin nous étions arrivés à *Kitab-e-Khana*, la bibliothèque. La neige tombait par le toit crevé, des cartes d'accès, des pages déchirées jonchaient le sol parmi des débris de roquettes, des milliers de livres en persan, anglais, allemand, français, traînaient encore ici et là sur les rayonnages tordus. Les *moudjs* y prélevaient de quoi allumer le feu pour se chauffer et faire le thé. Je ne crus pas mal faire en fourrant dans ma poche deux petits tomes du *Journal* de Samuel Pepys, qui sont toujours dans ma bibliothèque, entre Péguy et Perec (des années plus tard, de retour à Kaboul où l'université avait rouvert, j'ai essayé de les restituer, et je pensais même, naïvement, que ce geste m'attirerait une certaine considération, je me baladais de bureau en amphi en essayant de fourguer mes deux petits tomes roses de la collection Nelson : tout le monde s'en foutant, je les ai gardés).

Ce sont les seuls livres que j'ai jamais piqués dans une bibliothèque, mais c'était pour les sauver. J'en ai fréquenté pourtant bien d'autres, évidemment, depuis la Mazarine dans ma jeunesse (qu'allais-je y consulter ? Je ne sais plus, je me souviens seulement qu'un condisciple, qui m'y accompagnait souvent et avait avec les bibliothèques un rapport moins respectueux que moi, me faisait honte en trompetant dans ce qu'on appelait élégamment un « tire-jus » — voilà un objet d'autrefois dont on ne regrettera pas la disparition) jusqu'à celle de l'ENS rue d'Ulm, où même à l'époque gauchiste je me flatte de n'avoir jamais fauché — cette honnêteté due peut-être plus au mépris que je professais alors pour les livres qu'à une civilité dont j'étais bien éloigné. Une autre encore dont le souvenir me revient, passant devant les tours de la BnF : la bibliothèque jésuite Zikawei à Shanghai, qui m'a inspiré la fin d'un livre que j'ai la faiblesse d'aimer, *Veracruz*. Planchers sombres et craquants, ce craquement faisant retentir le silence comme la faible lumière fait resplendir la luisance de laque des meubles de bois rouge, escaliers et coursives de bois sombre au long desquelles s'alignent quatre-vingt mille volumes anciens dont je feuillette quelques-uns au hasard, surveillé de près par un cerbère muet, *Mémoire sur les bienséances et les cérémonies* traduit en français et en latin par Séraphin Couvreur S.J., *The Analects of Confucius* par William Edward Soothill, *Cheu King* traduit en français et en latin par S. Couvreur S.J., *L'Extrême-Orient au Moyen Âge, d'après les manuscrits d'un Flamand de Belgique et d'un prince d'Arménie*... Je parcours sans comprendre bien le sens profond de ce que je lis (« *The master said : "The wise man in his attitude towards the world has neither predilections nor prejudices. He is on the side of what is right."* »), je mesure l'étendue de mon ignorance (laquelle me fait, comme par réfraction, apercevoir le point où je suis de ma vie car, en aurais-je le projet, je n'aurais plus jamais le temps de la combler), je note sur mon carnet, sous l'œil légèrement suspicieux de mon accompagnateur, des citations qui flattent ma futilité : « Le prince a mille chars de guerre portant chacun deux lances ornées de rubans rouges et deux arcs entourés de cordons verts », et surtout celle-ci, qui me réjouit : « Où demeure le poisson ? Dans les herbes aquatiques, et sa tête y devient grosse (variante : et sa queue y devient longue). Où réside l'empereur ? À Hao. Aimable et joyeux il y boit du vin. » Les escaliers qui semblent des échelles de coupée, les balustrades des bastingages, les craquements du bois évoquent l'intérieur d'un navire, les inscriptions latines (*SCRIPT SACRA, THEOL MORAL, RES SINENSES, SS PADRES*), les hautes fenêtres ogivales dont les persiennes fermées laissent filtrer un peu de la lumière aveuglante de Caoxi Nan Lu, font plutôt penser à une église — et les deux images peuvent convenir à ce qu'est la bibliothèque : une arche de silence studieux dans l'océan de modernité trépidante de Shanghai, un temple du savoir désintéressé dans l'une des capitales mondiales de l'argent-roi.

Dehors, la forêt de tours que la nuit fait exploser de lumières, zigzags, arcs-en-ciel, fusées, résilles, flèches, éclairs, étoiles de couleur, celles qui sont belles, vrillées, aériennes, et celles qui ressemblent à des chauffe-eau ou à des cafetières, ou à rien, les autoroutes urbaines sur leurs pattes de béton, les gares géantes, les *lilongs* du vieux Shanghai attaqués de tous côtés par les bulldozers, les grues tournant jour et nuit, les marteaux pneumatiques, les maisonnettes à toits de tuiles devant lesquelles des vieux en tricot de corps prennent le frais sous une treille, les pavoisements de linge sur des perches de bambou, les flaques d'eaux grasses, les bassines fétides où nagent des poissons, les cages à oiseaux, les pêcheurs à la ligne et les pilotes de cerfs-volants sur le pont Waibaidu, les calligraphes avec leur long pinceau allongeant sur les dalles des colonnes de caractères, la foule, la foule incessante, la rumeur de la foule, le pépiement énorme de la foule à l'intérieur de la rumeur, les visages et les corps paysans sombres, ridés, côtoyant les nymphettes en minijupe et les filles ultra sapées sortant d'un des innombrables magasins miroitant d'écrans électroniques, les agents de sécurité en chemise blanche et veste noire veillant sur les vitrines de luxe de Tongren Road, de West Nanjing Road, les feux bleus et rouges des motos de la police, les *malls* scintillant d'enseignes qu'on voit partout dans le monde, H&M, Gucci, Sephora, Calvin Klein, Estée Lauder, Victoria's Secret, Paul Smith, Armani, les triporteurs aux roues branlantes sous des faix de planches, les Mercedes et les Audi noires, les Ferrari jaunes, les galeries d'art contemporain du West Bund et leur public ultra chic et friqué, les publicités électroniques qui filent tout au long des tunnels du métro, pétillantes de pixels de couleur, ne vous lâchent pas une seconde, les mariées à grandes traînes blanches ou écarlates se faisant photographier face aux tours de Pudong, les chevrons des sillages, le chevrotement des moteurs sur le Huangpu, la mitraille de selfies sur le Bund, le carillon qui joue « L'Orient est rouge », les publicités géantes vantant en anglais les rêves de la vulgarité friquée mondialisée, *World class complex, A top gathering place of global luxury brands, The fourth Bulgari Hotel in the world* (ils peuvent bien carillonner que l'Orient est rouge...), d'autres vantant les performances des chars ou des avions de combat de l'Armée populaire... la parade nouveau riche de la Chine superpuissance surplombant le grouillement odorant des marchés de la vieille ville près des murs couleur de sang de bœuf du temple de Confucius, bassines fourmillantes de vers pour nourrir les oiseaux, fruits du dragon rouges et écailleux, durians puants, hérissés comme des images de virus, kakis, patates douces à peau carmin, « melons de soie », « plumes de coq », raisins à très gros grains violets, bassines d'abats sanglants, poissons marbrés, crabes aux délicates couleurs gris-rose que le vendeur en deux tours de main enserre de ficelle, pattes et pinces repliées, et les voilà transformés en grosses paupiettes (sauf certains qui se font la malle en douce et tentent leur chance dans Shanghai en compagnie de grenouilles énormes échappées de leur panier), dans des ruelles encombrées de triporteurs agitant leur clochette, de rémouleurs tournant leur meule, de récupérateurs de vieil électroménager psalmodiant leur boniment, de joueurs de cartes ou de mah-jong sous des enchevêtrements de fils électriques... imagerie de la « Chine éternelle » à quoi il ne manque qu'un bourreau à longue natte affûtant son sabre...

La BnF loin derrière, maintenant, Paris s'en va, Paris s'efface, et il y a ce moment où soi-même on n'est presque plus rien, qu'un fantôme vaguement inquiet, qui se laisse emporter dans le trafic, les camions, les panneaux indicateurs, qui accomplit mécaniquement les procédures aéroportuaires, ôte sa ceinture et sa montre, les chaussures aussi ? Bien, les chaussures. Les remet. L'énorme tube du terminal semble un appareil à désintégrer. Un dernier coup de téléphone, peut-être, et puis ce sera fini, on a largué les amarres. Un instant, on n'est plus personne, rien qu'un numéro de siège. On entend encore parler sa langue, tressée à d'autres, des mots familiers, banals, bientôt ça aussi sera fini. Bientôt on filera à onze mille mètres d'altitude, *mobilis in mobile*, on sera avalé par la cloche d'ombre de la nuit, on regardera dériver les grandes méduses pâles que font les villes en bas. À bâbord, Gdańsk. C'est là, dans cette vieille ville hanséatique, que l'Union soviétique a commencé à s'écrouler — bien avant la chute du mur. C'est là aussi qu'ont été tirées les premières salves de la Seconde Guerre mondiale. Tu y étais il y a, quoi, une quarantaine d'années? C'était pendant l'état de siège imposé par le général Jaruzelski, l'homme aux lunettes fumées. Vous trimballiez dans deux camions des choses pour *Solidarnósć*, ce mouvement qui fut le seul dans l'histoire du vingtième siècle à réaliser cette utopie communiste (qui fut celle de ta jeunesse), l'union des intellectuels et des ouvriers. Quelles choses? Du papier et de l'encre, peut-être, des médicaments? Tu ne t'en souviens plus. Vous étiez guidés par un curé-agent secret extrêmement mariole, assez porté sur la vodka, qui appartenait à un ordre au nom farcesque, les Pallotins, dont tu pensais jusque-là qu'il était une invention d'Alfred Jarry. Vous, c'est-à-dire une poignée d'ex-gauchistes et de cédétistes. À Szczecin le pallotin avait emprunté dans un couvent une calotte d'évêque, il arrivait qu'aux barrages des miliciens se mettent à genoux et demandent sa bénédiction, on passait sans être inquiétés. Un an plus tard, tu es retourné là-bas un jour d'émeute, tu t'es dit (de façon un peu mélodramatique) que ce serait étrange de mourir en donnant l'assaut au drapeau rouge (il y eut des morts ce jour-là). Bien plus tard, récemment, tu as été invité à l'université, tu leur as raconté un peu tes souvenirs, et tu t'es aperçu que non seulement les étudiants n'étaient évidemment pas nés à l'époque (étudiantes plutôt — il n'y a que les filles qui apprennent le français, dans le monde entier, c'est sans doute une chance pour notre langue), mais même les profs : ça te remettait à ta place sur l'échelle des âges. Le temps de penser à tout ça, c'est déjà Kaliningrad, sur bâbord toujours, vitesse au sol 874 km/h, altitude 10 058 m, tu as une pensée pour Anna à la robe bleu roi, et puis, bien plus loin, invisible dans la nuit, au-delà de Saint-Pétersbourg dont on voit le halo, il y a tu le sais la mer Blanche avec au milieu les îles Solovki et une autre bibliothèque qui a compté dans ta vie, bien qu'elle n'existe plus ou justement pour cela.

Tu te souviens de ta première arrivée là-bas, de la petite aérogare-isba en planches peintes de bleu, des murailles et des tours trapues du monastère d'où jaillissaient, « croustillées d'or » comme celles du Kremlin selon Cendrars, « les blanches amandes des cathédrales ». Et il y avait aussi « l'or mielleux des cloches » dans l'air froid. Et les grands bois sombres troués de lacs, incendiés le soir par les couleurs fluorescentes des crépuscules arctiques (et parfois, à la nuit tombée, les draperies vertes d'une aurore boréale, comme agitées par un vent invisible). Et la mer tout autour, crémeuse jusqu'à l'horizon, dont de patients pêcheurs trouaient la glace avec de longs vilebrequins. Katia, qui t'avait accueilli dans son minuscule hôtel, était une femme enjouée — qualité, il faut le reconnaître, plutôt rare en Russie — qui mettait une extrême bonne volonté à comprendre ton baragouin russe, et même à t'en féliciter. C'est dans ce lieu que les bolcheviks avaient établi, en 1923, le premier camp de ce qui allait devenir le Goulag. Et il y avait là, constituée par les déportés dont beaucoup étaient des intellectuels, ou des ci-devant qui avaient un rapport au moins théâtral avec les livres, une grande bibliothèque qui avait disparu à la fermeture du camp. Seuls quelques témoignages écrits en faisaient état, quelques rares photos aussi. On savait qu'elle avait existé, on ne savait pas ce qu'elle était devenue. Un goût pour l'histoire russe, les livres, les victimes oubliées, les énigmes (tout ça à la fois) t'avait poussé à en rechercher les vestiges. Et c'est ainsi, après diverses péripéties, que tu avais fini par retrouver, dans une très modeste bibliothèque municipale d'un village du continent, quelques-uns de ces livres évanouis dans le grand brouillard de sang du vingtième siècle russe (le nôtre aussi). Ertsevo avait été le centre d'un complexe de camps connu comme le *Kargopollag* (un juif polonais déporté là, Julius Margolin, a écrit un des plus beaux livres qui soient sur le Goulag : *Voyage au pays des Ze-Ka*. Et il y a aussi *Un monde à part*, d'un autre Polonais, Gustaw Herling). Ce doit être un de ces petits paquets de lumières tremblantes qu'on voit maintenant à gauche de l'avion. C'était, lorsque tu y étais arrivé, en hiver, un bled en ruine, étouffé de neige. Baraques de bois à demi renversées dans le coton blanc, sous la brume blanche. Rues enjambées par ces tuyaux de chauffage central, aux gaines éclatées, qui font partie du paysage russe. À l'entrée, on voyait encore les barbelés et quelques miradors qui témoignaient de son passé. Elena, la bibliothécaire, vous avait accueillis, toi et ton ami Valéry, avec cette amicale bonhomie qu'on trouve aussi dans ce pays si rude (et qui te le fait aimer, en dépit de tout). C'était une grosse femme extrêmement joviale, rieuse, généreuse. Elle est morte à présent, on te l'a appris, *ona oumirla* (tu n'aurais peut-être pas entrepris d'écrire ce livre si tant de gens que tu as connus n'étaient morts). Dans une salle réservée, marqués du tampon triangulaire violet du Guépéou, quelques-uns des livres rescapés du SLON, le « Camp à destination spéciale des Solovki ». La *Vie de Henry Brulard* et les *Souvenirs d'égotisme* de Stendhal, *Guerre et paix*, des livres d'ethnographie, un Shakespeare, un Tchekhov, un Gogol... Autant de petites fenêtres de liberté pour les enfermés, autant de signes de vie pour ceux qui allaient mourir.

Pendant que tu te remémores ces moments d'émotion à Ertsevo paraît à tribord l'énorme lueur de Moscou où certains jours tu as cru avoir une famille. Le matin Macha se levait pour mener l'enfant à l'école, la veille tu lui avais apporté des jouets de Paris (toi, offrir des jouets ! *igrouchki !* Tu t'étais déguisé en père Noël, avec un bonnet rouge et une barbe en mousse à raser, ça te changeait. Tu avais peur de t'être trompé, était-ce le bon modèle de Lego, mais oui, chance, ça l'était), et le temps qu'elle revienne tu regardais par la fenêtre de la cuisine une aube sale se lever sur Leninskii Prospekt, l'hôpital pour enfants de l'autre côté de l'avenue, les tours grises écaillées de lumières pâles sous le ciel gris, la neige boueuse où traînaient encore les dernières feuilles de l'automne, les passants matinaux emmitouflés, sac en plastique à la main, se hâtant vers la station de métro Iougo-Zapadnaïa, et ce paysage triste était cependant doux à regarder car elle allait revenir de l'école et vous alliez faire l'amour, et il te semblait qu'une vie nouvelle commençait. L'après-midi vous alliez vous promener dans un bois dont les arbres semblaient de cristal, l'enfant vous bombardait de boules de neige, secouait les branches basses sur votre passage, joyeux. Tu avais l'impression d'être père sans l'être, et cela te convenait puisque tu avais toujours écarté l'idée de l'être tout en développant le regret, et presque le remords, de ne l'être pas. Macha en pantalon et pull noir, parka à col de fourrure, si mince et droite et jolie, le visage rosi de froid, avait l'air heureuse aussi, elle te racontait que quand elle était enfant, du temps de l'Union soviétique où ils n'avaient rien, elle suçait les stalactites de glace comme des friandises. En ces instants paisibles, tu l'aimais et, presque, tu t'aimais... Mais un autre jour, pas de blague, retour à la normale, tu errerais dans les rues brumeuses de Moscou, de Neglinnaïa jusqu'à la cathédrale, avec le bourdonnement de l'ivresse dans les oreilles et tout le corps, tu dînerais seul dans une *stolovaïa* près de l'église où paraît-il Pouchkine s'était marié, sur Bolchaïa Nikitskaïa, ça ne lui avait pas porté chance non plus. L'avion continue sa route dans la nuit, au-dessus de la Sibérie maintenant, *altitude 31 000 feet ground speed 515 mph time to destination 5 h 30*, les passagers dorment ou regardent un film idiot, toi nez au hublot tu contemples l'immensité rectiligne des routes sous la lune, de très loin en très loin un petit paquet de lumières tremblant dans le bleu, les flammes d'une torchère, tu connais ces paysages pour les avoir parcourus maintes fois en train, ton visage reflété sur la vitre derrière laquelle défilent la herse infinie des bouleaux, des pins, les tourbières hérissées de troncs noirs, un bled de planches et de tôles déglinguées sous de hautes cheminées crachant des fumées très blanches, des Lada cahotant sur des chemins boueux, des tas de grumes poudrés de givre, un pont de fer sur une rivière tumultueuse, des vols de corneilles puis de nouveau l'océan hachuré de la forêt, toutes ces apparitions au rythme lent du train emplissant la forme vague de ton visage reflété sur la vitre, comme si tu n'étais pas autre chose que le dessin vide où passent ces arbres, ces baraques, ces marécages, ces fleuves, et ce que Cendrars appelle « les grandes ombres des taciturnes », et il te vient à l'esprit, là, écrivant, que c'est encore une assez bonne métaphore de ce portrait de l'artiste en globe terrestre que tu essaies de faire et dont tu as eu le pressentiment autrefois au début de *L'Invention du monde*.

Bientôt on passera la longitude d'Irkoutsk, où tu as donné des cours il y a longtemps (il y a toujours longtemps, désormais), enfin il vaudrait mieux dire des espèces de cours, tu n'étais pas un très bon prof. Tu essayais maladroitement de faire connaître des auteurs sans doute trop difficiles pour tes élèves, Michaux, Claude Simon. Cette année-là, le ciel au-dessus d'Irkoutsk était voilé par la fumée de la taïga en feu. Là encore, à l'université linguistique, il n'y avait que des étudiantes et tu ne t'en plaignais pas, d'autant qu'il y avait parmi elles une fille extrêmement troublante que tu appelais Lolita Sakhaline, car elle était née dans la grande île tout au bout de la Sibérie, au-delà du détroit de Tartarie, où Tchekhov était allé visiter les bagnards en 1890 et où tu irais un jour, mais à cette époque Sakhaline te semblait vraiment le bout du monde — encore un. Tania, c'était son vrai nom, avait des cheveux noirs au bol, un petit visage triangulaire, des yeux très bleus, une peau très pâle, de très longues jambes de sauterelle sibérienne. Elle était incroyablement menue, gracile, portait des minijupes pas plus grandes qu'un petit abat-jour, elle affichait volontiers cet air boudeur, râleur, des adolescentes. Le jour de mon départ, j'étais allé faire un dernier tour à l'université dont l'acronyme se prononçait comme « igloo », mais Dieu sait que ce n'était pas pour moi un endroit glacé. J'espérais bien l'y trouver et soudain je m'étais entendu héler, merveille, c'était elle ! Son groupe était « de service », elle tenait la *gardrob*, le vestiaire, avec deux copines. Et alors toute de noir vêtue, buste et petites fesses noires couchés presque sur le comptoir de bois, avant-bras si menus croisés sous le menton, jambes nouées gainées de noir, ses yeux bleus levés vers moi sous le casque sombre des cheveux, toute beauté lisse et légère, neuve, dans une pose à la fois gauche et érotique, call-girl et adolescente ne sachant trop comment se tenir, elle m'avait dit qu'elle était triste que je m'en aille. Oh Seigneur ! Je me souviens vaguement d'un texte où Walter Benjamin raconte qu'il erre dans Riga, où il craint d'exploser comme un baril de poudre s'il croise le regard d'une femme qu'il aime. J'aurais pu, moi aussi, sauter comme une soute à munitions. Pourquoi faut-il que le temps efface de si violentes émotions (mais non l'ombre qu'est leur souvenir) ? Pour dissimuler mon grand trouble et ma tristesse à moi aussi, j'avais fait le pitre, me collant sur l'œil, comme un monocle, la pièce d'un rouble porte-bonheur qu'elle m'avait donnée la veille. Nous avons correspondu pendant longtemps ensuite, ses lettres dans un français presque parfait, qui mettaient un mois à venir jusqu'à moi, étaient d'une intelligence et d'une gravité que, je l'avoue, je n'avais pas soupçonnées d'abord. Elle me parlait du chaos qu'était devenue la Russie (c'étaient les années Eltsine), qui parfois, disait-elle, la faisait rire, elle me disait qu'elle ne voulait pas devenir *outchitelnitsa*, institutrice, comme sa mère. « Je ne veux pas du tout vous sembler hautaine ou trop sûre de moi-même, écrivait-elle, bien sûr j'aime les enfants, mais j'aime toujours apprendre quelque chose de nouveau, me perfectionner, et personne ne puisse me persuader que je pourrai le faire à l'école. Je ne suis pas avide, l'argent n'est pas la première chose pour moi, je préfère que mon travail futur soit intéressant, je ne pourrai pas travailler si c'est quelque chose de très ennuyeux. » Et puis un jour nous avons cessé de nous écrire, et j'en ai aujourd'hui le regret et même le remords, car je suppose que ce fut par ma faute. Irkoutsk sera toujours pour moi non la ville des décembristes ou de Michel Strogoff, mais celle de Lolita Sakhaline.

Puis, vers la Mongolie, à l'est d'Oulan-Bator, le jour qui vient pose une bande de feu à l'horizon sous une autre noire (une « grande table d'ombre » hugolienne), qui bientôt se scinde en deux lames et au-dessus d'autres encore s'entassent un moment, couleur de pêche, puis d'un bleu liquide qui fonce jusqu'au bleu nuit à mesure que le regard monte. La terre en dessous, sombre, pommelée de très petits nuages. Comment tes voisins, ceux qui ont résisté au sommeil, peuvent-ils préférer regarder des histoires de vengeurs surarmés américains ou des comédies de mœurs françaises plutôt que ce spectacle somptueux ? Tu es si déshabitué des écrans que lorsque la lassitude te pousse, dans une chambre d'hôtel, à allumer la télévision (où, dans quelque langue que ce soit : il y a un volapük de la vulgarité), tu te demandes, stupéfait, comment l'humanité, soumise à ce déluge de laideur, de grosses blagues, de rires fabriqués, de lieux communs satisfaits, de mensonges publicitaires, peut n'être pas plus abrutie et malheureuse encore qu'elle n'est. Elle est résistante, finalement. Là-bas, vers le soleil levant, la Mongolie-Intérieure, cette région étrange où les deux empires se côtoient, le russe et le chinois. Tu y as traversé des villes qui semblaient des parcs à thème russe, Hargun, Shiwei, Manzhouli, pleines de faux Kremlin, de fausses cathédrales Basile-le-Bienheureux pour attirer les péquenots de l'autre côté de la rivière-frontière (et en effet ils venaient, en blouson de simili et casquette, l'air maussade comme souvent les Russes, chargés de grands cabas, faire leurs courses dans des magasins aux enseignes trilingues, chinois russe et mongol). À l'entrée de Manzhouli, dans une espèce de démente ville nouvelle en toc, aux proportions chinoises, une centaine de mammouths laineux en béton chargeaient à côté de fontaines à naïades supposées évoquer les grâces d'un dix-huitième siècle français, d'une cathédrale pétersbourgeoise à bulbes berlingots (le Sauveur-sur-le-Sang), d'un édifice hésitant entre campanile vénitien et *Clock Tower* londonienne, et de vingt-huit immeubles de six étages à clochetons, nettement chinois eux, rigoureusement identiques, alignés au garde-à-vous comme pour une parade militaire. Tout ça grossier, kitsch, d'un sans-gêne esthétique si absolu qu'il confinait au sublime. Des éoliennes tournant sur un ciel d'orage, de l'autre côté d'une autoroute déserte, achevaient de donner au paysage un aspect nettement infernal. Non loin de la « Porte Nationale », une espèce d'écrasant machin en forme de pont levant marquant la frontière, d'ailleurs interdit à l'étranger que tu étais, un centre commercial proposait, entre autres articles, des bustes de Marx, Engels, Lénine, Staline, Mao, du classique à quoi on avait ajouté Poutine et Hitler (mais je ne crois pas qu'il fallait y voir une intention critique, c'est une forme d'esprit qu'on rencontre peu en Chine, au moins chez les marchands). Dans un terrain vague herbeux, grésillant de mouches, des reproductions des plus célèbres statues de Russie (le Pierre le Grand de Falconet, l'ouvrier et la kolkhozienne de l'Expo universelle de 1937 à Paris, la Victoire de Stalingrad, le Pouchkine de la place du même nom à Moscou) attendaient qu'on eût construit le quartier bidon dont elles seraient les ornements, et dont il n'existait encore qu'un immeuble en forme de poupée russe, une *matriochka* de bien trente mètres de haut. En Chine, rien n'est impossible, on vous fabrique tranquillement des bouts de château de Versailles surplombés par une tour Eiffel modèle réduit (mais qui fait tout de même cent mètres de haut, à Hangzhou), aucune *common decency* architecturale ne bride la fantaisie des constructeurs ni surtout la cupidité des promoteurs. Selon son humeur, on peut trouver ça désolant ou divertissant. La nuit, Manzhouli était plus violemment éclairée que les Champs-Élysées ou Broadway, la ville littéralement ruisselait d'or, chaque immeuble semblait un lingot géant — tout ça évidemment pour en mettre plein la vue aux voisins de l'autre côté de la rivière Argoun.

Tu avais dormi dans une auberge (enfin c'est un grand mot) tenue par des descendants d'immigrés russes, dans un village qui sentait le cheval. Malina, volubile, rubiconde, luisante, avait une petite bouche rouge au-dessus d'un double menton, des cheveux tortillonnés brun-roux qui lui faisaient comme deux oreilles d'épagneul, elle t'évoquait un portrait de Velázquez, l'infante Marie-Thérèse ou bien peut-être plutôt le roi Philippe IV. Elle devait s'appeler Marina, en fait, mais le « r » se prononçant « l » en chinois, l'enseigne de son auberge était Ma Li

Ya Zhi Jia, « Chez Malina ». Elle-même ne devait plus très bien savoir quel était son prénom d'origine, ses parents étaient nés en Russie, mais elle ne parlait plus un mot de leur langue — elle avait eu honte, me disait-elle, de ne pouvoir me répondre lorsque je l'avais saluée en russe. Son mari, qui s'appelait, ou qu'on appelait, « Dr Pei », se souvenait lui de quelques mots, enfin il parlait encore moins bien que moi, ce n'est pas peu dire. À la longue, il avait pris une tête de Chinois, au moins de demi-Chinois. Tous deux étaient très honorés d'héberger un *Fagouo*, un Français. Il fallait immortaliser ça par une photo devant leur isba : lui coiffé d'un chapeau trop petit, portant gants de travail et grosses galoches, avait pour l'occasion lâché sa fourche, elle avait ceint son large cou d'une étole rouge à ramages verts. Comment faisais-tu pour rester si jeune, te demandait-elle ? (Il y a parfois des gens qui disent des choses aimables.) Ils n'étaient ni russes ni chinois, ils n'étaient de nulle part sauf de ce village « ethnique » (c'est le nom officiel). Ils étaient le contraire de l'individu mondialisé, et cependant quelque chose du grand glissement du monde se lisait en eux. Reviendrais-tu à Ehne ? Oui, tu assurais que oui, jeune comme tu étais, tu avais le temps... Il fallait que tu reviennes, insistait-elle, comme si la Mongolie-Intérieure était la porte à côté, elle te montrerait son potager et sa vache. C'était évidemment une bonne raison. Pendant ce temps on a commencé à descendre vers Shanghai à travers une vapeur blanche où le reflet du soleil fait un trou lumineux. En dessous paraît une côte échancrée, très urbanisée, quadrillée de voies et de canaux. Toits plats de tôle blanche ou bleue, ateliers partout. Bancs de nuages cordés comme des cerveaux.

Pelotes de tours, autoroutes, gerbes de rails. Altitude 2 250 m, vitesse 505 km/h. Les volets se déploient, ratissent une armada de porte-conteneurs au mouillage sur des eaux limoneuses, l'avion tremble. Choc du déverrouillage des trains. Atterrissage. Nous sommes arrivés à Pudong International. Dernier virage. Désarmement des toboggans et vérification de la porte opposée. Ce n'est pas une vie nouvelle qui commence, juste une nouvelle tesselle qui va s'ajouter à la mosaïque de la vie.

Il y a deux types, deux jeunes, à Shanghai, qui m'ont offert leur place dans le métro. Merde alors ! Le premier, en fait, j'ai été si interloqué que je n'ai même pas remarqué si c'était un garçon ou une fille. Le second avait un crâne rasé et un sourire charmant. Enfin, il faut s'y faire... J'avais décidé de parcourir tout Shanghai à pied, jour après jour essayant de quadriller un petit secteur de la carte. Tâche impossible, bien sûr, mais il n'y a que celles-là qui sont exaltantes, c'est pareil pour les livres : « La littérature ne vit que si elle se fixe des objectifs démesurés, y compris au-delà de toute possibilité de réalisation », j'aimais cette phrase des *Leçons américaines* de Calvino au point de l'avoir citée dans le post-scriptum de mon livre le plus impossible. Mais je m'y tenais, prenant chaque jour le métro pour une destination nouvelle, située de préférence dans un quartier où subsistaient encore des vestiges du vieux Shanghai. Je relisais *La Condition humaine*, roman qui avait compté pour moi dans ma jeunesse (alors que ça n'était déjà plus *à la mode*). C'était le genre de livre qui était fait pour aboutir à de belles phrases phraseuses, des sentences, des dialogues réputés profonds, et ça, ça ne m'allait plus. Mais il y avait tout de même de beaux moments, l'assaut de la permanence communiste, l'histoire de la pilule de cyanure donnée et perdue... Le personnage le plus intéressant, comme dans mon souvenir, était le baron de Clappique. Enfin, c'était quand même un peu plus costaud que du Le Clézio, ce Prix Nobel pour boy-scouts. Au marché de Fuyou Street, pour vingt yuans, je m'étais acheté une loupe au moyen de laquelle je tentais, à chaque carrefour plus ou moins, ayant préalablement remisé dans une poche mes diverses lunettes et dans une autre mon carnet, de lire une carte extirpée de ma musette « Servir le Peuple » et difficultueusement déployée dans le vent et le torrent humain, bref il n'était pas exclu que j'offrisse un spectacle comique à l'heure où tout le monde, et particulièrement en Chine, lit son chemin sur son téléphone quand ça n'est pas sur sa montre connectée. Mais je persistais, je marchais cinq à six heures par jour, je n'avais d'ailleurs pas grand-chose d'autre à faire à Shanghai à part d'épisodiques et soporifiques réunions avec l'Union locale des écrivains, et le soir, rentré dans ma chambre au-dessus de la station du métro aérien Zhongshan Park, j'avais la satisfaction de passer au marqueur un petit écheveau de rues. Patience, le tour des autres viendrait. C'était un peu comme un livre, après tout. Combien de milliers de phrases dans un livre ? Et pourtant, on écrit bien la première, et la deuxième, et la dixième, on a fait une page, on ne doute pas qu'on arrivera au bout (enfin si, on doute, mais on continue quand même).

Je raconte cela à mon ami Serge qui est en train de mourir. Je suis rentré de Chine quand j'ai appris qu'aucun soin n'était plus envisageable. C'est un homme que la beauté a élu, mais de cela il n'est pas responsable — de sa bonté, si. Je prétends qu'il n'y a que deux vertus majeures, le courage et la bonté, il a éminemment l'une, en tout cas — l'autre, comment savoir ? Nous avons eu la chance de vivre des temps où elle avait peu à s'employer. Protestant, parpaillot comme je lui dis par amicale moquerie, il a toutes les qualités morales dont se flattent avec raison peut-être, mais aussi un peu de suffisance, les adeptes de la religion réformée. La suffisance n'est pas son fort. Ce n'est pas un lecteur compulsif — mais il a lu tout ce qui importe — « Rien de commun », selon l'orgueilleuse devise des éditions Corti. Je n'ai jamais rencontré personne qui connaisse la langue française comme lui (si, une seule : mon ami Alain Borer). Il corrige mes manuscrits, leurs innombrables petites négligences. Nous avons aussi la mer en partage — la mer dans laquelle bientôt nous disperserons ses cendres. Il a l'âge d'être mon père, mais il est pour moi un grand frère infiniment tolérant — et Dieu sait qu'avec moi il faut l'être, parfois. Depuis tant d'années que nous nous connaissons, nous voyons souvent plusieurs fois par semaine, je n'ai pas un seul reproche même minime à lui faire. Avoir eu dans sa vie un tel ami est une chance rare, le perdre est un malheur inconsolable. Y pensant maintenant, pour écrire ces lignes, je mesure à quel point ma vie a été diminuée par sa mort. La sienne d'abord, éminemment, mais celle des autres aussi, Christian le matheux, mort en montagne dix ans jour pour jour après avoir failli mourir d'une balle au poumon lors d'une expédition gauchiste qui avait mal tourné, Benoît le musicien, Édouard l'éditeur qui était jeune et beau, Annie qui était la plus grande lectrice (et la plus grande fumeuse) que j'aie connue, la violence et l'esprit mêmes, Alain qui était un prince russe et juif, Bob le faune de Verdier dont j'ai appris la mort un jour de neige et de solitude, à Moscou, et ma tristesse était redoublée du fait qu'étant si loin, il me semblait manquer à un certain devoir de fraternité, Anne qui avait l'allure d'une reine, que j'avais connue à l'époque où on croyait à la Révolution et dont j'ai fait un personnage d'un de mes romans, et maintenant Dominique, la femme de Serge, qui luttait contre la mort quand je commençais ce livre dont je ne savais pas encore s'il allait en être un, dont j'aurais voulu qu'elle le lise et qui ne le lira pas. Et Pierre qui a sauté sur une mine à Petrinja en Croatie, au début de la guerre en ex-Yougoslavie. La morgue de Sisak où il avait été déposé était un petit bâtiment couvert de fibrociment, sur une colline au-dessus de la Save ou de la Kupa, au-dessus d'une rivière en tout cas. Des ambulances déchargeaient à l'hôpital des types ensanglantés, les chars serbes n'étaient pas loin, et il y avait un contraste troublant entre l'apparence paisible et rurale de ce gros bourg croate, les maisons de bois aux balcons ouvragés, la rivière brillant entre les arbres, des vaches dans les prés, et ce qui était en train de s'y passer. Les croque-morts avaient fait leur boulot en vitesse et filé avec le cercueil qu'on avait eu toutes les peines du monde à retrouver à Zagreb, Serge et moi. Parce que Serge m'accompagnait, bien sûr.

Et tous les autres dont les visages plus lointains sont là dans l'ombre. Le temps est venu où les répertoires sont pleins d'adresses dont on ne poussera plus jamais la porte, de numéros de téléphone qu'on ne composera plus jamais — mais les rayer paraîtrait une profanation. Ces inscriptions sont comme les fantômes qui marquent dans les bibliothèques la place des livres absents. Cela fait des années que ça a commencé, ce lent effacement du monde, et la disparition des proches qui au début me semblait une effraction scandaleuse du néant dans la vie a pris désormais, tout en restant aussi choquante, la forme de l'inéluctable et presque de l'habituel. Il me semble que je dois en parler, même si je me suis promis d'exclure autant que possible l'intime de ce récit, ou de ne l'évoquer que lorsque c'est le monde extérieur qui le suscite, car cette attrition du territoire de l'amitié est une des raisons du mouvement qui m'emporte loin, sur les routes du plus vaste monde : je m'éloigne d'un lieu peu à peu, opiniâtrement déserté. Mes amis morts, dont l'absence me pèse, me font de plus en plus léger, une plume prête à s'envoler, « un bateau frêle comme un papillon de mai ». Ce livre est un livre sur le monde et sur l'éloignement du monde.

Il est difficile de parler à quelqu'un qui va mourir et qui le sait. Qu'est-ce qui peut l'intéresser ? Rien, je suppose. J'ai pris le parti de raconter à Serge la Chine d'où je viens, qu'il ne connaîtra pas. Il n'est pas sûr qu'il m'écoute vraiment, mais sa générosité est si grande que peut-être le fait-il. Peut-être des images passent-elles dans son esprit d'où le monde s'efface. Peut-être les récits de ce qui est loin, inaccessible désormais, futile parce que cela demeure, échappent-ils à la gravité de ce qui est proche, définitif, indicible. Toutes mes histoires, celles que j'ai racontées ici et bien d'autres, il les connaît, il en a été le premier auditeur. Alors celles-là encore, les dernières. Je marche dans Shanghai, je poursuis l'accomplissement de mon plan impossible. Je traverse les *lilongs*, les anciens quartiers populaires à moitié démolis, qui ressemblent à nos corons. Rez-de-chaussée murés de parpaings, d'autres marqués à la peinture rouge du signe « à détruire ». Des vieux prennent le frais dans des fauteuils défoncés, sous des treilles de luffas à fleurs jaunes. Deux chatons miaulent dans une cage, un type en caleçon se lave dans un lavabo collectif, un autre, qui a roulé son tee-shirt sous les aisselles pour s'aérer, se gratte pensivement le ventre. En pyjama violet rayé de jaune un balayeur pousse sur un petit chariot son seau et son balai. Nonchalant. Visière de celluloïd sur le front, assise sur un tas de gravats d'où émergent les jambes d'un mannequin féminin, une vieille trie des bouteilles en plastique. Le nettoyeur d'oreilles propose ses petits écouvillons. Un boucher essaie de casser des quartiers de viande congelée en les lançant par terre. Des plats bouillottent sur des réchauds noirs gluants d'huile. Jérémy, le jeune Français qui me guide, qui parle parfaitement chinois, qui essaie de défendre ces témoins du Shanghai d'autrefois, m'explique que les démolisseurs logent au milieu des gens qu'ils ont mission d'expulser, ils ont des chiens, ils boivent, ils sont violents, ils terrorisent les récalcitrants qui s'accrochent à leur vieille maison. Sur la rive droite de la Suzhou, jusqu'au pont de Henan Road, on est encore en pleine pouillerie *Lotus bleu* (ma première découverte de la Chine, avant *La Condition humaine*), mais ça ne va pas durer. Sur les palissades qui entourent ces quartiers condamnés, les images de l'avenir radieux tel que le conçoit le Parti communiste chinois : robes du soir, smokings, champagne, et par les baies vitrées des futurs

« condominiums », des yachts dans une marina, avec les tours de Pudong en arrière-plan. *« International top-level real estate »*. Il doit y avoir une erreur (cet avenir-là ne figurait pas dans le « petit livre rouge »). Un pêcheur tire un poisson du canal, quelle vie a-t-il eue, celui-là : nager dans l'eau la plus polluée du monde, pour finir en friture. Métro. Une paysanne au visage sombre et ridé, tenant sa petite-fille par la main, porte un cabas rempli d'ustensiles de cuisine, elle doit trimballer ça depuis son village, elle ne doit pas savoir lire et on devine dans ses yeux l'effroi que lui inspire la ville énorme (les Bretonnes débarquant à Montparnasse au début du siècle précédent devaient ressentir cette crainte), une autre déplie un minuscule tabouret en plastique, s'assied dessus et se met tranquillement à tricoter, entre les jambes de la foule.

Je raconte ces petites histoires à Serge, qui m'écoute ou ne m'écoute pas, allongé dans une chaise longue près de la fenêtre. Je ne sais pas si je le distrais de sa rêverie, mais je crois que je ne l'ennuie pas. Il a commencé à souffrir et prend de la morphine. Son visage émacié revêt chaque jour un peu plus l'apparence qu'il aura bientôt, quand tout sera dit. Son esprit l'abandonne lentement, les mots viennent plus difficilement, il lui arrive de faire des confusions : « Je pourrai voir où tu étais en Afghanistan », me dit-il en désignant un atlas, confondant Chine et Afghanistan. Je lui lis aussi des passages de la *Recherche*, dont je sais qu'ils le font rire, ou qui sont un peu devenus comme des scies entre nous — c'est un grand lecteur de Proust. Les cuirs du directeur du Grand Hôtel, Cambremer dit Cancan déclarant invariablement, au moment où l'on sert un poisson, « il me semble que voilà une belle bête » (nous n'avons pas mangé un poisson ensemble sans que l'un ou l'autre ne cite cette phrase), madame Verdurin découvrant dans le journal la nouvelle du torpillage du *Lusitania* et s'exclamant, tout en trempant délicieusement son croissant dans le café au lait, « Quelle horreur ! Cela dépasse en horreur les plus affreuses tragédies ». Il y a un autre passage, je le sais, qui l'amuse — il y en a tant, à vrai dire, je me suis toujours étonné qu'on ne célèbre pas plus l'extraordinaire *vis comica* de Proust —, c'est celui où on annonce au duc de Guermantes sur le point de partir pour sa « redoute » la mort de son cousin « Mama », et où il s'emporte : « Mais non, on exagère, on exagère ! », mais celui-là j'hésite à le lui lire, et finalement je ne le fais pas (et il n'est pas impossible qu'il remarque que, de toutes nos rengaines proustiennes, c'est celle-là que j'ai omise ; à la place, je lui lis le passage de *La Fugitive* où le duc et la duchesse racontent à « la petite Swann », avec un manque de tact appuyé, qu'ils ont bien connu son père et ses grands-parents, et où Marcel commente : « On sentait que s'ils avaient été, les parents et le fils, encore en vie, le duc de Guermantes n'eût pas eu d'hésitation à les recommander pour une place de jardiniers. » Cette scène qu'il a oubliée le fait un peu rire, et je pense que ce sera son dernier rire).

À cette époque j'ai entrepris de relire toute la *Recherche* (un écrivain fait ça une fois dans sa vie) car on m'a invité (avec d'autres) à venir en parler à New York, ville qui ne figure que très à la marge de ma géographie personnelle, à l'occasion du centième anniversaire de la parution de *Du côté de chez Swann.* Moscou ou même Pékin ou Santiago du Chili (ou même Khartoum !) me sont beaucoup plus familiers que New York. Je me hâte de dire que ces préférences ne sont l'expression d'aucun choix politique — simplement, la curiosité jointe à une certaine sauvagerie ou « oursitude », ou timidité, font que je me sens plus à l'aise dans des lieux que je ressens comme plus lointains de *notre* monde, dont New York est le centre (que ça plaise ou non). Au 92Y, la salle prestigieuse où se tient la rencontre, à l'angle de Lexington Avenue, je ne m'en tire pas trop mal. Et pourtant (ou peut-être à cause de cela ?) je suis impressionné par l'aisance cultivée, cosmopolite, du directeur, Bernard Schwartz, mince comme un couteau, cheveux ras, collier de barbe noire, un Greco en costume sombre et cravate, aimable et coupant. Avec lui, Sancho de ce Quichotte, il y a Bill Carter, rond et souriant, auteur d'une énorme biographie de Proust. Je dis des choses que j'ai déjà dites, mais ailleurs, loin, dans la province du monde, et ici cela ne me gêne pas de les répéter car je sais qu'il n'y a aucune chance qu'un auditeur les ait déjà entendues. Enfin, je fais mon numéro assez bien, je réussis même à faire de temps en temps rire le public en me moquant de moi. Autour de la salle sont accrochés les portraits des grands hommes ou femmes qui sont venus parler ou lire ici : Borges, Neruda, Rushdie, Susan Sontag, etc. Aucun Français. Il aurait dû y avoir Sartre, mais il a envoyé un télégramme, qui est exposé, disant qu'en raison de la guerre du Vietnam et du soutien qu'y apporte la majorité du peuple américain (d'où sortait-il ça ?), il ne peut se rendre aux États-Unis. Verbosité française. Poses « révolutionnaires ». Parmi les raisons que Sartre donna pour refuser le Nobel (acte courageux au demeurant), il y a qu'il avait été précédemment attribué à Pasternak, dont l'œuvre était « éditée à l'étranger et interdite dans son pays ». Comme si c'était une honte d'être interdit en URSS... J'ai souvent, sans délicatesse, cassé les pieds à ce sujet à Serge, qui faisait partie de la « famille » sartrienne.

Je traverse Central Park, entre l'Upper East Side où se trouve le 92Y, et l'Upper West Side où est mon hôtel, en compagnie de Laurence, la jeune attachée culturelle, que je trouve intelligente. New York est dans la brume. Autour du réservoir, on dirait que la ville a été rasée, comme dans un film catastrophe. Presque aucun gratte-ciel n'apparaît, aucun au sud, deux tours au sommet estompé à l'ouest. Les arbres ont leur livrée d'automne, or et flammc. On est en pleine nature, dans le Vermont peut-être. Des écureuils bleus bondissent sur le tapis de feuilles. J'ai écrit autrefois un très petit texte sur l'écureuil, je ne résiste pas au plaisir de le citer ici, même s'il s'agit de la variété européenne, rousse avec des plumeaux sur les oreilles, car il me semble (immodestement) qu'il fait le tour de la question : « Ramassant presque entièrement son corps (à l'exception de la queue qui semble mener une existence assez indépendante) en une pelote nerveuse, puis le détendant, petites pattes fébriles en avant, comme on se jette à l'eau, puis recommençant ce mouvement coulé de contraction-expansion avec une extrême vélocité et sans que la moindre hésitation, même légère, vienne le distraire du but qu'il s'est, on l'imagine, fixé, l'écureuil traverse le chemin sans prêter attention au marcheur : il n'en a cure, il s'en bat l'œil. » Laurence tient à prendre des photos, à ma grande réticence. Elle prétend les trouver très bonnes mais elle est tout de même diplomate, moi je vois un être plissé-poché adossé à la brume, une figure en carton bouilli éperonnée par le nez. À propos de nez et de photo : j'en ai une autre, prise à la bougie, avec un temps de pose considérable, quelques années auparavant, par Jean-Philippe Toussaint, dans un bar de Canal Street que ne doit pas fréquenter Donald Trump, le Clandestino. On y voit des lueurs incompréhensibles qui sont celles du bar et puis à droite, surgissant du noir, une demi-gueule au tarin prodigieux, promontoire d'ombre, des plis dans la couenne, un œil poché assez malin : moi. Tête de vieil ivrogne qui ne me déplaît pas, pour une fois, bien qu'assez monstrueuse (mais justement...), gueule de poisson à grosses lèvres, mérou sortant de son trou, pas près de mordre à l'hameçon, pas si con. Et puis tout contre ma joue, levé contre elle, le profil d'Alice, qui devait être si je me souviens bien agent littéraire, peu importe, française d'origine vietnamienne ou chinoise, je ne sais plus, asiatique en tout cas, vivement éclairé lui, cou et pommette droite, œil fermé, lèvres tendues comme pour me faire un baiser (c'était juste pour me parler à l'oreille, il y avait beaucoup de bruit au Clandestino). Cheveux d'encre retournant à l'encre du bar, air sur son beau visage lisse de grand désir joyeux, et sur le mien de grand plaisir qui en a vu d'autres. Cette photo me plaît infiniment, elle dit tout ce que j'aime (une femme, l'Asie, le désir physique, la nuit, un bar, ailleurs), elle fixe par hasard un instant tel que je n'en aurai peut-être pas de plus haut, de plus « gracieux », elle est mon chef-d'œuvre, mais ce n'est pas moi qui l'ai fait.

Plus tard je prends le métro, ligne 5, pour aller comme tout bon touriste voir le soleil se coucher vers Battery Park. Tandis qu'on roule vers le sud, je me souviens d'Ellis Island, du petit livre de Perec, du film qu'il réalisa avec Robert

Bober, de la visite que j'y ai faite au cours d'un précédent voyage. J'avais un peu bêtement (mais je n'étais sûrement pas le premier) cherché sur le *Wall of Honor*, ce parapet d'acier gravé de centaines de milliers de noms d'immigrants, si quelqu'un portant le mien était passé par là, mais sans surprise ce n'était pas le cas — ma famille n'ayant jamais subi les pogroms à Kiev ou Kichinev, ni la faim dans les Pouilles ou en Irlande. (Je suis du genre à chercher mon nom sur les monuments aux morts, en France, avec plus de chances de succès.) J'avais constaté qu'il y avait (à l'époque) quatorze Marx, dont un Karl, quatre Kafka, plusieurs Gogol. Tout ça assez futile, infantile, mais l'émotion m'avait saisi en passant dans la *Registry Room*, cette immense salle de tri carrelée, entre hall de gare et prison, et surtout en contemplant, dans le musée, les objets chéris témoignant de ces vies jetées dans la violence et le hasard du monde : violons, mandolines, mouchoirs et draps brodés, boîte de chocolats polonais (*Gorzka Czekolada*) donnée par une mère à son fils, couverts, samovar, rouet, machine à coudre, jeux de cartes, accordéon, un chandelier italien, une bible arménienne, phylactères de Pologne, missels italiens, rosaires irlandais, cartes postales du pays natal, mantilles espagnoles, bottes en cuir brodé de Bohême, pendants d'oreilles et broches, la robe de mariée de Kostoula Anagnosgopoulos, le trousseau que Marija la Croate avait apporté pour ses enfants à naître dans le Nouveau Monde (et ils sont morts en bas âge dans le Missouri)...

Métro ligne 5, une fille se contemple dans la vitre de la porte, touche et retouche et effleure sans fin son visage, bouche, ailes du nez, prend ses cheveux un à un, les suit du doigt, les arrange, tapote son bonnet de laine, lisse un sourcil puis l'autre, recommence tout le parcours. Est-ce la joie ou le malheur d'avoir un corps qui l'anime devant la glace ? Et moi ? Elle descend à Grand Central. Je fais un tour par South Street Seaport, les vieux docks sur l'East River, juste en aval de Brooklyn Bridge, où sont amarrés des navires d'autrefois. C'est là que j'ai découvert New York, il y a très longtemps, pas loin d'un demi-siècle sans doute, j'étais *crew member*, simple matelot sur une goélette de course dont le skipper se proposait de battre le record de la traversée de l'Atlantique à la voile (et nous avions terminé au moteur...). Mon premier souvenir de New York, en dehors de retours d'entraînements sous le pont Verrazzano, au soleil couchant qui faisait scintiller les écailles de verre de Manhattan, comme à présent il allume les fenêtres de Brooklyn, les façades de brique qui virent au mauve sur l'eau très bleue, c'est le bourdonnement de ruche géante des voitures roulant sur les tôles perforées du Brooklyn Bridge, au-dessus de nos têtes et de nos mâts (le même que j'entends ce soir, non loin des festons lumineux du pont du 25-Avril qui enjambe le Tage, sous un cyprès dont les boules craquelées, à l'odeur de térébenthine, me rappellent un arbre de la maison de mon enfance qu'on appelait un if, mais qui était je crois un cyprès de Lambert. La maison vendue, rasée, cet arbre a subsisté longtemps au milieu d'un rond-point, mais la dernière fois que je suis passé là-bas, même lui avait disparu — sans doute des cinglés avaient-ils estimé qu'il représentait un danger pour les automobilistes).

Une ville, pour chacun de ceux qui la connaissent un peu, c'est d'abord une petite pelote d'images qui ne sont même pas des souvenirs, qui se tiennent en deçà des souvenirs, quelque chose d'aussi élémentaire que les signes de ponctuation pour un texte, souvent tiré de nos lectures (de *Manhattan Transfer*, par exemple), dans quoi il rentre des lieux communs (les escaliers d'incendie extérieurs, les fumées s'échappant des bouches d'égout l'hiver, à New York, les petits pavés blanc et noir et l'odeur des sardines à Lisbonne) et d'autres autour de quoi commencent à se former de vraies images, plus concrètes, des souvenirs visuels, sonores, olfactifs même, et pour New York (qu'encore une fois je connais mal, mais c'est presque une circonstance favorable pour ce genre de réduction) ce serait : les avis en cinq langues, américain, espagnol, russe, chinois, japonais, dans le métro, le jaune des taxis, le rugissement des grosses cylindrées lorsque le feu passe au vert, les énormes camions de pompiers arborant un drapeau US, les *Deli open 24/24*, les tas de sacs-poubelle noirs ou blancs sur les trottoirs nocturnes, les marquises entoilées en travers des trottoirs, l'obsédante odeur de burger (ou de moutarde, ou de pickles, ou d'oignon frit ?), grasse et sucrée. Le vent de mer, qui l'emporte.

Pour Moscou, ce serait : les trottoirs bosselés, accueillants aux flaques (cela dépend de la saison, d'accord), les passages souterrains abritant des rangées de minables petites boutiques, où se croise une foule lasse (il faut sans cesse, pour traverser les avenues, monter et descendre, c'est une des choses — une des moindres — qui rend la vie fatigante), les étoiles rouges des tours du Kremlin, les immenses galettes que les militaires de tout poil portent sur la tête (comment restent-elles en place dans le vent ?), les espèces d'urnes sur les trottoirs où on jette les mégots, les agents de sécurité en combinaison noire, d'autres, plus chics, en costar sombre et chemise blanche, les grosses voitures noires qui stationnent moteur allumé, émettant un panache de fumée blanche, dans lesquelles on aperçoit à la place passager, baigné d'une faible lueur bleue par l'écran du portable, un profil souvent angélique, les innombrables *Salon krassoty*, salons de beauté. Et Pékin ? L'odeur de charbon, le glissement silencieux des cyclos électriques qui vous frôlent et vous font sursauter sur le trottoir, le vert le carmin et le gris, les espèces de passementeries en métal blanc qui divisent les avenues par le milieu, les types qui font leur gymnastique à chaque coin de rue, les masques respiratoires bleus ou blancs qui font ressembler les passants à des chirurgiens, les morceaux de carton ou de contreplaqué que les propriétaires de voitures (souvent bâchées) disposent contre les roues, tenus par des ficelles ou des parpaings, pour empêcher les chiens de pisser dessus (survivance sans doute d'un temps où les voitures étaient rares). Serge ne peut plus se lever, a de plus en plus de mal à parler. « Je voudrais que ça finisse, me dit-il, j'ai cru que c'était pour aujourd'hui. » Puis : « Ça a été une grande amitié », et je ne peux retenir mes larmes. On ne peut même plus s'engueuler, lui dis-je, et cela le fait sourire. Avec toute l'admiration que j'ai pour Proust, et notamment pour sa réjouissante méchanceté, il y a beaucoup de choses que je déteste chez lui (ces ridicules passages sur les « petites ouvrières », les « petites filles pauvres » que Marcel prétend faire venir chez lui contre quelques pièces, par exemple, d'un plat conformisme bourgeois — je ne parle pas ici tant de l'acte lui-même que de l'imagination sociale qui s'y déploie), et plus que tout ses déclarations répétées contre l'amitié « qui est une simulation puisque pour quelques raisons morales qu'il le fasse l'artiste qui renonce à une heure de travail pour une heure de causerie avec un ami sait qu'il sacrifie une réalité pour quelque chose qui n'existe pas ». Elle est « si peu de chose » que Marcel a du mal à comprendre que « des hommes de quelque génie », comme Nietzsche, y sacrifient, préférant quant à lui « jouer avec des jeunes filles », charmants petits animaux étrangers à la « vie spirituelle ». Et le seul personnage de la *Recherche* à qui soit constamment accolée l'épithète d'ami, Bloch, est aussi le seul qui soit constamment déplaisant et ridicule. Je déteste cette figure de « l'artiste », je n'ai pas envie d'être un artiste au prix de cette implacable sécheresse d'âme (c'est pourquoi je ne le suis peut-être pas). J'admire les écrivains, certains (Proust au premier chef), mais je ne comprends pas pourquoi on devrait les idolâtrer. Que ce fût un génie n'empêche qu'il était aussi un snob et un flagorneur (ses lettres, ses articles dans *Le Figaro*!). Et un piètre ami, sûrement.

Enfin je ne relis pas à Serge ces passages où Proust va jusqu'à comparer les amis à des meubles, avec qui parler serait la marque d'une regrettable folie. Je « perds mon temps », et le sien, peut-être, le peu qui lui reste, à lui raconter Pékin, la place Tian'anmen la nuit, les éclairs bleus des voitures de police, les barrières empêchant le public de pénétrer sur l'immense glacis désert illuminé par des projecteurs, les interdictions méticuleuses (de nager, de faire de la musique, de cueillir des fleurs, de s'asseoir sur le bord du bassin, de faire du feu, de lancer des pétards...) affichées tout autour de l'Opéra de Paul Andreu, géante goutte d'eau saisie au centième de seconde au moment où elle s'abîme dans son miroir d'eau. *Nilzia, zaprichchino,* « interdit », on m'avait dit autrefois que c'étaient les mots les plus utilisés en russe, mais les Chinois ont été bons élèves. J'essaie de lui dire la beauté, la majesté de la Cité interdite, évidentes sans être écrasantes, s'imposant sans discussion, si éloignées pourtant de ce que nous avons accoutumé de tenir pour telles : le vieil or des doubles toits froncés, galbés, au bout desquels de petits animaux cornus se poursuivent comme s'ils allaient se jeter dans le vide, les verts de mousse ou de bronze, les bleus de lapis-lazuli, les salles ombreuses sous les plafonds à caissons, rayées du rouge cinabre des colonnes de bois, les cours immenses dallées de gris, les lents escaliers, la répétition de tout cela, la variation de ces grands thèmes. Du haut de la colline du charbon où un empereur se pendit, dans la brume du matin (qui n'est peut-être pas cette brume que représentent si souvent les peintures chinoises mais simplement le *smog* de la pollution), on voit les toits des pavillons s'avancer comme les vagues d'un mascaret, les grandes au milieu, escortées de nombreuses petites sur les côtés. Mais ça c'est la ville des empereurs, anciens ou modernes, il y a aussi les types en short, torse nu, qui se retournent les pieds pour balancer un volant de *jianzi*, se marrent, vous invitent à entrer dans le jeu (merci bien !), entre la tour du Tambour et celle de la Cloche, les graminées ébouriffant les toits de tuiles des *hutongs*, le linge qui claque, les vélos-éboueurs, les vélos-ferrailleurs, les vélos-rémouleurs, les vieux assis sur leur chaise, ne regardant rien, buvant de l'eau chaude, glaviotant de temps en temps, ou bien jouant aux cartes, les lanternes rouges, les écheveaux de fils électriques, les étals de fruits et légumes dont on ignore le nom...

Je sors de chez lui, plein d'admiration pour Dominique, sa femme (qui vient de mourir à son tour, je reviens de Paris où la scène des adieux profanes s'est répétée, un peu de musique, des fleurs, quelques propos que les sanglots étranglent, une grande impuissance désormais à trouver des mots pour la mort, ce souci un peu ridicule qu'a chacun des participants de faire rire malgré tout, puisque nous ne supportons plus la manifestation de la douleur), si droite, si juste, si attentive, si simplement élégante avec son pull marron à col roulé et un petit rang de perles, et je vais faire un tour au Luxembourg. Pour me changer les idées, comme on dit, mais elles ne changent pas tant que ça. Ciel de ouate grise. Certains arbres complètement dépouillés, ramures noires, d'autres encore un peu vêtus. Feuilles lobées des marronniers rongées par les bords, vertes encore près du pétiole, celles des tilleuls au dos jaune citron, au revers gris perle. Le vent là-dedans. « Grandes voix de l'automne », dit Chateaubriand. Tapis de feuilles au sol, noircies, macérées, à l'odeur âcre — un géant qui se serait fait du thé. On entend au loin une trompette tsigane. Serge ne verra plus ça, me dis-je, il ne verra pas reverdir ces arbres, le monde s'éloigne de lui à toute vitesse (je pense au début magnifique de *L'Aleph*, on ne peut pas, même quand la mémoire vous fait de plus en plus défaut, empêcher les livres de venir commenter la vie et la mort). Paralogisme affectif : la peine que me cause son agonie, à qui la dire sinon à lui, qui fut le très patient témoin de mes peines (de mes joies aussi) ? Je sors du jardin, je retrouve les Tsiganes dans une rue où Michaux habita, un vieux ventru, poussant le caddie-sono, un jeune très basané, bonnes gueules tous les deux. Ils jouent je ne sais plus quoi, l'air de *Rio Bravo*, peut-être, je leur file une pièce, le jeune me tape d'une cigarette. « Et pour papa ? », me demande-t-il. D'accord. Va pour deux clopes. Éclairs de cuivre dans le gris. Ils me font du bien.

Novembre, tristesse des jours déclinants, rayés de pluie, piquetés de gouttes mornes, fleuris des fleurs noires des parapluies. Serge s'enfonce tout doucement dans l'opaque. Je lui raconte encore une ou deux histoires chinoises, je cherche désespérément, stupidement peut-être, à faire de cette Chine racontée un pont de mots vers celui qui bientôt ne sera plus accessible. C'est d'un pont, justement, que je parle, le *Gong Chen Qiao* à Hangzhou, un pont très antique sur le grand canal qui va jusqu'à Pékin, dont la forme reproduit (si je comprends bien les explications qu'on me donne) celle des mains jointes pour saluer l'empereur. Il y a là, au bord de l'eau, un lieu charmant, un café sous les saules. *Au bord de l'eau*, c'est le titre de l'énorme roman picaresque racontant les aventures des cent huit brigands, de terribles malabars qui n'ont peur de rien, ni tigres ni soldats impériaux, que Shi Nai-an écrivit — si jamais il a existé — dans une retraite des marais Xixi, non loin de là, parmi l'odeur des fleurs d'osmanthe, les iris jaunes, les camphriers, les bambous, les lotus perchés sur leur tige comme des flamants verts. C'est la jeune Su qui m'y conduit, minuscule, en robe blanche et capeline rose (tout ça semblant extrait des *Jeunes filles en fleurs* — quel titre ridicule, soit dit en passant), parlant un français parfait. Il y a une douceur de la Chine, à côté d'une évidente violence qu'illustrent des avions de chasse passant et repassant en rase-mottes, toute la matinée, au-dessus de ce paysage paisible, déchirant le silence que ne troublerait sinon que le cri des oiseaux aquatiques. Cette douceur, qui pourrait être une promesse mais rien ne permet d'être optimiste, on la sent par exemple en se promenant le dimanche autour du lac de l'Ouest à Hangzhou. L'eau miroite dans une légère brume, le paysage est peint de verts tendres, de gris bleutés, de poudroiements dorés, des barques glissent sur ces lames de lumière, au rythme nonchalant d'un aviron de poupe, chargées de petites familles qui se prennent et se reprennent en photo, brandissant leurs téléphones ou iPads comme leurs parents brandissaient le « petit livre rouge ». Sur une île cernée de lotus, de fleurs blanches et roses onctueuses (comme dirait Proust), un groupe chante des airs d'opéra de Pékin et *O sole mio*, dirigé par un chef au crâne ras qui est un sosie de Picasso. (Au moment d'embarquer dans un petit bac, mon amie Mei me demande si j'ai mon passeport, non, pourquoi ? Parce qu'il y a une réduction pour les personnes âgées ! C'est compris, Rolin ? Ne regarde pas trop les jeunes Chinoises, leurs yeux vifs sous la frange noire, leurs jambes pâles !) Sur le rivage, tout autour du lac, une foule débonnaire broutant des barbes à papa, crachant des pépins de pastèque, déambule entre les petites scènes improvisées où chanteurs et danseurs se produisent, jacasse, se marre, se presse devant l'une d'elles où des acteurs amateurs maquillés de blanc et de mauve, portant cothurnes, grande barbe blanche ou tiare de brillants, jouent une scène d'opéra traditionnel. On la ressent aussi, cette douceur possible, dans les foules jeunes (chose impensable en France !), incroyablement attentives, amicales, curieuses, qui viennent dans les très belles librairies (One Way à Pékin, Fang Suo Commune à Canton, Avant-garde à Nankin...) écouter un écrivain français presque inconnu.

Juste après le vieux pont de Hangzhou, donc, il y a un café au bord de l'eau, sous les saules. La propriétaire est une poétesse, Shu Yu, qui a les plus jolies oreilles, les plus jolies mains, les plus jolies lèvres du monde, et des yeux égyptiens. La seule activité dans laquelle elle ne soit pas gracieuse c'est le gobage de bigorneaux d'eau douce : elle s'y montre d'une habileté stupéfiante, un petit bruit de ventouse et hop ! voilà avalé le mollusque qu'on cherche quant à soi à extraire maladroitement (et d'ailleurs sans conviction, plutôt par politesse, la chose étant à mon avis assez répugnante). Je ne sais pas si j'approuve non plus le fait qu'elle passe son temps à pianoter, de ses doigts arachnéens, sur WeChat, sa vie y passe en direct, ce qui me paraît contradictoire avec l'idée (archaïque, sûrement) que je me fais de la poésie, et notamment de la poésie chinoise. Mais pour tout le reste, elle est le charme même, et pas seulement lorsqu'elle récite des poèmes en jouant de l'*erhu*, le violon traditionnel, à deux cordes et long manche grêle. Son café est plein de livres. La nuit, c'est un lieu qu'on ne voudrait plus quitter. Des chalands noirs passent sous l'arche centrale du pont, se croisent à toute vitesse, s'accrochent parfois dans un long raclement de métal, chargés de charbon, de gravier, de ferrailles, de sable (et les douces courbes blanches émergeant de la cale font penser à des seins sous la lune), l'eau du canal est toute pailletée de lumière, sur la rive en face des couples dansent.

« J'ai fait mon petit tour », me dit encore Serge, puis la parole s'en va, il n'y a plus rien à dire, aucun récit possible, seulement le langage difficile parce que jamais appris des gestes. Visage creusé, yeux clos, bras terriblement maigres le long du corps, il prend peu à peu la figure presque accomplie de ce mystère qu'il sera bientôt. À mesure que j'avance dans ma relecture de la *Recherche*, les morts succèdent aux morts. Swann d'abord, et avant qu'il ne meure c'est « cette espèce de fascination qu'exercent les formes inattendues et singulières d'une mort prochaine », puis Albertine, puis Verdurin, Cottard, Saint-Loup. Ce livre qui est, quelles que soient les irritations que parfois sa lecture suscite (chez moi en tout cas), le monument à l'échelle duquel chaque écrivain mesure sa petitesse, je n'aurais jamais imaginé qu'il accompagnerait la mort de mon plus cher ami, allant vers sa fin en même temps que lui. Et si grand que soit le chagrin, il vient par bouffées, il est des moments où on se surprend rétrospectivement à avoir pensé à autre chose, des futilités parfois (un article qui vous était favorable !), commençant déjà à le tenir à distance, comme peut-être ces images de la Chine étaient pour moi une façon de tenir à distance cette chose impensable qui était en train de lui arriver. Il meurt la veille du centième anniversaire de la parution de *Du côté de chez Swann.* Viennent les hommes en noir, le brancard à roulettes glissé dans le coffre frigorifique d'un minibus gris. Bientôt je serai à New York, capable déjà de m'intéresser, me précédant dans le serpent maintes fois plié de la queue au *passport control* de Newark, à une excitante petite Française à la longue chevelure blonde de fée des livres anciens, à la bouche circonflexe, aux yeux noirs sous un chapeau noir. Guitare au dos, une jeune chanteuse peut-être ? Allons, regarde plutôt le crépuscule doré sur les portiques à conteneurs du port de Newark, la pleine lune qui se lève.

Car l'amour aussi s'en va, il ne faut pas se raconter d'histoires. La dernière qui t'ait rendu cinglé, t'ait fait écrire des dizaines de poèmes (pas si mauvais, plutôt bons même et spirituels, c'est une des rares choses où on s'améliore en vieillissant), t'ait rendu heureux comme tu ne pensais plus pouvoir l'être, malheureux comme tu souhaites ne l'être plus jamais (et sans doute ce vœu-là en tout cas sera-t-il exaucé — mais quand tout est fini, aussi, qu'on ne souffre même plus, quel ennui!), imaginant un avenir bref mais éblouissant, fier (avec cette vanité masculine qui n'est pas que ridicule, qui est aussi un hommage à la personne aimée) et te sentant soudain plus beau, plus intelligent (et d'ailleurs ce devait être vrai), croyant qu'au bout de ta vie amoureuse tu avais fini par apprendre à être définitivement aimable, moins désirable sans doute mais tellement plus agréable, connaissant toutes les malices que l'âge t'avait apprises pour apprivoiser la joie, alors que bientôt tu serais pitoyable et ridicule comme les hommes malheureux peuvent l'être (les femmes aussi bien), quémandant quelques marques de ce qui n'est plus de l'amour mais qu'on s'efforce de croire tel, analysant de façon insensée le moindre message pour y trouver la trace de ce qui n'est plus, devenant importun quand c'est la chose entre toutes qu'on méprise, te débattant comme un animal pris au collet que chaque soubresaut étrangle plus encore, te traînant comme traînent les chiens, comme chante Ferré dans *Avec le temps*, assommant avec le récit de tes espoirs stupides, de tes désespoirs plus certains mais non moins stupides, tes amis qui sans doute sont stupéfaits (et secrètement navrés) de te voir encore si jeune homme, vieux jeune homme, passant des nuits à fumer et boire, à noircir des dizaines de pages où tu t'étonnes de descendre aussi bas, croyant chaque fois avoir atteint le fond, mais non, il y a encore un petit abîme disponible en dessous..., la dernière donc c'est cette jeune femme russe que tu attendais sous les palmiers du Luxembourg, comme un chameau. En fait de chameau, tu n'allais pas tarder à ressembler à ceux dont tu rencontrais les dépouilles dans le désert de la Bayuda, au Soudan, carcasses d'os étincelants, propres comme s'ils étaient exposés dans un musée d'histoire naturelle (d'autres encore vêtus de peau sur un peu de chair boucanée, l'intestin gonflé comme un ballon sortant par le cul), autour desquels le vent dessinait un sillage de sable.

J'étais au cours de ce voyage-là avec un photographe marocain que j'aurais volontiers abandonné sur une dune tant il m'exaspérait (je l'ai revu vingt ans après à Tanger, le temps avait fait son œuvre pacificatrice, nous avons bu quelques verres de thé chez lui. Un bon photographe, d'ailleurs). Je l'avais embarqué bénévolement, j'avais un reportage à faire sur les sites archéologiques soudanais, j'étais attendu avant la tombée de la nuit à Méroé, et lui faisait arrêter la Toyota à chaque carcasse rencontrée, qu'il photographiait interminablement, ne tenant aucun compte de mes objurgations. Nous étions arrivés au cimetière royal de Méroé bien après le coucher du soleil, et je dois reconnaître que cette arrivée nocturne, dont il était responsable et pour laquelle je le maudissais, reste un grand souvenir. Les pyramides étageaient leurs marches, leurs arêtes rhomboïdales sous un ciel fourmillant d'étoiles. Des chauves-souris volaient en rase-mottes. On foulait des dunes immaculées dont la pâleur nocturne semblait retenir quelque chose de la clarté du jour, mais dont on ne pouvait apprécier ni la pente ni la hauteur. Les flashes du photographe tiraient brièvement de la nuit un chaos de blocs noirs. Au *rest house*, un vieil homme nous avait offert l'hospitalité — deux places sur le sol nu. Il vivait dans cette pièce unique meublée d'un lit pliant, d'une table, d'une chaise et d'un réchaud. Des étagères encombrées de tessons de poteries, de fragments de sculptures, couraient le long des murs de brique crue. Jeune architecte à Berlin-Est en 1950, Friedrich Hinkel avait rencontré un spécialiste des études coptes qui l'avait emmené au Soudan, pays qu'il n'avait guère quitté depuis, et où il était devenu le grand restaurateur du site de Méroé. La RDA lui octroyait une misère d'argent de poche : « Je ne leur ai guère coûté plus de deux cents dollars dans toute ma vie », me racontait-il, son visage éclairé en contre-plongée par la lampe à pétrole, ses oreilles d'éléphant emplies d'ombre, si je me souviens bien (mais je n'en suis pas sûr, c'est peut-être au personnage d'un de mes romans, inspiré de lui, que ces oreilles appartiennent : bien plus diabolique qu'il ne l'était, et j'en ai eu quelque scrupule lorsque le livre a été traduit en allemand), « mais pour moi, pendant trente ans, le Soudan a représenté la liberté ». La réunification lui avait fait perdre un temps précieux : il avait dû repartir de zéro, faire valider ses connaissances et ses états de service par de jeunes diplômés de l'Ouest dont l'arrogance soupçonneuse l'avait blessé. À présent il était vieux, sa fille qui devait lui succéder était morte dans un accident de voiture à Damas, il sentait que le temps était compté, qu'il devait publier le plus massivement et le plus vite possible. *I'm alone*, me disait-il (et tout cela me fait rétrospectivement me sentir plus proche de lui qu'alors).

Un autre voyage là-bas : je prends le bus à Khartoum pour Port-Soudan. J'ai envie de le raconter ici, je ne sais pas pourquoi. Il revient, s'impose dans ma mémoire, comme un de ces moments où on est radicalement étranger, un peu purifié par cet état qu'on recherche sans vraiment le souhaiter (il n'a pas que des agréments). Un peu plus libre, parce qu'on n'est presque plus personne — que personne, à des milliers de kilomètres à la ronde, ne se soucie de vous. Légèreté vaguement dangereuse, drogue douce. Il est cinq heures trente du matin, les rues sont baignées de cette lumière particulière que créent l'absence d'éclairage public, les phares des voitures trouant la poussière soulevée par le *haboob*, le vent qui fait aussi traverser la chaussée, comme à de petits animaux brillants, à des bandes de sacs en plastique. À six heures moins cinq, la mosquée voisine de la gare routière se met en marche, Allah etc., cependant que dans le bureau d'El Gamri Express commencent les incompréhensibles tracasseries administratives nécessaires à l'obtention d'un billet. Dehors, le vent éparpille dans la nuit les braises d'un réchaud, une fille passe, jeune, jambes nues, en robe à volants et talons hauts, les cheveux serrés par un fichu minimum : pas très conforme aux habitudes vestimentaires locales. Une audacieuse. Son apparition me réconforte, je suis avec elle (j'aimerais bien l'être vraiment). Les phares d'un taxi Toyota oubliés par son propriétaire s'éteignent doucement, ce qui me fait penser, de façon un peu contournée mais c'est ainsi que vague l'esprit, au titre d'un roman de Kipling où le Soudan est évoqué, *The Light That Failed, La Lumière qui s'éteint.* Plus tard je suis enfin dans le bus, muni d'un billet, mais voici qu'un type sort de la nuit, m'extorque mon passeport, disparaît, cependant qu'un autre s'empare de mon billet. Je me retrouve sans rien, me demandant si j'ai eu raison de me montrer aussi docile, mais avais-je le choix ? Dépouillé même de mon identité. Plus tard encore, il est sept heures du matin, le bus a démarré, une aube bilieuse se lève sur les champs de sacs en plastique voisinant l'aéroport, les palmes tordues par le vent. Les haut-parleurs diffusent une interminable psalmodie, de nature très probablement religieuse. Plus tard, l'écran à l'avant du bus s'est allumé pour nous permettre d'écouter les propos d'un prédicateur barbu (je n'en profite pas). On fait une première halte, devant une hutte de cartons et de chiffons où l'on vend du thé. Les sacs en plastique font palpiter le paysage jusqu'à l'horizon, sous les arbustes secs à toit plat. Une autre halte, plus tard encore, devant une cahute en pisé dont le vent furieux fait voler le rideau bleu. On m'offre un broc d'eau pour aller pisser dans une autre cahute. Puis un premier contrôle, assez débonnaire, après le passage d'une rivière qui est peut-être l'Atbara. Des types en civil, d'autres en uniforme, plusieurs à moitié couchés sur un lit métallique. Mon *travel permit* a l'air de les satisfaire. Passez ! (grand geste empreint de générosité désabusée). Après les homélies, c'est maintenant un film américain ultra violent (mais rigoureusement *sex-proof*) qui passe sur l'écran du bus. Sur les sièges de devant, une petite famille regarde ça — la jeune mère entièrement tapissée de noir, avec seulement une fente pour les yeux aux très longs cils (mais n'est-ce pas la dissimulation de tout *le reste* qui fait souvent sembler émouvants les yeux entr'aperçus ?), deux fillettes en robe rouge, aux cheveux nattés. Des champs de sacs en plastique bleus, roses, translucides, comme des jardins de méduses. Et maintenant, cependant que le bus roule dans des gorges, un imprécateur à barbe noire et touffue, turban blanc enfoncé au ras des yeux, vocifère avec de grands gestes sur la télé du bus. Je n'y comprends rien, naturellement, mais je reconnais les mots « Islam », « Arabi », « America », « Million dollars ». Sa bouche rose aux dents très blanches (fumer est péché !) est obscène au milieu de tout ce poil noir. L'assistance (mes voisins) a l'air impressionnée, sans pour autant manifester la moindre hostilité à l'endroit de cet échappé du monde satanique que je suis. À dix-sept heures trente, au bout d'une steppe sale, grisâtre, le trait bleu de la mer Rouge. Baraques basses de parpaings ou de briques, tentes, chèvres, dromadaires. On arrive à Souakim, où j'ai débarqué du *Djoudi*, il y a... longtemps. Puis c'est la route vers Port-Soudan, rectiligne, bordée des tentes des nomades Bedjas, et sur la droite, l'épave d'un cargo vers laquelle j'avais marché lors de mon premier voyage (et failli mourir d'insolation) : rouillée rouge sombre, avec de hautes colonnes d'écume qui fument sur son flanc tribord, plus grande que dans mon souvenir (mais le souvenir que j'en garde se confond avec la photo de couverture d'une édition de poche de *Port-Soudan*, comme beaucoup de ce que nous appelons nos souvenirs ne sont que des souvenirs de souvenirs, où la vie que nous avons vécue se maintient en s'altérant et s'éloignant d'elle-même, jusqu'à devenir un roman). Peu de temps après, les tanks à pétrole et les portiques à conteneurs de Port-Soudan. Le trajet a duré douze heures, je vous l'ai faite brève.

Mon ex-amour russe était une jeune femme très extravagante, le contraire de moi, qui suis plutôt enclin à me fondre dans le paysage (pas par modestie, par une timidité où il y a de l'orgueil, et sans y parvenir, souvent). Buvant sec, fumeuse de pétards, dansant sur les tables, adorant plaire (tout le monde aime ça, mais chez elle c'était une vraie passion), et y parvenant sans difficulté. Fantasque, drôle, pas froid aux yeux, d'un égoïsme parfait — mais sans calcul, sans mesquinerie, naturel comme celui d'une renarde : c'était une renarde, gracieuse, rapide, cruelle sans le chercher. Je n'étais plus de taille. « Tu vas te brûler », m'avait-elle prévenu un soir où je la raccompagnais chez elle, ivre morte : c'était bien vu, et c'était peu dire. J'en ai fait, dans un autre livre, une chanteuse cubaine (les livres sont comme de grands cimetières, c'est encore Proust qui dit ça, mais sur les tombes, contrairement à lui, je peux lire les noms, que le temps n'a pas effacés. Une des — modestes — réussites de ma vie, c'est que les femmes qui l'ont traversée ne l'ont pas définitivement quittée). C'est elle qui m'avait dragué (j'y avais tout de même mis du mien), et les premiers mois furent ceux d'une joie ardente. Mais je manquais de la désinvolture qui sans doute, et paradoxalement, me l'eût attachée, j'étais un vieil amant anxieux (l'âge, contrairement à ce que je croyais, ne m'avait rien appris). « Sans l'incurable tendance du cœur humain à se poser des questions, j'aurais pu être suprêmement heureux », se souvient un personnage d'une nouvelle d'Henry James (il dit « heureuse », car c'est une femme). Eh bien, sans doute étais-je trop simplement, banalement humain... Il y eut un soir où sans avertissement elle me dit qu'elle n'avait plus de désir de moi (et moi, idiot : ce soir, ou pour toujours ? Et elle : pour toujours, je crois). Je revois ses yeux ronds, noirs sous un casque de cheveux hirsutes, son visage fermé, effrayé peut-être, un moment, de la violence de ce qu'elle vient de dire (même si peu de choses l'effraient). C'était à Tskaltubo, en Géorgie, un lieu que je n'aurais pu mieux choisir pour mettre en scène ma petite catastrophe privée (la der des ders). Dans la chambre 109 du seul hôtel encore en service de ce qui fut la grande station thermale de l'URSS. Tout autour ce n'était que ruines emphatiques, immenses carcasses blanches, dans la forêt, des palais balnéaires où les dignitaires communistes allaient prendre les eaux (si je dis « immenses », ce n'est pas pour coller un adjectif attendu : quand les Soviétiques décidaient de faire grand, ils n'y allaient pas avec le dos de la cuillère). Pillées jusqu'à la dernière latte de plancher, la dernière des milliers de fenêtres, la moindre pendeloque des lustres géants. Rotondes, colonnes, escaliers monumentaux, salles de bal minutieusement dévastées (si j'étais cinéaste, j'y tournerais l'après-midi chez le prince de Guermantes qui clôt la *Recherche,* et je vous assure que ce serait un beau film), vasques et piscines vides, jonchées de débris sous des verrières dont ne restaient que les armatures rouillées. Certaines ailes des palais fantômes étaient squattées par des réfugiés d'Abkhazie, on apercevait, derrière les bâches des fenêtres, des formes noires surveillant les intrus que nous étions. Sur un promontoire mais presque modestes à côté de ces fastes anciens, la maison de Staline, la salle de cinéma où il se faisait projeter les films américains dont il était amateur étaient également dépouillées de tout ce qui pouvait être emporté, et criblées de milliers de petites billes noires : des crottes de chèvres (que pouvaient-elles aller bouffer là ?). Eh bien tout ça, cette beauté abandonnée dans des parcs retournant à la sauvagerie, ces perspectives d'arches et de statues chiriquiennes, ces bassins où Staline et Brejnev venaient prendre des bains de siège, il semblait que ce n'eût été construit puis abandonné que pour offrir un décor convenable à mon petit drame sentimental...

Ce n'est pas par plaisir que j'évoque ces choses intimes. M'en ressouvenir n'est pas particulièrement agréable et, je l'ai déjà dit, je n'ai aucun goût pour la confession. Si je le fais brièvement, et aussi allusivement que possible, c'est parce que ce minimum-là est nécessaire à la poursuite de la géographie personnelle que j'ai entreprise. À partir des notes que j'ai prises sur cette histoire, je pourrais écrire un livre deux fois plus épais que celui-ci. Le malheur rend idiot, mais aussi infiniment subtil, observateur, coupeur de cheveux en quatre, rhétoricien, attentif (jusqu'à la folie) à la moindre nuance des messages qu'on reçoit, la plus légère intonation de la voix. Parmi les livres que je lisais alors, il y avait *Un amour*, de Buzzati, chronique des souffrances d'un avocat milanais épris d'une jeune prostituée, et j'y découvrais constamment, avec une espèce de reconnaissance, dans les deux sens du terme, des moments par lesquels je passais, des paniques de « lièvre affolé », des délires d'interprétation qui étaient miens. Je pourrais écrire autrement *Un amour*, il m'est arrivé de l'envisager, et par exemple lorsqu'à Shanghai, presque calmé (mais dans ce calme retrouvé commençait à naître le regret du temps où chaque instant semblait celui d'une lutte pour la vie), un changement de téléphone me fit tomber sur une série de messages anciens, dans lesquels elle me disait encore qu'on jouait avec le feu, que c'était elle qui allait se brûler mais qu'elle s'en foutait — et d'autres choses bien plus tendres, resurgies du silence ou du presque silence où nous étions désormais, de cet éloignement dont Shanghai n'était que la métaphore géographique. C'est là que je voulais en venir : ces choses intimes, je dois les évoquer parce que ce sont elles aussi, comme la mort des amis, qui vous désamarrent, vous rendent libre (et même désireux) de partir au diable. Je ne veux pas dire que la pérégrination (pour reprendre le titre d'un classique portugais) ne soit qu'une esquive mélancolique, des passions plus heureuses y invitent sans cesse, la curiosité et même, plus élémentaire encore, plus enfantin, le désir de *voir*. Mais il y a aussi, cela arrive et même de plus en plus, pourquoi le taire, de la mélancolie (de la tristesse dans le désir de « brise marine », c'est Mallarmé qui le dit). Bon, en voilà assez.

À Shanghai je n'allais pas seulement marcher dans les vieux quartiers, j'allais aussi (mais avec moins d'entrain) dans les endroits chics, je traînais dans le West Bund, visitais les anciens entrepôts transformés en espaces de galeries, l'espace Qiao qui appartenait au patron des karaokés de Shanghai et Pékin, un jeune type à tête de hérisson, l'air malin, qui nous offrit un verre, à Mei et moi (de l'eau minérale...), les aériennes voûtes de béton brut du Long Museum dont le propriétaire, qui avait commencé par être taxi, avait choqué non en achetant trente-six millions de dollars une petite coupe Ming, mais en buvant dedans, comme s'il s'agissait d'une vulgaire tasse à thé achetée chez Muji. Il me semblait souvent que ces lieux étaient du vide pour enclore du vide (gags, bricolages, vulgarités, pastiches), je voyais le fric déployer son faste ostentatoire, plus qu'aux premières œuvres de Damien Hirst, aux livres qui respiraient (*The books are being read*), à la bouche qui périodiquement crachait un jet d'eau (là un panneau signalait *Caution, wet floor*, mais ce n'était pas le titre de l'œuvre comme on aurait pu le penser), j'étais sensible aux belles filles-lianes en pantalon noir et chemisier blanc, l'air lointain, chargées d'accueillir le client que je n'étais manifestement pas, je regardais les hiératiques en longue robe noire, pâles, fardées de rouge, aller nonchalamment, ennuyées, d'un stand à l'autre, d'une salle à l'autre (et qui étaient elles aussi des manifestations du faste ostentatoire du fric — mais plus émouvantes à mon goût). Les œuvres que je trouvais belles, elles étaient anciennes, c'étaient, dans le sous-sol du Long Museum, les immenses rouleaux de soie peinte, minutieux et colorés, représentant les défilés militaires des empereurs, et surtout le vase portant dix mille variations du caractère signifiant « Longévité ». Puis un autre jour, pour changer d'air, je prenais la ligne 6 du métro jusqu'au terminus, Gangcheng Road. Voir la fin d'une ville, surtout d'une mégalopole comme Shanghai, est une tentation d'autant plus vive qu'elle est impossible à satisfaire, les villes ne cessant de s'effriter dans l'espace sans qu'on puisse jamais dire où elles s'arrêtent (sauf celles que coupe la mer, et c'est aussi ce qui rend si beaux les rivages urbains), mais c'était tout de même ce désir qui me poussait. À mesure que le métro avançait, il se vidait de ses occupants, et surtout de ses occupants citadins, remplacés par des péquenots aux visages cuivrés, coiffés de casquettes en simili noir ou de chapeaux coniques. La ligne devenant aérienne avant Wulian Road, on observait non la fin de la ville, mais sa dilution progressive, les tours laissant place à des touffes d'immeubles d'une quinzaine d'étages, minces, comme au garde-à-vous, puis des champs paraissaient, des cabanes, des serres sous des voiles de plastique, des canaux avec des barques et des pêcheurs. Au bout, non loin du confluent du Huangpu et du Yangtze, commençait une ville de ferraille, des murailles, des avenues, des labyrinthes de conteneurs que des semi-remorques emportaient dans un permanent fracas de tôle, portant sur leurs flancs tous les noms du commerce international, la poésie brute de la mondialisation, BAY LINES COSCO MAERSK CMA CGM HYUNDAI CK LINE YANG MING EVERGREEN CHINA SHIPPING DONG FANG TRITON LLOYD TRIESTINO KAMBARA KISEN HANJIN HAPAG LLOYD NILE DUTCH HAMBURG SÜD DONG JIN, on sentait qu'on était là (comme, plus encore, dans le nouveau port de Yangshan) à un nœud du grand corps du monde, un de ces points mystérieux (pour moi) qu'on voit figurer sur les plans anatomiques de la médecine traditionnelle chinoise. De l'énergie, du flux vital passaient par là. Il y avait cette intensité, on la percevait au ballet incessant des camions, au gong énorme de la tôle, et puis dans ce grand tohu-bohu il y avait aussi de petits recoins paisibles, de minuscules bistros pour camionneurs — une charrette, et sur un réchaud des plats mijotant qui n'avaient pas l'air mauvais —, un canal avec, sous un saule, un pêcheur au carrelet. Et plus loin encore, dans l'estuaire du Yangtze, il y avait la grande île de Chongming où je m'étais promené à vélo entre les champs de tournesol avec Yuan, ma minuscule traductrice, et je la trouvais jolie avec sa grande jupe verte et son maillot rayé de petit marin.

Les hauts troncs moussus des pins, des érables, des cèdres, donnent au sous-bois de Cates Park l'apparence d'une forêt de totems, tels ceux qu'on voit au très beau musée d'Anthropologie de Vancouver, sur la côte du détroit de Géorgie, face à l'île Gabriola. Dans l'ignorance où on est (où je suis) des cultures indiennes de la Colombie-Britannique, les cartels plongent dans une poétique perplexité : « Ours avec être humain et grenouilles dans les oreilles, loup entre les oreilles, être humain et créatures inconnues », « Créature inconnue dont la bouche sert de porte-oiseau de l'Oiseau de Tonnerre », ou encore « Femme sauvage (*Tsonokwa*), ours tenant cuivre, otarie avec oiseau et humain dans sa queue, corbeau portant lumière ». Je songe, avec la futilité qu'autorise mon ignorance, que je me verrais bien en ours avec un loup entre les oreilles et, dedans, un être humain et des grenouilles (les grenouilles, je n'y tiens pas tellement). C'est un poteau sculpté du village de Ninstints, dans l'île de SGang Gwaay Llnagaay, « l'île de la Morue rouge ». Chaque musée, surtout ceux qui sont éloignés de notre vieille Europe, est une invitation à reconnaître l'étroitesse de notre vision du monde. « Toute civilisation est une impasse », disait Michaux. Je ne suis pas capable d'avoir la moindre pensée face à ces mâts bruissant de « confuses paroles », si ce n'est celle, banale (mais nécessaire), de l'effacement presque complet de la vie animale, des significations multiples qu'elle porte (que nous lui prêtions, que nous en apprenions) dans nos représentations, des *voies* (pour reprendre une expression de mon ami Jean-Christophe Bailly) qu'elle ouvre dans le monde. Je suis, nous sommes des vivants dont une part a été effacée. Un concert immense, nous n'en entendons plus les sons étranges. Un des premiers textes dans notre langue, le *Roman de Renart*, est pourtant un vaste bestiaire — même si ce sont des bêtes humanisées, mais cette humanisation même postule entre elles et nous quelque correspondance. La réduction des animaux sauvages à l'état résiduel de curiosités touristiques est un des grands mouvements vers le pire qu'aura connus l'époque de ma vie. Pas un de ceux dont on parle le plus, même si on commence à s'en émouvoir. Pour un archéologue ou un paléontologue du trentième siècle, mettons, s'il y a encore dans ce temps des gens qui se préoccupent de sonder le passé, cette disparition paraîtra sans doute plus significative que les décombres des guerres de Syrie (et je ne dis pas cela pour en diminuer l'importance actuelle, ni l'horreur).

De même, à Shanghai, au très beau musée Aurora (dessiné par Tadao Ando), je ne pouvais que rester ébahi, interdit (le mot dit bien l'exclusion de tout rapport vrai) devant les poissons, les phénix, les paons, les dragons dont le nombre de griffes disait l'époque où ils avaient été peints au cobalt, au smalt, m'expliquait dans un anglais effroyable la très sympathique guide qu'on avait cru bon de m'adjoindre (j'étais le seul visiteur). Ailés, crêtés, cornus, écailleux, à face de chien ou de singe, à gros yeux, lovés sur les flancs des vases, au fond des plats. Il n'y avait guère que le mort de la dynastie Han, dans son suaire de plaques d'or cousues, pour éveiller en moi ces rapports par lesquels nous pensons (avec un gisant, en l'occurrence, si ce n'est qu'il n'avait pas les mains jointes). Par les longues baies on voyait, par-delà le Huangpu sillonné de barges noires à drapeau rouge, les immeubles Art déco du Bund et les tours mastoc autour de Yan'an Road.

Les nuages filent au ras de l'eau de Burrard Inlet, s'effilochent dans les hauts arbres. Paysage de *rainforest* qui est celui de maints tableaux d'Emily Carr, une artiste en marge qui vivait dans la région avec ses chiens, les arbres et les totems indiens (les deux se confondant souvent dans sa peinture). C'est ici, au nord de Vancouver, que Malcolm Lowry, dont la vie fut un enfer, avec l'alcool pour dragon, trouva une assez longue période de relative paix, dans un *shack*, une cabane au bord du fjord de Burrard. Ici qu'il réécrivit inlassablement *Au-dessous du volcan*. Comme c'est un des livres qui font partie de ma petite bibliothèque portative, je souhaitais connaître Eridanus — c'est ainsi qu'il nomme ce rivage, dans *October Ferry to Gabriola* (je cite le titre en anglais, car je n'aime pas sa traduction française). Une invitation incongrue mais bienvenue à la Foire du Livre de Vancouver (personne n'avait jamais entendu parler de moi, a fortiori lu une ligne de moi) me permit de réaliser ce vœu. Un cargo qui s'appelle *Nefeli*, « Nuage », navigue sous les feuillages flamboyants des érables. Un autre est au mouillage devant l'entrée d'Indian Arm. On entend les klaxons-orgues, profonds, vibrants, de trains dans la brume : Vancouver est tout près, derrière la forêt. La cabane de Lowry et de sa femme Margerie n'est plus là — ni la première, qui avait brûlé, et le manuscrit du *Volcan* avait été sauvé de justesse, ni la seconde, construite par eux (c'était un ivrogne à carrure de bûcheron). Il n'y a plus aucune cabane au bord de Burrard Inlet, seulement une plaque vissée sur un rocher luisant d'humidité, signalant qu'ici a vécu l'auteur d'un livre *often declared one of the great novels of this century*, « souvent tenu pour un des grands romans de ce siècle » (on sent une certaine réserve dans cet *often declared*). Un mince *creek* d'eau limpide bondit sous les fougères. En aval, la petite raffinerie Shell est toujours là, elle — « La plus belle des raffineries de pétrole », dit-il dans un poème. Belle, peut-être, n'empêche qu'un jour, raconte-t-il aussi (invente-t-il, sans doute), le « S » lumineux rouge s'étant éteint dans la nuit, elle est devenue un signal de l'enfer, *Hell*. L'enfer, pour Lowry, n'était jamais loin, et il allait bientôt le rejoindre pour mourir au milieu du verre brisé d'une bouteille de gin dans un village du Sussex. Mais là, à Eridanus, il était aussi bien qu'il pouvait l'être, si on l'en croit. Le jour s'y lève dans des flammes blanches au-dessus de la forêt, qui sont comme l'antipode de « la ville de la terrible nuit », Quauhnahuac/Cuernavaca, la « roue turquoise de l'eau » dans laquelle il plonge, « l'onde la plus limpide, la plus profonde, la plus régénératrice », font oublier un moment l'enfer du mescal, du delirium et des fascistes mexicains. Oublier, non, quel verbe idiot est venu sous mes doigts... Mais souffler un peu, le temps de trouver la voix qui convient pour la mort.

Lowry, j'avais retrouvé autrefois, à l'époque où je travaillais pour des journaux, quelques marins survivants du cargo français, un *liberty ship* nommé *Brest*, qui l'avait ramené de Vancouver au Havre l'année de ma naissance — voyage dont il a tiré le long récit intitulé *La Traversée du Panama*. Le canal, le récit de Lowry me font me souvenir qu'il m'est arrivé il n'y a pas si longtemps une des pires choses qui puissent arriver à un écrivain : perdre un de ses carnets de notes, certaines prises, justement, au cours d'un séjour au Panama largement placé sous l'invocation de Lowry et de Cendrars, dont j'aime *Le Panama ou les aventures de mes sept oncles*, que m'avait fait connaître mon ami Serge. Je dis « une des pires choses », la pire étant évidemment de perdre un manuscrit, mésaventure dont Lowry était presque coutumier. Différentes déductions m'ayant fait penser que j'avais sans doute oublié ce carnet dans un avion d'Air France entre Amsterdam et Paris, je me suis adressé au service des objets trouvés de cette compagnie, et je ne souhaite à personne d'avoir à faire cette expérience : au terme de nombreux échanges de mails, on m'annonça qu'on avait retrouvé l'objet. Soulagement, joie. Je me rendis à Roissy pour qu'on me le restitue, et là, après une longue attente, on me dit qu'on ne le trouvait plus mais qu'on l'enverrait à mon domicile. Reconnaissance. Le surlendemain, on me demanda si j'étais satisfait d'avoir récupéré mon « o. t. » dont je n'avais toujours pas vu la couleur (noire). Finalement (j'abrège beaucoup ce rapport, qui n'est là, je le reconnais, que pour satisfaire une petite vengeance), on me fit savoir que le carnet avait sans doute été détruit. Désespoir. J'ai pensé essayer de le reconstituer de mémoire, pour finalement y renoncer : déjà les impressions vraies avaient commencé de s'effacer, je ne trouverais donc plus aucun mot pour aller aux choses. Je me souviens qu'y étaient relatés une visite à des *comarcas* indiennes du côté de la péninsule de Darién (l'une d'elles où Le Clézio avait passé du temps), des dialogues avec des caciques en jeans et des femmes aux bras, au cou, au menton peints de noir, graves et intelligentes, l'émerveillement devant la violence verte de la végétation, la patiente attente du passage d'un cargo dans les écluses de Miraflores. Il y avait encore des notes prises au cours d'un séjour à Oman, la surprise de roseraies irriguées par des canaux de pierre dans les montagnes arides, le sentiment, sur le port de Sour, aux blanches murailles sur l'eau émeraude, devant les doux évasements de teck des boutres en construction dans le dernier chantier traditionnel, de me trouver chez Sindbad le marin (qui était plutôt de Bassora), la gêne ressentie devant l'invasion des souks de Mascate par les passagers d'un paquebot de croisière en escale, tous vieux, gras, diversement roses, tous en short (et pourtant je ne suis pas, on l'aura compris, un partisan de la mode islamique). À *Beit Fransa*, l'ancien consulat, où j'avais parlé, j'avais pu constater que la vie d'un consul de France au début du siècle dernier n'était pas une sinécure : le registre manuscrit des représentants de la République mentionnait qu'on avait dû rapatrier l'un, « devenu fou pendant son séjour à Mascate », qu'un autre était « décédé par suite furonculose etc. (climat) », tandis qu'un troisième avait carrément été, après un mois de séjour, « assassiné par un coup de chaleur ». À La Réunion où un employé de la mairie de Saint-Pierre, grande gueule, sympathique et communiste, s'arrêtait dans chaque bistro de sa connaissance, lorsqu'il me conduisait à travers l'île, pour me faire goûter un nouveau genre de rhum, je me souviens d'être passé un soir devant un bar d'où s'échappaient les accents d'un tube bien oublié de Daniel Balavoine, « Je m'présente je m'appelle Henri / J'voudrais bien réussir ma vie », et m'être demandé, ironiquement, si j'avais réussi la mienne (réponse en délibéré). Et il y avait encore des notes sur un séjour au Maroc. Bref, ce carnet disparu était pour moi un trésor (comment l'ont-*ils* détruit ? Dans une broyeuse ? Une benne à ordures ?), qui mérite bien, en guise de dernier hommage, de stèle commémorative, cette longue digression dans les digressions.

Lowry était donc arrivé au Havre, sur le *Brest*, en décembre de l'année de ma naissance. Le port et la ville étaient encore à moitié détruits par la guerre (Richard Peduzzi évoque ces ruines dans son beau livre *Là-bas, c'est dehors*), et en outre paralysés par les grandes grèves quasi insurrectionnelles de l'automne 1947. (J'ai toujours un peu de mal à penser que je suis né dans ces temps si marqués par les guerres anciennes, la guerre mondiale qui venait de s'achever et la guerre froide qui commençait. Ma venue au monde coïncide à quelques jours près avec le discours de George Marshall annonçant le plan qui porte son nom.) Le *Brest* avait pu accoster, me racontèrent l'ex-premier lieutenant et le radio, que j'avais retrouvés dans leurs retraites bretonnes, parce qu'on était à la veille de Noël et qu'il y avait dans sa cargaison des jouets offerts par les syndicats de dockers américains à leurs collègues français (souvenir de *Sur les quais*, avec Brando et Eva Marie Saint, la plus belle de toutes les beautés américaines...). Les deux anciens du *Brest* (qui dans le récit de Lowry s'appelle *Diderot*) se souvenaient bien de leur passager. « Il avait une bonne tête d'Anglais », selon le radio, « costaud, rouquin. Des mains deux fois grosses comme les miennes ». Comme à son habitude, il était noir la moitié du temps (*La Traversée du Panama* est tendue par l'angoisse de ne pouvoir trouver du whisky ou du rhum aux escales) : « En général, le matin et le début de l'après-midi, ça allait encore. Mais, quand venait le soir, il était sous pression. Il marchait pas par bouteilles, il marchait par cartons », se souvenait encore le radio, qui ajoutait : « Il était bien tombé sur ce bateau-là. » Lorsque parut le long article que je consacrais à leurs souvenirs de cette traversée, l'ex-premier lieutenant et le radio furent choqués que je laisse entendre que l'équipage du *Brest* ne carburait pas à l'eau minérale — c'est pourtant ce qu'ils m'avaient dit — et je fus peiné de les avoir peinés.

À Mexico j'avais rencontré le traducteur mexicain du *Volcan*, qui était le sosie de Roger Martin du Gard, portait nœud pap, blazer croisé et chaussures bicolores et parlait un français parfait, appris en lisant des livres pour se désennuyer de son métier d'assureur. Son amie, une princesse bulgare, faisait des cuirs dignes du directeur du Grand Hôtel, du genre « On aurait entendu violer une mouche ». J'avais rencontré aussi Álvaro Mutis, sans doute à la même occasion, celle d'un déjeuner à l'ambassade où l'ambassadeur, sans doute mal briefé par son conseiller culturel, m'avait pris pour Jean-Christophe Rufin (à qui je dois donc cette invitation). Dans ces cas-là, on est toujours tenté de laisser faire, se disant que ça ne tire pas à conséquence, mais comme l'Excellence insistait, me parlait de mon prix Goncourt, j'avais dû me résoudre à le détromper, ce qui avait causé une visible déception, et jeté un froid (il m'est arrivé aussi, on se demande pourquoi, d'être pris pour Pascal Quignard par un conseiller culturel à Lisbonne). Ce déjeuner n'avait pas été un franc succès, d'autant qu'Álvaro Mutis (en l'honneur de qui, et de Rufin, donc, il avait été organisé) roupillait au bout de la table, le menton sur la cravate (je ne sais plus s'il en portait une). Cela s'expliquait aisément car on m'avait prié de passer le prendre dans sa belle maison de San Ángel, non loin de chez Frida Kahlo et Diego Rivera, et il m'avait fait les honneurs de ce qu'il appelait sa « bibliothèque de tequilas » (et que Neruda, paraît-il, appelait Bogotá, j'ai oublié pourquoi), une petite pièce tapissée de bouteilles de haut en bas. Et il m'avait fait goûter ses préférés — le seul tequila, professait-il, vient de Guadalajara (c'est lui qui m'a appris que tequila au Mexique est du masculin — une boisson d'homme, comme dit Lino Ventura dans *Les Tontons flingueurs*) —, ainsi nous étions arrivés au déjeuner à moitié faits, et lui-même un peu plus que ça. C'était, autant que je me souvienne, un vieux forban sympathique, qui avait navigué sur des pétroliers, fait de la taule pour avoir jeté par les fenêtres l'argent des autres (celui d'Esso, en l'occurrence, ce qui n'est pas si grave que ça) et fini couvert de prix et de décorations. Il y avait aux murs de sa maison des photos de Larbaud, Conrad et Céline, et à l'extérieur, côté jardin, une imitation de plaque de rue parisienne, en émail bleu, portant « Avenue Louis-Ferdinand Céline ». Je lui avais donc raconté, sans doute en descendant des tequilas, à moins que ce ne fût dans la voiture qui nous menait à l'ambassade, lui et moi (le pseudo-Rufin), comment bien des années auparavant j'avais visité, envoyé par les pages littéraires d'un journal, le repaire de Céline au Danemark.

Fanehuset (nom qui veut dire « maison du drapeau » ou « du diable » — j'opterais pour la seconde traduction) était, près du port de Korsør, une petite maison au toit de chaume, aux murs rouge framboise, à la porte et aux encadrements de fenêtres bleus, qui avait été, m'avait-on dit, une auberge du temps de la guerre de Trente Ans. Au bout d'un verger planté de pommiers, la Baltique gelée, sur laquelle les ferries semblaient de grosses mouches dans du lait. Pas du tout la masure infâme, le paysage déprimant dont Céline ne cessait de se plaindre. À l'intérieur, j'avais exploré sa bibliothèque — Mac Orlan, Jérôme et Jean Tharaud, La Varende, Jacques Chastenet, Chardonne, Georges Duhamel, Bainville, Pierre Loti, Simenon : un petit monde littéraire dans lequel François Mitterrand n'eût pas été dépaysé. Et puis, qui détonnait un peu, Henri Calet. Un escalier très raide montait aux chambres lambrissées sous le toit, d'où l'on découvrait le Grand Belt. Des cygnes se dandinaient sur la glace. J'avais rencontré plusieurs personnes qui avaient connu Céline au Danemark, à des titres divers : Per Federspiel, résistant qui avait été l'un des organisateurs, en 1943, de l'évacuation des Juifs de Copenhague vers la Suède, avant d'être « ministre des Affaires spéciales » à la Libération, avait eu à ce titre à traiter des demandes d'extradition françaises. « Quand son dossier est arrivé dans mon bureau, m'avait-il dit, je l'ai mis sur un radiateur, et j'ai dit à mon secrétaire : il reste là jusqu'à la troisième relance du ministère de la Justice. Et s'il tombe derrière, eh bien, on dira qu'il s'est perdu. Mais il n'y a pas eu de relance. » D'une élégance nonchalante dans sa vieille veste de tweed, parlant couramment le français, l'anglais, l'allemand, entouré de livres dans son bureau dont les fenêtres laissaient voir les branches noires des sapins secouer leur faix de neige, l'ancien ministre des Affaires spéciales respirait le charme discret des bourgeoisies cultivées et tolérantes du Nord. Tout l'opposé, humainement, socialement, de Céline. « J'avais beaucoup parlé avec lui, m'avait-il dit encore, et j'avais l'impression d'une personnalité que je n'aimais pas beaucoup. Il était contre tout. Lorsqu'il parlait, c'était comme des coups de foudre, des explosions. Mais en même temps, il pouvait parler des arbres. Un homme dramatique et lyrique... » Il l'avait fait mettre en prison pour le sauver du peloton qui probablement l'attendait en France : il n'aurait pas aimé, m'avait-il encore dit, être responsable de l'exécution d'un écrivain. Bien différente était l'ancienne libraire de la Librairie française, madame Thomassen. Elle n'avait jamais pu lire *Voyage au bout de la nuit*, mais ne se cachait pas d'adorer les pamphlets : « *Bagatelles*... m'a beaucoup amusée. » Tiens donc... (Curieusement, le plus beau compliment qu'elle eût reçu dans sa carrière venait, selon elle, de José Corti, à qui les pamphlets ne devaient pas paraître très drôles : « Il m'a prise un jour dans ses bras en m'appelant "notre phare en Scandinavie". ») De Céline, elle gardait le souvenir d'un type mythomane, un peu vaniteux, « grossier comme un pain d'orge », ingrat vis-à-vis des Danois qui l'aidaient. « Il est parti sans dire au revoir ni merci. » Elle lui avait écrit en France, il n'avait jamais répondu. Elle en gardait de l'amertume. « Il était un peu détraqué. » C'est le moins qu'on puisse dire.

D'une autre trempe morale était l'écrivain argentin Ernesto Sábato, qui m'avait reçu dans sa maison de Santos Lugares, un quartier de cheminots dans la banlieue de Buenos Aires. Le train qui menait chez lui était plongé dans l'obscurité (seule clignotait dans le wagon, souhaitant bon voyage aux passagers avec cette insistance des images pieuses de la religion ou de la politique, Nuestra Señora de Luján), il traversait des faubourgs noirs sous la pluie, faisait tinter les cloches des passages à niveau, s'arrêtait dans une petite gare en planches du genre de celles qu'on voit dans les westerns. Avec sa grande église en brique et ses maisons ouvrières, Santos Lugares avait quelque chose d'un coron du Nord. C'était très peu de temps après le rétablissement de la démocratie en Argentine, des militaires factieux se soulevaient périodiquement, trouvant qu'on ne traitait pas avec assez de déférence une armée qui non contente d'avoir torturé et assassiné des milliers de supposés « subversifs », venait de perdre une guerre. Les murs étaient pleins d'inscriptions réclamant justice pour le sang versé. La maison de Sábato était surveillée par des policiers dont rien ne prouvait qu'ils n'eussent pas eux-mêmes été au moins complices des assassins. Sábato était un petit homme sec, nerveux, à la moustache blanche hérissée, aux yeux protégés par d'épais verres fumés. Il m'avait reçu avec une grande bienveillance (allant jusqu'à me féliciter pour l'usage que je faisais de l'imparfait du subjonctif en espagnol, usage qui selon lui se perdait...). Si jamais il y a dans l'œuvre d'un écrivain quelque prémonition de ce qui va advenir (comme le soutient avec ingéniosité Pierre Bayard dans *Demain est écrit*), c'est bien dans la sienne : le cœur de *Héros et tombes*, l'un des trois seuls romans qu'il n'ait pas détruits, est constitué par le « rapport sur les aveugles », enquête paranoïaque sur une conspiration de forces obscures dont les aveugles seraient les agents : il devenait aveugle (comme cela était arrivé à Borges, qui ne l'aimait guère et c'était réciproque), et, en tant que président de la Commission d'enquête sur les disparus, il venait de rendre au président de la République nouvellement rétablie un rapport qui l'avait plongé dans l'enfer des escadrons de la mort et des centres de torture clandestins. Sa tendance à la mélancolie et même à la dépression n'en avait pas été apaisée. Ce qui s'était passé en Argentine était une catastrophe politique, me disait-il, mais surtout une expérience du mal, du démoniaque. C'était un grand admirateur de Dostoïevski, dont un portrait dû à ses pinceaux (avec ceux de Kafka, de Nietzsche, de Virginia Woolf) était accroché au mur : la cécité venant, il s'était éloigné de l'écrit pour se remettre à la peinture, qu'il avait côtoyée dans le Paris d'avant-guerre, avec Matta et Oscar Domínguez, notamment (à vrai dire, je n'aimais pas beaucoup ses tableaux). Ses romans, me disait-il encore, étaient des voyages en enfer, si bien que rien des horreurs sur lesquelles il venait d'enquêter ne l'avait vraiment surpris : « Je n'ai rien appris. » Il avait été physicien, avait travaillé à Paris avec Irène Joliot-Curie, avait fréquenté les surréalistes, connu Breton, été séduit par le communisme mais s'en était éloigné dès avant la guerre, bien avant la plupart des intellectuels français de son époque, il avait été l'ami, à Buenos Aires, de l'exilé Gombrowicz que la bonne société littéraire (celle de

Borges par exemple) rejetait (il faut dire que ça ne devait pas être facile d'être ami avec Gombrowicz), il avait brûlé la plupart de ses écrits, publié trois romans dont deux au moins resteront (pour moi en tout cas), tâté de la peinture, été la voix des *desaparecidos*, des disparus, des torturés, de ceux qui ne « reparaîtraient pas en vie », comme l'exigeaient les slogans peints sur les murs, mais dont la mémoire ne s'effacerait pas tout à fait grâce à lui (pas seulement à lui). S'il lui est arrivé avant de mourir de se demander, comme moi entendant une vieille chanson de Balavoine à La Réunion, s'il avait « réussi sa vie », il me semble qu'il aurait dû apporter à cette vaine question une réponse apaisante. Mais tel que je l'ai (peu) connu, tourmenté comme il était, cela m'étonnerait.

On escorte des camions de farine sur la piste du mont Igman. Les VAB, des transports de troupes blindés, cahotent sur leurs énormes pneus, toutes écoutilles fermées. À l'intérieur il fait une chaleur d'enfer, les rugissements du moteur, les crachotements de la radio obligent à hurler les rares mots qu'on échange. On se tient aux poignées qui pendent du plafond pour éviter de valdinguer, on se laisse aller un peu l'un contre l'autre. On ne voit rien, on n'y comprend rien : ça avance puis ça s'arrête, interminablement. Je tiens sur mes genoux le portrait de Malraux par Gisèle Freund que Francis a commandé. La mèche au vent, la cigarette que les Postes effaceront plus tard sur le timbre gravé d'après la photo. Encadré, sous verre, surtout ne pas le laisser tomber, Francis en ferait une maladie. On s'arrête dans la forêt, près de l'ancien hôtel olympique incendié. Il y a un tremplin pour le saut à ski. On mange des rations de combat, encouragés par un colonel très aimable. Jane fait un tabac, pose au milieu des troufions. On attend la nuit. J'essaie le téléphone satellitaire — à l'époque, autant que je me souvienne, ce machin pèse le poids d'une grosse machine à écrire. Francis passe des heures à parler au téléphone d'une voix lugubre. Il fait nuit, le ciel fourmille d'étoiles entre les grands sapins. On repart, tous feux éteints. Au bout de six heures et demie de crapahutage, sans autre pépin qu'un choc contre un rocher, on aperçoit par les petites lucarnes arrière des murs criblés, délabrés, de rares porteurs de seaux d'eau se hâtant le long de rues désertes. On est à Sarajevo.

Jane a coutume de dire, à sa manière poétique, qu'« on s'est connus dans un tank », et c'est presque vrai. Sauf que le VAB n'est pas tout à fait un tank, mais enfin ce n'est pas non plus une Ford Mustang. La veille on est à Split, dînant avec une tablée de casques bleus flamands. Un ventru boute-en-train descend dans la piscine de l'hôtel, portant un plateau avec des verres sur sa main retournée, comme un garçon de café. Puis le même, un rigolo décidément, danse torse nu, une nappe autour des reins. Enfin, on s'amuse... Les soldats demandent à Jane de poser pour une photo avec eux puis, gentils, nous paient une bouteille. Elle choisit le vin le moins cher, nommé *Babič* : dégueulasse. Ce qu'elle dit, elle le dit avec une extrême fougue et délicatesse à la fois. Elle jouait Andromaque à Londres, et elle se demandait si elle ne devait pas aller à Sarajevo pour comprendre ce que c'est qu'une ville assiégée. Elle a de la chance, dit-elle, beaucoup d'autres gens voudraient pouvoir faire ce qu'elle fait (j'en doute fortement). Je la trouve drôle, anxieuse un peu, d'une simplicité que je n'ai pas moi (elle ne craint absolument pas de montrer son ignorance de la situation), courageuse. Belle.

À Sarajevo, on enterre la nuit, pour ne pas être une cible. On assiste à un enterrement au cimetière de Bare, sur une colline. La ville en dessous fait une masse d'ombre voilée d'une légère brume, qu'irise une demi-lune passant entre les nuages. Devant nous une forêt de stèles blanches, certaines enturbannées à l'ottomane, entre lesquelles volettent des lucioles, comme des âmes. Une douzaine de types sont accroupis sur la route pâle autour du mort couché sur un brancard, sous un linceul blanc. L'imam psalmodie très doucement. Puis ils chargent le brancard à l'épaule, entrent dans le champ des morts, où la fosse a été préparée. Bruit de la terre tombant sur les planches qui font un toit au-dessus du corps. Un tertre se forme, et alors Jane a un geste que je trouve beau : elle se met à genoux près du tertre, et pousse la terre avec ses mains. Sans se demander si une femme parmi les hommes, si ceci ou cela, comme moi, compliqué et hésitant, je l'aurais fait. À un moment, elle veut filmer, et je l'arrête : la petite lumière rouge de la caméra peut attirer l'attention d'un sniper. Depuis elle prétend que je lui ai sauvé la vie, ce qui est évidemment très exagéré (mais généreux). Je n'ai sauvé la vie de personne. J'aimerais bien, mais ce n'est pas le cas. Quelques mots sur la tombe, et tout le monde file, se fond dans la nuit. On entend des détonations lointaines, qui réveillent des chiens, puis un coq. Sur la route du retour, une voiture des Nations unies est pliée contre un poteau, son chauffeur blessé, en face d'un petit blindé peint de blanc.

(Une autre fois, j'ai « sauvé une vie ». Pas tout à fait, mais un peu plus véridiquement tout de même. C'était en

Mongolie-Intérieure, sur une piste serpentant à flanc de colline entre des bois de bouleaux dorés par l'automne. En contrebas coulait la rivière Argoun, et de l'autre côté une plaine marécageuse s'étendait jusqu'à d'autres collines bleues : la Russie. Nous avions rencontré un couple avec leurs mères respectives, deux petites vieilles très pétulantes, coiffées de bérets. Ils avaient demandé à nous suivre car ils craignaient de se perdre. C'était une nouvelle espèce de Chinois : pratiquant le tourisme intérieur, bardés d'appareils photo, dans un gros 4 × 4 BMW. À un moment, halte sous une butte très raide. L'une des grands-mères, âgée de soixante-dix-huit ans, se lance dans l'ascension qui me laisse moi cœur battant, souffle court. Un point de vue, elle ne va pas rater ça. Arrivée au sommet, rigolarde, elle me tâte cuisses et mollets pour voir si je suis OK. On redescend, moi devant car tout de même j'ai un pressentiment. Et en effet, à quelques mètres du bas, elle dérape sur une pierre, tombe, roule sur la pente presque à pic où je parviens à la bloquer. Elle se relève au bout de quelques minutes. Un gros hématome au front, rien de cassé apparemment. Je suis devenu un héros. « Le *Fagouo* (Français) m'a sauvé la vie ! » Elle est enthousiaste. Son gendre m'offre en remerciement un énorme pamplemousse. Au bled le plus proche, Taï Ping Tun, le « village de la Grande Paix », une vingtaine de baraques à toits de tôle, nous buvons ensemble de l'alcool de myrtille sous un portrait de Gengis Khan. Dehors, garé comme une voiture devant le bistro, un chameau dodeline des bosses. Elle était agronome, a vécu la Révolution culturelle dans une ferme d'État. « Mais on ne s'est pas laissé faire. » Pas l'air d'être du genre à ça, en effet.)

Un qui ne voulait pas se laisser faire non plus, à Sarajevo, c'était ce prof que j'ai déjà évoqué et qui allait tous les matins à son bureau dévasté, dans l'université sans étudiants, simplement pour ça, « ne pas se laisser faire » — c'étaient les mots qu'il avait employés. Il s'appelait Faruddin Kreho, était maigre, malade déjà peut-être, parlait d'une voix basse, avec un sourire triste. La veille du jour où on l'avait rencontré, des obus étaient tombés à trente mètres de chez lui, un éclat s'était fiché juste à l'endroit où il était assis cinq minutes auparavant. Lui qui ne buvait pas d'alcool, il s'était tapé un cognac chez Indi, le bistro où on se retrouvait. Ce que la guerre nous a appris, nous disait-il, c'est que les biens matériels n'ont aucune importance. Ma voiture a été criblée d'éclats, je m'en fous. Elmedina non plus ne voulait pas se laisser faire, elle continuait à traduire *Madame Bovary*, regrettant qu'il fût impossible de travailler la nuit, car il n'y avait pas d'électricité. Des hommes étaient morts, nous disait-elle, en continuant à cultiver le verger d'où venaient les griottes de la confiture qu'elle nous offrait. Son rêve était d'aller voir la mer. Et Zlata non plus ne voulait pas se laisser faire. Pendant qu'on parlait avec elle, on se baissait instinctivement en entendant le piaulement des obus qui passaient au-dessus du toit à moitié arraché de l'école numéro un, dont elle était la directrice. Au tableau étaient affichés les adverbes de manière en « -ment ». Délicatement, difficilement... elle aurait pu écrire « courageusement ». Les élèves travaillaient dans les couloirs, les salles de classe étaient trop dangereuses. Cela l'aidait de continuer à travailler, disait-elle, pour son mari qui était à la retraite c'était plus dur. La guerre a servi à rapprocher les profs et les élèves, disait-elle encore : « Maintenant nous sommes des amis. Ces pauvres enfants privés de leur jeunesse, il faut au moins qu'ils puissent terminer leurs études. » Almasa habitait dans une tour dont beaucoup de fenêtres avaient été soufflées. « Chaque fois que nous sortons, nous disait-elle, on ne se dit plus au revoir mais fais attention. » Ses parents, âgés et malades, n'étaient pas sortis de l'appartement depuis trois ans : « Ils ne sont coupables de rien, mais ils sont emprisonnés. » Un bocal rempli d'eau et d'huile sur quoi flottait une bougie lui servait à lire la nuit : « On a besoin de lire, n'est-ce pas ? »

Kanita, qui était architecte, son mari avait été touché par un éclat d'obus de DCA alors qu'il regardait la télévision chez eux, elle à ses côtés. Il avait survécu quatre jours. « Maintenant je reste seule dans cette maison vieille de trois cents ans, je ne veux pas la quitter, même si mon mari y est mort. » C'était une belle maison très orientale, au sol couvert de tapis, aux meubles arabisants. Kanita n'avait pas bouché le trou par lequel était entré l'obus. Il était dissimulé derrière un miroir du salon. Dans le petit jardin, entre les légumes qui avaient remplacé les roses, sous la treille, une tente : « C'est là que nous prenons nos vacances d'été. » Elle n'avait pas eu le temps de pleurer, disait-elle, elle avait dû réfléchir au moyen de survivre avec son fils. Elle avait ouvert un petit café au rez-de-chaussée de sa maison, mais il fallait trouver du café, du sucre, du bois de chauffage, de l'eau. « Il y a une source près de chez moi, j'ai de la chance. Ici nous avons inventé tout pour vivre sans rien. Rien de civilisé, je veux dire. » Son mari était musulman elle catholique, ils s'étaient rencontrés lorsqu'elle avait seize ans (elle nous montrait une reproduction de *La Liseuse* de Fragonard : « C'était exactement moi à cet âge-là »), ils avaient dû se battre pour leur amour, ils étaient devenus, disait-elle, « une légende à Sarajevo ». Lorsqu'il était mort, le médecin lui avait conseillé de ne pas le dire à son fils, mais elle ne voulait pas commencer les mensonges. « Je lui dis combien nous l'aimions, nous voulions l'avoir. Ce n'est plus un enfant, même s'il n'a que six ans. Les enfants grandissent vite ici. Il me demande si j'ai pu trouver du bois, de l'eau, quand je rêve d'une robe à cent marks il me dit que je ferais mieux d'acheter du café ou du bois. Si la maison brûlait, je voudrais sauver un vieux tableau, et lui me dit que je suis folle, qu'il faudrait emporter des assiettes et des couverts pour manger. » Kanita chantait dans un chœur, lisait de la poésie. « On essaie de rester normaux », disait-elle, ajoutant que si elle ne croyait pas en Dieu elle deviendrait folle. « Je suis toujours très optimiste, c'est un genre de maladie, non ? »

Une maladie dont je suis exempt, mais dont était atteint Alex, en compagnie de qui j'avais passé une journée à Batoumi, au bord de la mer Noire. C'était encore l'Union soviétique. Les choses allaient-elles changer, tout ce monde de choses ternes, de conformisme, d'interdits pour lequel il éprouvait une aversion sarcastique, allait-il sinon disparaître (personne à l'époque ne prévoyait ça vraiment), au moins se transformer ? *Dum spiro spero*, me répondait-il. Tant que je respire, j'espère. Et en fin de compte il n'avait pas tort, ce monde a disparu — pour un autre qui n'est peut-être pas tellement plus vivable. Je ne me souviens plus comment je l'avais rencontré, mais je sais que nous avions passé une bonne partie de la journée à zoner dans Batoumi, par une chaleur d'enfer, allant d'un bistro à l'autre qu'il ne trouvait jamais assez bien, pour échouer en fin de compte dans une espèce de cantine à soldats décorée de portraits de Lénine et de Staline et de tout ce qui s'ensuit (fusées, tanks, etc.), où on nous avait servi deux bouts de viande nageant dans du bouillon et un jus de mandarines couleur de miel sombre qui était la bonté divine. Notre errance nous avait menés au cimetière, où il désirait visiter la tombe d'un ami à lui, un avocat joueur de cartes (une photo sur la stèle le montrait barbu, accoudé à sa Nissan. Je ne me souviens plus si sa mort était une conséquence de sa passion du jeu, de la Nissan ou d'autre chose). En chemin on avait été coincés par l'interminable manœuvre d'un train de cochons dont un des wagons transportait aussi, assises dans la paille, jambes ballantes gainées de chaussettes russes, trois vieilles femmes — les trois Parques ? Puis il avait voulu me montrer la maisonnette de Staline, rue Pouchkine. Trois pièces, une véranda bleue donnant sur une petite pelouse jaune, cyprès et palmes poussiéreuses, Djougachvili avait habité là dans les années 1903-1904. Aux murs étaient accrochés des portraits de lui jeune, quand il ressemblait à un contrebandier de *Carmen*, collier de barbe et foulard au cou, puis plus tard, quand il ressemblait à Staline. Comme tu vois, il n'y a pas la queue pour visiter, m'avait fait remarquer Alex. La soirée avait été occupée par une fébrile recherche de cognac, il fallait fêter notre rencontre, c'était chez lui une idée fixe. La chose n'était pas facile, car Gorbatchev avait décrété la *soukhoï zakon*, la loi sèche, enfin la prohibition. On faisait tous les bars par l'entrée de service, on rentrait dans les arrière-cuisines graillonneuses, on essayait de corrompre le personnel, mais rien à faire. « Revenez quand Gorbatchev sera parti », nous avait crié un taulier sur le *Primorski boulvar.* « Ils nous prennent pour des miliciens », m'expliquait Alex. Du cognac, il y en avait bien à mon hôtel, dans ma chambre, mais il ne pouvait y accéder : il sortait de cinq ans de camp, c'était un « criminel social » et c'était marqué sur son passeport intérieur (« Tu as lu *Ivan Denissovitch*? », me demandait-il). Il avait été ingénieur, il était à présent manœuvre dans un combinat. J'étais allé chercher ma bouteille, on avait bu ça sur la plage en fumant un havane. Un projecteur balayait la mer, revenait vers nous, découpait les silhouettes noires des miliciens postés sur les galets du rivage, dos tourné à la ville, scrutant l'obscurité où d'éventuels fuyards pouvaient chercher à gagner la Turquie toute proche. Immobiles, presque au garde-à-vous, ils avaient l'air de rendre les honneurs à la nuit. Le pinceau bleu nous fixait, hésitait, revenait. On était pris dans une lumière énorme et tremblante, on avait l'impression d'être des mouches. Les miliciens n'avaient pas été trop vaches, je m'en étais tiré en leur offrant un cigare. Le lendemain, au moment de nous quitter, devant des tranches de pastèque et une cruche de champagne géorgien, Alex était devenu songeur. J'allais rentrer en France. C'est incroyable, m'avait-il dit, dans quelques jours tu seras... aussi loin que la planète Mars.

(Qu'est-il devenu, Alex? La fin de ce monde qu'il détestait lui a-t-elle fait une vie meilleure? Est-il redevenu ingénieur? Est-il devenu un mafieux (il ne semblait pas avoir de dispositions pour ça) ? Était-il parmi les ombres qui t'observaient depuis les fenêtres des hôtels thermaux dévastés de Tskaltubo ? Est-il mort jeune, alcoolique, comme beaucoup d'hommes en Russie ? Lui, et tous les autres, toutes les autres, qui à un moment ont eu de l'importance pour toi, que sont-ils à présent ? Zlata et Kanita de Sarajevo, Milagros la belle Samba aux cheveux frisés dont tu viens de retrouver, par hasard, une photo sur un vieil ordinateur, qui t'a proposé un jour de revenir vivre avec elle, dans un bas quartier de Lima, et toi qui aspirais tellement à ce que ta vie soit imprévisible, lâchement tu ne l'as pas fait, et Horacio de Buenos Aires, et le jeune ramendeur de poteries de Saqqara, le capitaine manchot d'Aïn Remmaneh, Ali Reza de Chindawol, Vladimir Eisner le trappeur sibérien, Vassili Kovalev de Magadan, la jeune Colombienne de la Foire du Livre de Bogotá, Moktaria l'aide-soignante de la Villa Médicine pour qui tu avais un faible, Tolik d'Achgabat, Mukhtar de Port-Soudan, et toutes ces centaines de visages, de voix, de corps que tu as croisés un jour, avec qui tu as partagé quelque chose, un plat de *foul*, une cause (plus rarement), une expérience, des sentiments, et que tu as laissés disparaître ? Et tous les autres qui n'ont été que des apparitions furtives, avec qui on n'a rien partagé mais on aurait pu, on l'aurait voulu peut-être, ou bien eux l'auraient voulu. Une vie n'est pas que sa propre petite vie individuelle, celle dont on croit être le détenteur, qui a commencé un jour lointain et finira un autre jour, plus proche, elle est faite de ces innombrables rencontres, même celles qui sont restées sans lendemain, mais dont on emporte tout de même quelque chose comme elles emportent quelque chose de vous. La vie n'est pas une ligne, une trajectoire, elle est un arbre infiniment ramifié et feuillu, une chevelure immense. Ces autres vies ont à petits coups forgé la tienne, et dans ces destins que tu ne connais plus, au Pérou, au Soudan, en Russie, partout où tu es passé, une part infime de toi continue à vivre — ou meurt — sans toi. C'est cela, en fin de compte, dont tu veux essayer de donner une idée — tu viens enfin de le comprendre nettement.)

Et cela, cette idée que la vie est faite aussi de tout ce qui lui a échappé, ce qui l'a impressionnée comme la lumière impressionne (impressionnait) le papier photographique sans y demeurer, m'engage à composer ce salut à quelques beautés que j'ai croisées, seulement croisées, qui comptent cependant plus dans ma vie que maintes personnes dont la conversation m'a longuement ennuyé (ou que ma conversation a ennuyées), dont j'ai perdu le souvenir tandis que je me souviens d'elles, qui furent pour moi de baudelairiennes passantes que j'eusse aimées (mais elles ne le savaient pas) :

Celle dont le visage reflété sur la vitre avançait avec le halo sur la neige du København Express entre Hambourg et Puttgarden, elle avait des cheveux d'un blond vénitien séparés par une courte raie bien droite, de beaux cils, un sourire très doux, de grandes mains avec lesquelles elle tenait un livre (j'ai oublié lequel, son titre en danois ne devait rien me dire) dont elle soulignait une ligne sur deux, portait un pull bleu et une écharpe blanche. Quand elle fumait, elle aspirait la fumée du bout des lèvres, en retroussant le coin (je déteste le mot « commissure » : un mot si laid pour une chose si charmante !) ce qui lui donnait un air mutin (mon Dieu ! Ce doit être une vieille dame à présent... Tout ce voyage est enfoncé si profondément dans un passé où on pouvait fumer dans les trains, où il y avait des douaniers aux frontières à l'intérieur de l'Europe...).

La petite serveuse rousse au visage triangulaire d'Ève-serpent, aux cheveux raides et courts, aux yeux gris-vert légèrement cernés, qui officiait en jupe noire et corsage à manches bouffantes sous les voûtes et les lustres géants du Restaurace Obecní Dům, près de la tour Poudrière à Prague. Quand elle marchait vite, les ailes de ses cheveux de cuivre se soulevaient et on avait envie de glisser sa main dessous, délicatement, entre les oreilles et le petit fil d'or qu'elle portait au cou.

La jeune fille qui dormait dans un sac de couchage sur le pont arrière du ferry entre Tinos et Le Pirée, et les tourbillons bleus et blancs du sillage semblaient prolonger les torsades brunes de ses cheveux comme si elle était une divinité marine. Elle s'était réveillée alors que le bateau longeait les grandes coques en attente d'être dépecées devant Salamine, qui semblaient des trières géantes, noires dans l'éclat des projecteurs, avec l'aplustre de leur château de poupe et l'éperon de leur bulbe (je pensais au récit du messager, au début des *Perses* d'Eschyle), avait roulé son sac puis posé sa tête sur ses genoux, indifférente à la beauté du spectacle et plus encore sûrement aux réminiscences antiques qu'il éveillait, et cela me décevait un peu mais je lui savais gré de porter une jupette d'un bleu cru et non le short qui est l'uniforme des touristes. Et à peine débarqué, c'est une autre qui m'avait séduit (je suis un cœur d'artichaut) dans l'*ilektrikos* plein d'Américains bruyants (comme cette langue est déplaisante aux oreilles, quand les sons du grec, ou de l'italien, sont si agréables ! Il suffit d'entendre une dizaine d'*US citizens* coasser ensemble pour être pris d'anti-américanisme primaire), une brune aux longs yeux songeurs, le cou ceint d'une écharpe. J'aurais voulu qu'elle ne descende pas, mais elle était descendue à Kallithéa la bien nommée, la belle déesse.

La jeune femme si gracieuse, en sari bleu Sainte-Vierge, le chignon tenu par un diadème de fleurs, qui balayait à petits coups les pierres tombales des nobles portugais dans la nef de l'église São Francisco à Goa, les Menezes, les Mascarenhas, les Saldanha, les Castro en armure noire, en pourpoint et fraise tuyautée. Son balai de brindilles soulevait une poussière dorée, rayonnante, et avec son *bindi* rouge au front on eût dit un ange indien descendu d'un de ces tableaux pieux qui tombaient en loques dans le chœur. (Et il n'y a pas que des femmes au look de Saintes Vierges que j'aime, il y a aussi — Dieu me pardonne ! — de vraies Saintes Vierges, c'est-à-dire de fausses, des Vierges peintes comme celle de l'Annonciation d'Antonello da Messina, qui a longtemps été sur mon bureau, ou sculptées comme la *Virgen de los dolores* de l'église Santa Ines de Mexico, si frêle, si jeune dans sa robe de velours grenat, son voile noir bordé d'or, pieds nus dans des sandales bleues, une petite moue aux lèvres comme l'Esmeralda de *Notre-Dame de Paris*, les paupières gonflées, une larme sur sa joue pâle... Mais stop! *Vade retro Satanas!*)

La serveuse blonde, aux traits délicatement préraphaélites, du restaurant Po Dvorié d'Arkhangelsk où désespérant d'attirer son attention je m'étais enfilé *tri sto gramov*, trois cents grammes de vodka, me demandant pourquoi il n'y avait pas des filles comme elle dans le public de mes causeries plutôt que les quinze vieillards (dont un sympathique médecin fou autopsieur de cadavres d'enfants) qui étaient venus m'écouter l'après-midi à la bibliothèque. Dans la salle du Po Dvorié il y avait des espèces de baraques en blazer-cravate, à crâne ras, des néo-Russes comme on disait alors, dont les 4 × 4 Dodge ou Jeep à vitres teintées équipés de dix-huit phares attendaient dehors, et je songeais avec rage, patinant sur la glace vers le chalet de mafieux où j'étais hébergé, le coutelas du vent sur le cou, sous une dégelée d'étoiles, avec les chiens de garde qui aboyaient furieusement à mon passage, qu'elle était sans doute promise à un type dans ce genre-là, que peut-être même c'était son rêve, que j'aurais mieux fait de devenir riche en fabriquant de la pâte à papier plutôt que de gâcher de la cellulose à publier des livres.

Je me souviens d'une serveuse encore, à l'assez minable bar de l'hôtel Donghu à Shanghai. La décoration était martiale, à la chinoise : une grande peinture murale représentait Deng Xiaoping entouré de nombreux militaires sur le pont d'un navire de guerre, bord à bord avec un croiseur lance-missiles. Grande, svelte, les cheveux noués tombant en longue queue-de-cheval jusqu'au milieu du dos, en jupe et haut noirs, petit tablier et col blancs, adossée au bar, mains dans le dos, un pied retourné posé sur la barre derrière elle, elle regardait la télé (j'ai oublié ce qu'était le programme, mais pas une parade militaire, exceptionnellement). Visage ovale, arcs très fins des sourcils, sourire lointain, elle avait en dépit de son costume de soubrette l'air d'avoir toujours vécu dans un palais — d'être la soubrette dont l'empereur va faire sa favorite.

La jeune femme en pantalon et tee-shirt blancs assise au premier rang du maigre public qui m'écoutait parler à l'université d'Alexandrie (de quoi? Je ne me souviens plus), grande, les cheveux libres cascadant sur les épaules (ce qui commençait à devenir une rareté — peut-être était-elle copte? Naturellement je me prenais à voir en elle une nouvelle Justine), me regardant avec une intensité nullement équivoque et qui me donnait l'envie, et même l'impression d'être brillant, captivant. Peut-être parlais-je des écrivains de l'Alexandrie d'autrefois, Cavafy, Durrell, Ungaretti, Forster? Avais-je osé souligner la ressemblance entre les vers de Cavafy évoquant le souvenir d'un amant (« Reviens et prends-moi / Quand se réveille la mémoire du corps / Et qu'un ancien désir renaît dans le sang / Quand les lèvres et la peau se souviennent / Et que les mains croient toucher de nouveau ») et ceux, vers la fin de l'*Iliade*, où Achille s'adresse amoureusement à l'ombre de Patrocle (« Viens plus près de moi / Qu'un instant au moins, aux bras l'un de l'autre, nous jouissions de nos tristes sanglots »)? Sans doute pas, il y a des choses dont on ne peut parler publiquement en Égypte, même devant une beauté présumée copte. Toujours est-il qu'au bout d'une demi-heure, elle s'était levée et était partie, me laissant presque sans voix. Avais-je dit quelque chose qui...? Non, je ne pensais pas. Peut-être simplement avait-elle un engagement, un cours à donner? J'avais eu du mal à continuer mon numéro, son départ m'avait séché, et ensuite j'avais erré dans les rues avec l'espoir bien improbable de la retrouver, et c'est avec une irritation injuste (mais dissimulée) que j'avais reçu au Cecil Hotel une vieille prof en fichu venue me déposer ses bouquins — ah, si l'autre avait pu me laisser ses petits travaux et son adresse...

À Montréal je dînais seul à l'hôtel Le Germain, rue Mansfield. Je ne sais plus si c'est cette fois-là (je crois que oui) que j'avais nagé la nuit sous la neige, dans la piscine sur le toit de l'hôtel Hilton (ou Sheraton?). On pénétrait dans l'eau tiède et lumineuse par une sorte de petit sas chauffé derrière des lames de plastique transparent, puis on était à l'air libre, et la première tempête de neige de l'année s'était déclenchée, et ç'avait été une sensation très excitante d'être dans ce bain de lumière verte avec les flocons qui tourbillonnaient contre les tours noires alentour, se volatilisaient en touchant l'eau et me faisaient un petit bonnet de frimas. Je dînais donc seul rue Mansfield. Au bar, me tournant le dos, mais très proches de moi, deux filles dont l'une me plaisait infiniment — brune, cheveux au bol, pommettes hautes, visage un peu asiatique, tout ce que j'aime. Elle parlait très vite, en américain ou bien peut-être en canadien, enfin un anglais assez nasalisé, pas très euphonique, auquel je ne comprenais rien. De temps en temps elle se cambrait, mains aux hanches ou bien derrière la nuque. Beauté poignante, à quoi on croit que rien jamais ne pourra se comparer, de ce cou, ce dos cambré faisant saillir les seins, de ces poignets menus sortant des manches d'un pull beige. Elle avait remarqué je crois que je l'admirais, mais je commençais déjà à penser que j'avais passé l'âge de faire le malin, alors j'ai continué à bouffer mon « steak d'entrecôte » en lisant *Martin Eden.* Sombrement. (Je pense à présent que j'ai eu tort, et j'avais même commencé de le penser tout de suite après, en descendant la rue Sherbrooke — trop tard.)

Tiens ! Encore un bar, encore une barmaid. C'est à Beyrouth (les barmaids, évidemment, on a tout loisir de les observer en douce sans se faire trop pesant), à l'hôtel Golden Tulip Hôtel de Ville. La peau mate, des cheveux en queue-de-cheval d'un noir incroyable, noir de disque microsillon, comme ses yeux dont un écrivain de quatre sous dirait qu'ils étaient « de braise », mais ne vous en faites pas, je ne vais pas vous décevoir à ce point, je filerai une métaphore plus orientale, tirée des *Mille et Une Nuits* (et que j'ai utilisée au début de *L'Invention du monde*) : ils « avaient l'éclat d'un sabre de Kandahar ». Elle s'appelait Rita — elle, au moins, je sais son nom, non que j'aie osé le lui demander, mais il était écrit sur un badge épinglé sur sa poitrine, à côté du creusement des seins dans le V du tricot noir...

Au théâtre de la Monnaie, à Bruxelles, une jeune fille serbe qui faisait partie de l'organisation du festival Passa Porta, « il suffisait qu'on l'aperçût pour ne l'oublier jamais » (comme je l'y ai souvent recherchée en vain, je finis par croire que cette phrase, dont j'ai longtemps été persuadé qu'elle était dans *La Princesse de Clèves,* est de moi contrefaisant madame de La Fayette). Elle s'appelait Militsa, ses yeux verts brillaient d'intelligence, elle avait un sourire de chat du Cheshire, ce nez que j'appelle « au vol inverse » et que j'aime tant chez les beautés slaves, et enfin elle était d'une grâce infinie (nouvelle La Fayetterie...). Élégante, attentive, parlant parfaitement l'anglais, le français, le néerlandais, étudiant la littérature comparée à Gand, elle m'impressionnait tant que ma parole en était empêtrée, j'avais l'impression que c'était de la mie de pain et non des mots qui me sortait de la bouche. Sur l'estrade face au public, en revanche, quand j'avais dû lire (un passage de *L'Invention du monde*, je crois), je l'avais fait pour elle et je l'avais bien fait, j'aurais voulu rester là, toute la soirée, sur cette espèce de plongeoir au-dessus de la foule, à déclamer pour elle, à réciter pour elle tous les poèmes d'amour que je connaissais, la *Passante* de Baudelaire, le mallarméen sonnet de Quevedo à Lisi (que je cite en castillan parce qu'il est trop difficile à traduire, que les non-hispanistes me pardonnent) :

En breve cárcel traigo aprisionado,
Con toda su familia de oro ardiente,
El cerco de la luz resplandeciente,
Y grande imperio del amor cerrado.
Traigo el campo que pacen estrellado
Las fieras altas de la piel luciente,
Y a escondidas del cielo y del Oriente,
Día de luz y parto mejorado.
Traigo todas las Indias en mi mano,
Perlas que en un diamante por rubíes
Pronuncian con desdén sonoro hielo;
Y razonan tal vez fuego tirano,

Relámpagos de risa carmesíes,
Auroras, gala y presunción del cielo.

ou bien celui-ci, de Yeats (que je ne traduirai pas parce qu'il est facile à comprendre, que les non-anglicistes me pardonnent) :

How can I, that girl standing there,
My attention fix
On Roman or on Russian
Or on Spanish politics,
Yet here's a travelled man that knows
What he talks about,
And there's a politician
That has read and thought,
And maybe what they say is true
Of war and war's alarms,
But O that I were young again
And held her in my arms.

(Et puisqu'on est à Bruxelles, restons-y un moment, le temps de me souvenir d'une femme de chambre philippine ou balinaise, balinaise plutôt je crois, de l'hôtel Métropole. Toc toc, de petits coups discrets frappés à ma porte. J'ouvre, la découvre, menue, gracieuse, ravissante, les cheveux sombres barrés d'une mince coiffe de tissu blanc. *I leave within half an hour*, lui dis-je, quand j'aurais dû lui dire *You are very pretty* — mais peut-être cela serait-il tenu pour une agression, à présent ? Et quand je m'en vais elle est dans le couloir, et à mon banal *Have a nice day* elle répond *You too* en se courbant de charmante façon sur le côté, comme une danseuse, avec un sourire éclatant. Ah ! comme j'aime les femmes d'Asie... Et voilà qu'au lieu de lui envoyer un baiser, ou de courir acheter des fleurs pour les lui offrir, je m'encage dans les ferronneries de l'ascenseur du Métropole, je m'enfonce dans les profondeurs monumentales du grand hall, je la laisse disparaître. J'avais reçu, pendant mon séjour dans cet hôtel, une photo de moi prise au sténopé par l'artiste belge Alexandra Cool, qui figure à la fin de *Bakou, derniers jours*. On y voyait une forme nébuleuse sortant de l'ombre, dans laquelle on distinguait vaguement la courbe du front et l'arête du nez : un fantôme. J'étais un fantôme, me disais-je en traversant la place de Brouckère, mécontent de moi comme toujours dans ces cas-là — et comme souvent dans la vie. *Ser descontente é ser homem*, « être insatisfait c'est être homme », disait Pessoa.)

Dans mon hôtel de Djeddah, au petit déjeuner, je ne peux détourner mes yeux (enfin, je fais gaffe quand même, on est en Arabie saoudite) d'une jeune femme seule (chose étrange), d'une beauté que fait ressortir l'*abaya* noire : grande, svelte (« longue, mince, en grand deuil » comme la Passante de Baudelaire), cheveux noirs brillants, mi-courts, pommettes marquées, dents éclatantes, lèvres et ongles fuchsia. Ses mouvements sont rapides, assurés, on sent qu'elle sait être belle, que les regards qu'elle feint de ne pas remarquer le lui confirment à chaque instant. Je suis suffisamment ignorant des mœurs de l'Arabie pour ne pas comprendre qui peut être cette femme seule aux cheveux découverts, dans un lieu fermé certes, mais où se trouvent des hommes. J'imagine seulement qu'il ne doit pas s'agir d'une femme de chambre, qu'une longue Mercedes noire aux vitres teintées l'attend sur le parvis de l'hôtel. Je suis à Djeddah (un lieu où on n'a pas tellement l'occasion ni l'envie d'aller, si on ne fait pas son *hadj*) à l'invitation du consul général, un diplomate à l'élégance et à l'humour retenu très britanniques, et de sa femme, grands lecteurs tous deux, connus autrefois à Khartoum. La bibliothèque de la Résidence est sûrement la plus belle, pour la langue française tout au moins, des bords de la mer Rouge (et même bien au-delà). On y trouve toutes les vieilles éditions de la NRF, du Livre de poche, etc. Un esprit éclairé, ouvert, règne sous la houlette du couple consulaire : j'ai même rencontré chez eux un écrivain communiste et une poétesse lesbienne. En Arabie saoudite !

La prof de danse, à Oulan-Oude en Bouriatie, a un visage de chat, ou de Mongole, ce qui à tout prendre est assez normal. Yeux légèrement bridés, frange de cheveux noirs sur le front, des mains longues comme des ailes d'oiseau, posées nonchalamment sur la barre, toute de noir vêtue, mince, elle se tient incroyablement droite — normal aussi, sans doute, on n'enseigne pas la danse quand on a le dos rond, mais là, c'est vraiment un fil à plomb. Exacte, impérieuse avec ses élèves. À la fin du cours (inutile de préciser que je n'en suis que spectateur), je vais la saluer. Elle me demande si j'ai trouvé sa ville belle. À vrai dire... Un fleuve gelé, une place immense où le vent joue du rasoir autour de la plus grosse tête de Lénine du monde, les fumées des usines qui font des panaches noirs dans le crépuscule... Sans me laisser répondre, elle ajoute que tout est beau. Je n'ai pas la présence d'esprit de lui répondre *Vy toje krasivaïa*, « vous aussi vous êtes belle ». Ou bien peut-être que je n'ose — elle m'intimide un peu (sa légèreté sérieuse).

C'eût été pourtant un plaisir de le lui dire, et peut-être en eût-elle été touchée. Cette galerie de portraits est la chronique d'occasions perdues.

La fille sort des herbes hautes, des tiges à plumets dont j'ignore le nom, qui montent jusqu'à sa taille. Ce doit être une espèce de roseau. Une ample chevelure noire, dont une mèche tombe sur sa joue gauche, lâchement nouée sur la nuque, cascade jusqu'aux reins (suppose-t-on, car les roseaux ne permettent pas de s'en assurer). Son cou est long, son visage celui d'une Madone asiatique (désolé pour le stéréotype, mais là je ne trouve plus de mots pour décrire cette parfaite douceur, j'abandonne). Un nez droit, de longs cils baissés, l'ombre d'un sourire. Un air de modestie éventuellement un peu perverse (se dit-on parce qu'on a l'esprit tordu). Elle porte un cardigan beige et un léger pull noir dont l'encolure ronde laisse voir sa gorge (comme on disait au dix-neuvième siècle — et on eût ajouté : admirable) et ses épaules. À vrai dire, elle est époustouflante. On est dans le parc qui longe le Huangpu, à Shanghai. Trois photographes la mitraillent, ce doit être un mannequin, ou une actrice. Tout autour, pas le moins du monde frappés de stupeur comme je le suis, des petites familles déambulent, des enfants munis d'épuisettes essaient d'attraper je ne sais quoi, une femme promène sur une chaise roulante un infirme à l'air grincheux, un type lit dans un hamac pendu entre deux arbres. Ne voient-ils donc pas que cette fille est un événement, la sidérante apparition, entre bambous et lotus, de la beauté même ? Que ce qu'ils ont devant les yeux, c'est la naissance de Vénus, une Vénus d'Asie ? Si blasés que ça, les Noiches ? Des cerfs-volants rouges planent haut dans le ciel. Des chalands se croisent devant les anciennes grues du West Bund, un cargo russe donne de la sirène pour s'ouvrir la voie. Il porte le nom de la bourgade sibérienne où j'ai peigné un mammouth, Khatanga.

L'hôtesse du vol Austrian Airlines Nicosie-Vienne avait de vifs yeux noirs, de belles pommettes, une grande bouche, un grain de beauté sur la joue droite, les cheveux tenus en queue-de-cheval qui virevoltait alors qu'elle arpentait le couloir de l'avion, de petits seins haut perchés auxquels je ne pouvais m'empêcher de rêver cependant qu'elle faisait les démonstrations de sécurité. *Die Schwimmweste befindet sich unter Ihrem Sitz.* J'aimais sa façon de faire mine, poussant en avant ses belles lèvres mauves, de gonfler le gilet de sauvetage au cas où ça ne marcherait pas en tirant sur le cordon (toujours le gonfler à l'extérieur de l'avion !). Je revenais du Liban en pleine guerre civile, on ne pouvait sortir de Beyrouth que par un ferry qui joignait Jounieh à Larnaca, à Chypre. Sur la plage arrière du *Larnaca Rose* une femme en noir pleurait en regardant s'éloigner dans la nuit les lumières d'une côte qu'elle ne reverrait peut-être pas. À l'intérieur, au bar, un petit orchestre jouait des paso-doble. Un prestidigitateur, cheveux gris bouclés, costume blanc, chevalière d'or, tirait des foulards de son nez, puis une chanteuse chantait des mélopées arabes cependant qu'un gros type ruisselant de sueur se tordait les poignets, roulait des hanches, frémissait du ventre, sous les youyous de l'assistance. On servait le champagne, on jouait au trictrac sous des palmiers de carton. « Voyez, me disait le gros danseur en s'épongeant avec une serviette, ici c'est une miniature du Liban, de ce qu'il pourrait être. Ces gens s'amusent, et leurs familles sont peut-être dans des abris. » À Beyrouth j'avais vu ces réfugiés vivant dans les parkings souterrains avec leur barda, cartons, matelas mousse, bougies, sainte vierge, radiocassettes, retournant parfois se laver dans leur ancienne maison détruite ou devenue trop dangereuse, j'avais fait, pour je ne sais plus quel journal, un entretien avec le général Aoun dans le palais de Baabda à moitié démoli par les obus syriens, et c'est un des mauvais souvenirs de ma très discrète carrière de journaliste car j'avais une gueule de bois d'enfer : la veille au soir je m'étais torché à l'arak avec un médecin militaire travaillant pour MSF qui avait connu mon père pendant la guerre (la seconde, la mondiale). Ils avaient été tous deux dans les Forces françaises libres. Cette rencontre justifiait bien quelques verres, et même beaucoup, dans une cave éclairée à la bougie. Je ne savais pas que j'avais rendez-vous le lendemain matin (sinon je me serais tenu à carreau, je suis quand même un type scrupuleux), si bien que la sonnerie insistante du téléphone m'avait tiré d'un sommeil écrasant (et écrasé) tôt dans ma chambre de l'hôtel Alexandre, à Achrafieh. Une voiture m'attendait. À Baabda, j'avais la mèche d'une perceuse qui me fouillait le crâne, les yeux douloureux et exorbités, je n'avais rien préparé et en outre j'avais oublié mon enregistreur, si bien que les réponses que le général faisait à mes vagues questions, je les notais (à sa grande surprise) d'une main tremblante sur un bloc-notes. Il n'avait sûrement jamais vu un journaliste aussi tocard que moi.

Je sors du Chô Binh Tay, le marché de Cholon dans la ville qui s'appelle maintenant Hô-Chi-Minh. Y circuler, c'est apprendre à ne pas être un éléphant dans un magasin de porcelaine. Millions d'objets entassés, tenant par miracle en équilibre, clous, vis, miroirs, calmars séchés, poissons-chats, cafetières et lampes à huile fabriquées avec des cannettes de Coke, thermomètres, paniers, coupons de tissu, ballons, cartables, louches, tranchoirs, ciseaux, sacs de sport, chaussures, paquets de nouilles, moulins à café, vrilles, pneus de vélo, savons, flacons de parfum, bocaux de je ne sais quoi, marteaux pour les casser, brosses à dents, peignes, vaporisateurs à Flytox, pétards, objets dont aucun ne semble à première vue indispensable (sauf les coupons de tissu) mais dont l'ensemble constitue sans doute ce qu'on appelle une économie. Dans les boyaux taillés au sein de cette montagne de marchandises circulent à toute vitesse vélos, diables, porteurs de palanches. Dehors, dans une odeur de gaz d'échappement, d'encens, de coriandre, de pourriture aigre, milliers de mobylettes Honda, de cyclopousses, de triporteurs Lambretta pouvant contenir chacun jusqu'à une douzaine de petits gabarits vietnamiens. Dans ce grouillement affolant (et excitant) j'ai trouvé je ne sais comment un taxi. Et là, de l'autre côté de la vitre baissée, assise sur le tansad d'un scooter qui avance à la même vitesse que mon taxi, englué comme lui dans l'embouteillage, parfois prenant un peu d'avance, parfois à ma hauteur, défile la vision d'une princesse annamite : cou si merveilleusement délié, nuque sur laquelle sont relevés les cheveux dont s'échappent quelques mèches, et cette minceur gracieuse et droite, ces yeux en pointe de flèche qui semblent ne regarder rien, cette peau d'ivoire... Elle porte un tee-shirt blanc rayé de rouge et une curieuse casquette jaune repliée sur les cheveux comme une petite tiare. Quand le taxi revient à sa hauteur, je pourrais la toucher (et ce n'est pas l'envie qui m'en manque), mais finalement le scooter trouve une brèche dans la muraille automobile et s'échappe. « Un éclair puis la nuit ! Fugitive beauté / Dont le regard m'a fait soudainement renaître / Ne te verrai-je plus que dans l'éternité ? »

Voici un alcool moins fort. Vol AF 1744 Paris-Moscou. Derrière moi (siège 21C) une fille au beau visage très pâle, semé de taches de rousseur très pâles, cheveux blond cuivré très pâle, yeux pâles (bleus, je crois, mais quand je me lève et la regarde, elle dort, paupières closes). Visage ancien, visage Belle Époque. C'est ainsi que j'imagine « le joli visage pâle » de la mademoiselle de Stermaria de la *Recherche*, qui pose un lapin au présomptueux Marcel. L'avion descend vers Moscou dans un ciel mauve de neige, et je me souviens de ma première arrivée ici, du temps de l'Union soviétique finissante, de la curiosité et de l'anxiété qui étaient les miennes à l'idée de découvrir ce monde inconnu, disparu entre-temps.

Maintes fois je suis revenu sur mes pas. Je suis, au sens strict, un nostalgique — je sais bien, écrivant cela, que j'encours une condamnation capitale : rien de plus mal vu de nos jours que cette inclination (sauf au Portugal où on s'en est fait une spécialité nationale, c'est peut-être une des raisons que j'ai de me trouver bien dans ce pays). Je ne sais pas quels publicitaires, quels maniaques d'un présent frelaté, ont fourré dans les petites têtes d'aujourd'hui que ce sentiment qui est celui d'Ulysse, l'inventeur du *nostos*, du retour, était une maladie honteuse. Je suis un Ulysse au petit pied, et sans espoir en plus, car je n'ai pas d'Ithaque, aucune Pénélope, et ce retour est sans fin. Revenir, repasser par où on a passé longtemps auparavant, c'est prendre la mesure du temps, qui est comme on le sait notre matériau à nous autres écrivains. Le Moscou dans lequel j'ai débarqué pour la première fois n'était pas cette ville tape-à-l'œil, clinquante de pubs lumineuses géantes, de voitures allemandes haut de gamme et de magasins de fringues internationalement interchangeables, c'était une ville noire et rouge, sur les toits de laquelle flamboyaient dans la brume des slogans absurdes du genre « Vivre et travailler de façon léniniste ». Sur la place Rouge les verrières immenses du Goum n'abritaient pas la camelote de luxe qu'on y trouve à présent comme dans n'importe quel *mall* de Singapour ou de Dubaï, mais de pauvres marchandises : tout ce faste architectural d'Exposition universelle, notais-je alors, ces Crystal Palace, ces lustres, ces marbres, pour abriter des vêtements miteux, des piles de harengs fumés, des étalages de grosses tocantes. S'il m'arrive d'être nostalgique, ce n'est certes pas de la médiocrité triste de l'URSS finissante, mais je n'aime guère non plus l'opulence mondialisée. Les harengs, au moins étaient-ils de soviétiques *siliodki*, et les tocantes des Vostok mécaniques, d'ailleurs assez belles. Il y avait dans Moscou quelque chose d'énorme qu'il y a toujours, mais aussi l'image d'un rêve égalitaire depuis longtemps fracassé. « Moscou, avec son gigantisme froid, l'énormité étrange de ses monuments, semble une ville de Titans d'un autre âge, une cité d'un futur révolu et plutôt maléfique. » J'écrivais cela à l'époque, je me permets de me citer parce que je ne saurais dire mieux, à présent, l'impression que laissait sur le voyageur occidental que j'étais la découverte de cette ville.

Le temps, « l'essence pure du temps » dont parle Proust, n'est pas accessible seulement par le surgissement inopiné d'une sensation enfouie à la faveur du court-circuit que déclenche une sensation présente (celle des dalles inégales du baptistère de Saint-Marc ressuscitée par les pavés disjoints de l'hôtel de Guermantes, du marteau contre les roues du train où le narrateur a douté de la littérature, que rappelle le choc d'une petite cuillère contre une assiette, ou de « l'océan vert et bleu comme la queue d'un paon », à Balbec, réveillée par une serviette empesée avec laquelle il s'essuie la bouche). Quand j'arrive dans le Moscou d'aujourd'hui, ou à Saint-Pétersbourg, les images stéréoscopiques que ma mémoire superpose à celles que me livrent les yeux me donnent une vision du temps dans sa profondeur. Cette petite église bleue et blanche sur la perspective Nevski était, la première fois que je l'ai vue, un atelier de confection, l'appartement d'Anna Akhmatova, dans la cour du palais Cheremetiev, n'était pas muséifié, on y accédait presque clandestinement, à la place de ce magasin Prada il y avait un poste de la milice (qui s'appelle à présent police, ce qui ne change rien). Quelque chose entre-temps s'est passé, pour la ville, pour le monde, pour moi minuscule dans tout ça.

À Buenos Aires aussi, quand j'y suis revenu, en coup de vent hélas, après une très longue absence, quelque chose s'était passé (le temps). À l'aéroport d'Ezeiza, je me souvenais de ma première arrivée, sous la dictature militaire, faisant le journaliste. Je ne parlais pas un mot d'espagnol (si, une dizaine), je ne connaissais personne, n'avais aucun contact, je n'avais jamais fait de journalisme (je l'ai d'ailleurs, cette fois-là, fait très mal, c'est ma pire expérience dans ce métier). Par le hublot de l'avion sur le tarmac, j'apercevais des militaires casqués équipés de fusil-mitrailleur, et je sentais qu'avec eux le *Buenos días* qui constituait une bonne part de mon bagage linguistique ne me serait pas d'un grand secours. Je n'en menais pas large. Si j'avais pu sans honte me planquer dans un coin de l'avion pour être de retour vingt-quatre heures plus tard à Paris, je crois que je l'aurais fait. Vingt ans après, je n'ai pas retrouvé la *confitería* El Ideal où j'avais mes habitudes, ses colonnes, ses boiseries, ses marbres, ses lustres, ses miroirs, sa pénombre scintillante d'électricité, son bar comme une scène d'opéra sur laquelle j'avais placé, dans un roman, un personnage de barmaid qui me paraissait fatal, et qui est en tout cas le plus intéressant du livre (je ne l'ai pas retrouvée parce que j'ai mal cherché, Internet qui sait tout me dit qu'elle existait toujours il y a quelques années, à l'angle de Suipacha et de Corrientes, et qu'on y dansait le tango tous les soirs — à l'intention des touristes, je le crains. Peut-être a-t-il mieux valu que je ne l'aie pas retrouvée. Et je ne la retrouverai jamais, car elle serait aujourd'hui *permanently shut.* Un article mentionne des clients célèbres — Borges, Maurice Chevalier, Vittorio Gassman, Evita Perón, mais pas moi : comment cela se fait-il... ?). El Molino, une autre *confitería* historique, était masquée par des panneaux de chantier, le bel immeuble Art nouveau au rez-de-chaussée duquel elle se trouvait était à l'abandon, presque en ruine. Le seul de mes établissements favoris qui fût resté en activité était comme par hasard le moins beau, le Richmond, *calle Florida.* Pas mal quand même, avec son salon de billards et d'échecs en sous-sol. Non loin de là l'hôtel Eibar, où j'occupais la chambre 901, où j'avais eu une histoire avec la téléphoniste, était toujours là mais pour pas longtemps, fermé lui aussi par des panneaux couverts d'affiches (cette fille qui dans mon souvenir, peut-être un peu emphatique, ressemblait à Gina Lollobrigida, manipulait dans un cagibi attenant à l'entrée de l'hôtel un tableau hérissé de fiches et de fils électriques, un machin préhistorique dont un équivalent doit figurer au musée des Arts et Métiers).

Marchant dans les quartiers qui m'avaient été familiers je me sentais moi-même, ironiquement, cerné par les palissades et promis à une prochaine démolition. Et je fredonnais dans ma tête, ironiquement aussi, les paroles de *Volver,* le tango fameux de Carlos Gardel : *Volver con la frente marchita / Las nieves del tiempo platearon mi sien / Sentir que es un soplo la vida / Que veinte años no es nada...* « Revenir le front ridé / Les tempes argentées par les neiges du temps / Sentir que la vie est un souffle / Que vingt ans ce n'est rien... », et je revoyais la gueule de Gardel, ses cheveux impeccables que n'argentaient pas les neiges du temps mais les reflets de la brillantine, ses dents éblouissantes comme un pare-chocs d'automobile américaine de l'époque, sa veste croisée et sa pochette, et je me souvenais que lorsque j'étais gamin mes parents m'envoyaient, de l'autre côté du square où nous habitions, chez un coiffeur qui après m'avoir « rafraîchi » plaquait sur mon crâne de la « Gomina argentine » ou bien du « Pento », un produit qui faisait le même miroitant effet — je revois le geste des deux mains frottées qu'il faisait pour étaler sur sa paume la noix de crème à faire reluire les cheveux comme des souliers de bal, je me souviens, peréquiennement, que le tube de Gomina était rouge et celui de Pento blanc et noir. Carlitos, j'avais été voir sa tombe au cimetière de la Chacarita, non par dévotion particulière mais parce qu'il était, avec Juan Domingo Perón, le héros de la déroutante Argentine. La Chacarita était une vraie ville des morts, avec ses maisons de marbre à étages, leurs propriétaires en bronze prenant le frais devant, les chaises des salons mortuaires tirées sur la rue, une armée d'employés municipaux munis de plumeaux et de boîtes à outils époussetant, réparant, battant tapis et coussins, passant les cercueils au polish. La tombe de Gardel était la plus visitée avec celle de Perón — cette dernière recevant même des visites non souhaitées, puisque ses deux mains, découpées à la scie chirurgicale, avaient été volées par un groupe mystérieux nommé *Hermes Iai y los 13*, « Hermès Iai et les Treize », qui en réclamait une rançon de huit millions de dollars ; elles n'ont, à ma connaissance, jamais été retrouvées, et nombre des enquêteurs chargés de cette affaire sont morts de mort violente et inexpliquée... Gardel, lui, reposait en paix, entouré des hommages de ses admirateurs, parmi lesquels se trouvait même un Japonais. La coutume affectueuse était de glisser une cigarette allumée entre ses lèvres de bronze. Je fréquentais certains bars à tango, alors, non certes pour m'y produire sur la piste — je suis hélas un danseur pachydermique — mais pour y contempler les amateurs, vieux moustachus en smoking défraîchi, vieilles femmes aux cheveux bleus, scintillantes de breloques et bagouses, chantant *La loca de amor*, « La folle d'amour », et dans ces lieux et d'autres Buenos Aires avait une crudité expressionniste qui m'évoquait l'idée que je me faisais du Berlin du début du siècle (le vingtième).

(Et cependant que, recherchant mes anciennes *confiterías*, je me souvenais de Carlos Gardel, remontaient aussi à ma mémoire des souvenirs d'autres cafés du monde d'autrefois. Dans la salle immense du Neon, place Omonia à Athènes, aux très hauts plafonds d'où tombaient des ventilateurs, entre les colonnes et les miroirs tavelés surmontés de sphinges, de vieux messieurs à moustache jaunie par le tabac, portant casquette ou chapeau — pratiquement pas de femmes parmi les clients —, jouaient aux échecs ou aux cartes ; un serveur à rouflaquettes largement dépoitraillé, clope au bec, qui avait quelque chose de Jean Yanne — mes références cinématographiques ont l'âge aussi de ces vieux cafés —, les ravitaillait en ouzo accompagné de concombres, radis et olives. Dehors, parmi les étalages de lunettes de soleil qui lançaient des feux noirs, bleus, roses, verts, étaient affichés tous les journaux du monde, les grecs avec des titres énormes, dont l'encre tachait les doigts. À Alexandrie, par les vitres poissées de sel du Casino Panorama, on voyait le soleil descendre sur la mer grise et dorée, la ligne de toits de Ras el-Tin et le fort de Qaitbay voilés d'écume. Sur la terrasse couverte de plaques de plastique de couleur qui bordait la salle semi-circulaire, des couples se regardaient dans les yeux, une main s'enhardissait parfois à se poser sur une main. Dans la salle, une vieille dame arménienne qui tenait une librairie aujourd'hui remplacée par un magasin de chaussures, qui avait connu Durrell et tous ses personnages, me racontait les grandes heures de l'Alexandrie d'autrefois : « Les soirs où madame Salvago et toutes ces dames de l'industrie cotonnière allaient au théâtre Mehmet Ali, les loges scintillaient de bijoux. Lorsque vous descendiez la rue Sherif, vous respiriez d'un bout à l'autre le Numéro 5 de Chanel. On avait beaucoup de goût à Alexandrie. » Et sans doute aussi pas mal d'inconscience.)

J'étais passé à Khabarovsk lors de mon premier voyage en Union soviétique. C'était le point le plus extrême accessible sur la ligne du Transsibérien — Vladivostok, plus à l'est, était alors interdit aux étrangers. J'y étais resté trois jours, le maximum autorisé. J'y retourne près de vingt ans plus tard, et me souviens de ce contact inaugural avec l'Extrême-Orient russe. J'avais marché sur le fleuve Amour gelé, manquant me casser la figure à chaque pas, et trouvé que cela valait largement la peine d'aller si loin pour faire cette excitante expérience. J'avais essayé d'apercevoir la Chine, où je n'étais encore jamais allé, de l'autre côté des îles basses où les deux empires communistes s'étaient battus récemment, mais je n'avais rien vu. Ira, une guide à laquelle je n'avais pu échapper, m'avait fait rire en me disant, devant un esturgeon *kaluga* naturalisé, au musée, que « l'animal adultère pouvait atteindre cinq mètres de long » (cette bévue mise à part, elle parlait un français remarquable, comme beaucoup de Russes alors ; elle était d'ailleurs fort éloignée de penser que l'adultère faisait grandir, estimant dans sa pruderie que nous avions tort, en Occident, de « nous faire des bises dans la rue »). Elle n'était nullement aussi bornée que je l'avais cru au premier abord, cependant, elle regrettait de ne pouvoir lire, comme journal français, que *L'Humanité Dimanche*, aurait aimé que *L'Archipel du Goulag* soit publié en Russie tout en déplorant que Soljenitsyne soit « aussi anti-soviétique », c'était une gorbatchévienne convaincue — espèce bien plus introuvable à présent qu'un pétainiste avoué en France, hélas. Ce voyage que j'avais entrepris par pure curiosité, sans aucune intention de remettre ça, je ne me doutais pas qu'il allait en entraîner, de fil en aiguille, des dizaines d'autres, au point que cet immense, sinistre et attachant pays est de loin celui du monde où j'ai le plus longtemps séjourné. Je suis de retour à Khabarovsk, je ne me souvenais pas que la ville était si grande, si montueuse (les trams dévalant les collines, au-dessus de l'Amour large comme un bras de mer, lui donnent furtivement un air de San Francisco), des promeneurs emmitouflés regardent le soleil rouge baisser sur la Chine où le fleuve s'appelle « Dragon noir », les glaces qu'il charrie font en s'entrechoquant une grande rumeur, Lénine est tout petit au bout de sa place, assez modeste pour une fois, en veston et casquette, les bulbes dorés de la cathédrale scintillent dans le couchant — elle n'était pas là autrefois, les églises sont la seule infrastructure, si on peut appeler ça ainsi (d'un point de vue marxiste, elles relèvent plutôt de la superstructure ?), qui ait massivement prospéré en Russie.

La religion ne se porte pas trop mal en Ukraine non plus. Ce qui s'est passé depuis la première fois que je suis venu à Odessa est assez connu : la ville a cessé de faire partie de l'URSS, l'URSS a disparu, et en Ukraine comme en Russie le communisme s'est volatilisé, dispersé dans l'air. Ça fait beaucoup, et ça se voit. Je retourne rue Deribasovskaïa, où j'avais assisté à une manif (parfaitement spontanée !) contre l'impérialisme américain. Lorsqu'on revient quelque part, longtemps après, il faut zoomer, retrouver des lieux précis (l'idéal serait par exemple de repérer un arbre et de voir de combien il a crû, quelles branches ont poussé). Il y a, sinon une technique, un savoir-faire de la nostalgie. Cette manif, donc, rassemblait de braves citoyens spontanément indignés par la guerre des étoiles reaganienne. Chaque carré était mené par un cadre du Parti, que je décrivais ainsi, dans le petit livre que j'avais tiré de ce voyage : « Une grosse mère à la forte poitrine, prise dans une manière de tailleur gris à jupe plissée, à l'impeccable chignon platine tirant des traits violents et butés, un grand type en costume gris dont le pantalon pend aux fesses, cravate, attaché-case, menton mou, un autre en cravate aussi, à cheveux gras, avec aux pieds des espèces de péniches marron. » (On m'accordera que dans des pages qui parlent du retour, on a le droit de revenir sur soi-même en s'autocitant de temps en temps. D'ailleurs, on pourrait soutenir que chaque livre qu'on écrit est comme un carnet de notes pour des livres à venir.) Cette *demonstratsiia* se rassemblait devant une maison où une plaque signalait qu'y avait vécu le poète polonais Adam Mickiewicz, et où il était aussi affiché « Vive le vingt-septième congrès du Parti communiste d'Union soviétique ». Plus prosaïquement, une enseigne signalait qu'on vendait des saucissons (*kolbassy*). Eh bien, de retour vingt ans après rue Deribasovskaïa (qui étrangement s'appelle toujours ainsi, bien que ce Deribas, de lointaine ascendance française, ait été un tchékiste particulièrement sanguinaire), changement de paysage : plus de manif, plus de louange du congrès, plus de saucisson : à la place, un magasin de lunettes, un autre Yves Rocher, un distributeur de billets et, en face, un McDo. Ce qui n'a pas changé, en revanche, c'est, au-dessus de la mer, le monument au marin inconnu. Même l'uniforme des écoliers qui montent la garde, même les oreilles de mousseline des écolières sont restés semblables à ceux d'autrefois.

Alyona, qui m'avait attendu à la sortie de je ne sais quelle causerie que je donnais, était du genre à « faire des bises dans la rue ». Très mince, cheveux bruns tenus sur la nuque par un peigne, longues mains gainées de mitaines en dentelle noire, elle cultivait un genre espagnol (pas si incongru que ça dans une ville qui a gardé des traces de son cosmopolitisme ancien) et était plutôt sexy. Elle était aspirante journaliste, aurait aimé travailler à la télé, tout ça était assez flou. Elle m'avait saoulé avec une histoire peut-être vraie, peut-être fausse. Elle était trop naïve, me disait-elle (je n'en étais pas si sûr). Elle avait connu un an plus tôt un riche Français, quarante ans, trafiquant dans l'immobilier de par le monde, Monte-Carlo, Dubaï... le type même du margoulin, apparemment. Elle avait vu dans ses yeux qu'il l'aimait, et avait couché avec lui. *I was a virgin, I lost my virginity!* Sale affaire... Elle tenait à me dire qu'elle était une fille sérieuse, qu'elle ne serait qu'à un seul homme, etc. Elle avait des parents « de bonne famille », « très romantiques », qui s'étaient toujours aimés. Toujours est-il qu'à peine la virginité perdue, elle avait senti que le suborneur ne l'aimait pas pour la vie, et elle s'était mise à pleurer. L'autre ne voyait pas ce qu'il y avait de si grave. J'écoutais toute cette histoire de roman-photo avec une attention distraite par les petits seins haut perchés, les longues mains gantées, le corps sinueux d'Alyona. Un peu d'irritation aussi. Elle l'attendait, cependant (le margoulin), tout en ayant peur qu'il ne soit un méchant, qu'il ne la vende à un bordel. Mais s'il la faisait venir en France, elle le rejoindrait (l'une et l'autre hypothèse me paraissaient peu probables). Elle ne voulait pas épouser un type d'Odessa. À vingt ans, elle considérait qu'elle n'avait plus de temps à perdre. C'est en sa compagnie que j'arpentais la rue Deribasovskaïa à la recherche du temps passé, ce n'était pas facile de prêter attention au paysage. Elle était assez marrante à sa façon. Oie blanche ou petite aventurière ? Je n'arrivais pas à me faire une opinion (c'est sans doute moi qui suis un naïf...). Je lui aurais bien fait perdre sa virginité une seconde fois, la chose ne semblait pas inenvisageable, mais finalement je suis un bon gars, je ne l'ai pas tenté. Je me demande bien où elle est à présent, Alyona. Dans un bordel à Tanger ? Buvant du Roederer Cristal au bord de sa piscine au cap d'Antibes ? Mariée à un petit mafieux d'Odessa ? Toujours célibataire (et peut-être, qui sait, de nouveau vierge) ?

Deux Blancs errent dans Atbara, au nord du Soudan, avec leurs valises, sous le cagnard. Je suis l'un des deux. Ils cherchent la gare. S'adressent à des locaux : *Station ? Railway station ?* Ça ne leur dit rien, ils ne parlent qu'arabe. Je mime un train à vapeur, tchouk, tchouk, les bras faisant les bielles. Ça les fait marrer, mais ça ne leur dit toujours rien. Une loco diesel, ça ne peut se mimer (en tout cas, moi je ne sais pas le faire). Découragement. On s'assied dans un tripot, aussitôt voici deux flics qui rappliquent.

Papiers. Corrects, mais eux non plus ne parlent pas anglais. Plaisir de boire un thé fort, très sucré, un petit verre après l'autre, sous l'auvent en toile à sac, cependant que les bus klaxonnent, démarrent dans un grand soulèvement de cris et de poussière. Mon compagnon de voyage m'énerve en me déclarant qu'il trouve qu'un de mes romans soudanais (*Méroé*) tient un peu de « l'onanisme intellectuel ». Ah bon, et comment ça? Ce n'est pas vraiment le lieu ni les circonstances pour avoir ce genre de discussion. Là-dessus, les verres de thé faisant leur effet, je fais la queue sur le sable brûlant, devant les chiottes de la mosquée, peintes de vert comme tout le reste (il faut reconnaître qu'une église ne rendrait pas le même service). Il doit bien faire dans les quarante degrés. C'est le moment que choisit Sylvie G., de la Maison des écrivains à Paris, pour m'appeler. Elle veut me parler du peintre Jean-Louis Forain. Euh, Sylvie, on peut remettre ça? J'avais été là, à Atbara, bien des années auparavant. J'avais emprunté, pour venir de Shendi, un *box*, c'est-à-dire un camion (généralement de marque Leyland) dans la benne duquel s'entassaient passagers et bagages. J'avais cru malin de m'asseoir sur un fût vide, espérant ainsi jouir du paysage par-dessus les ridelles. Il n'y avait pas de route, à l'époque, le *box* fonçait à travers le sable et les cailloux. Enfin, « fonçait », c'est un grand mot : il avait fallu sept heures pour parcourir cent trente-cinq kilomètres. À chaque ornière, chaque cahot, le fût vide sautait en l'air, et moi avec. Escarres, douleur. Impossible de trouver une autre place, tant les passagers étaient tassés dans la benne. Je n'avais pas tardé à avoir le cul rouge et sanglant d'un babouin. Sans compter que j'avais perdu mon chapeau — en fait il était, erreur fatale, tassé tout au fond de mon sac. J'avais encore pas mal de cheveux à l'époque, assez épais, insuffisants cependant pour protéger mon crâne de la fureur du soleil. (Bien plus tard, doté d'une couverture capillaire nettement moins fournie, j'errerais longuement, sans but, un dimanche, le long du rivage de Miraflores, à Lima. Je venais d'arriver au Pérou, je n'y connaissais encore personne. Un *ceviche* avarié m'avait collé la *turista*. Tout me semblait déprimant : les longues vagues du Pacifique, crémeuses, couleur café au lait, sur lesquelles surfaient des types plus en forme que moi, les falaises jaunâtres, les joggeurs, les petits immeubles cossus entourés de barbelés électrifiés, ma solitude dans cette ville, la brume chaude à travers laquelle dardait un soleil gris. Gris peut-être, n'empêche qu'il ne m'avait pas raté. De grosses gouttes de sérum ambré n'avaient pas tardé à suinter de mon crâne écarlate, formant des croûtes dans mes cheveux. Je pleurais de la résine, comme un pin. Le lendemain, de bon matin, je m'étais mis à la recherche d'une casquette, mais tous les magasins, sauf les banques, étaient fermés. *Una gorra !* Aucun objet au monde ne me semblait plus désirable qu'*una gorra*. Mon royaume (imaginaire) pour une casquette ! Je portais une envie haineuse à tous les types que je croisais coiffés d'une casquette. Le soleil matinal commençait à verser sa saumure sur mes plaies. Je m'efforçais de marcher à l'ombre. J'avais fini par trouver, dans un marché, une *gorra* noire ornée d'une feuille de coca verte. Trop petite pour moi — j'ai une grosse tête — mais je n'allais pas faire le difficile. Je l'ai toujours, elle a été pour moi plus précieuse qu'une couronne.)

Parfois le *box* longeait le Nil, et le simple fait de voir de l'eau et de la végétation faisait du bien, un peu, puis c'étaient de nouveau des platitudes infinies, et infiniment torrides. Comme mon fût était placé à l'arrière, chaque fois qu'on ralentissait, le nuage de poussière soulevé par le camion me revenait dessus et me transformait peu à peu en rougeâtre terre cuite. Arrivé à Atbara, un vieil homme m'avait offert, pour me débarbouiller de ma peinture de camouflage, de l'eau de la cruche dans laquelle il buvait, puis avait insisté pour payer mon passage dans un bus pour le centre-ville, ou ce qu'on pouvait appeler ainsi (bus et centre-ville). Je devais être bien pitoyable, mais ce vieil homme, aussi, témoignait de cette élégance de manières que j'ai souvent rencontrée au Soudan. Le bus m'avait largué sur une esplanade sableuse, peut-être celle où, vingt ans après (disons), je faisais la queue devant les chiottes vertes de la mosquée. Après diverses péripéties j'avais échoué dans un hôtel particulièrement sordide. La chambre qu'on m'y avait allouée était envahie de moisissures du sol au plafond, le drap maculé de taches extrêmement suspectes, il n'y avait bien sûr pas d'électricité et l'eau qui coulait dans la baignoire, dispersant des cafards gros comme de petites souris, était brunâtre comme celle du Nil. Dans l'état d'épuisement où je me trouvais, incapable de m'asseoir sans que mon cul pelé ne me fasse souffrir, j'avais, je l'avoue, envie de pleurer. À dix-sept heures trente, le type extrêmement nonchalant qui semblait être le taulier m'avait apporté mon dîner, des bouts de poisson puants enrobés dans une graisse jaune, avec du Fanta. J'avais dédaigné les perches du Nil (si c'en étaient), bu le Fanta tiédasse. Cela faisait trois jours que je ne me nourrissais que de sodas, et je ne ressentais aucune faim. Mais j'avais toujours aussi soif. J'étais ressorti à la nuit tombée, m'étais assis, précautionneusement, douloureusement, dans un bistro. La musique me plaisait (j'aime la lancinante musique soudanaise). J'y avais avalé coup sur coup quatre Coca bien frais, plus doux à mon palais que le plus grand cru de bordeaux. Et là, j'avais entendu, par-delà la musique, le roulement de wagons, le beuglement de locos diesel (celles que vingt ans après je ne saurais pas mimer). J'étais près de la gare.

Au café de la gare, un type m'avait invité à prendre un nouveau Coca. *You look depressive,* m'avait-il dit, et il n'avait pas tort. Il avait étudié à Londres et regrettait la bière anglaise. Un autre s'était joint à nous, sautant de son vélo. Il avait été technicien dans les chemins de fer, avait été viré pour raisons politiques. Ici c'est un régime policier, me disait-il, *We have many many Carlos* (c'était l'époque où le terroriste Carlos était l'hôte du gouvernement soudanais). Il était du Sud et en avait la nostalgie, il me parlait du temps où des vapeurs remontaient le Nil vers Juba, salués de leurs oreilles par des éléphants sur les berges. Il aurait bien voulu prendre le chemin de l'exil (peut-être l'a-t-il fait depuis, est-il mort en Méditerranée ?) : « Si je pouvais être un insecte et me glisser dans ton sac... » Autour de nous les rues étaient sombres, les phares des pick-up faisaient des types trottinant sur leurs ânes de fantastiques Don Quichotte (ou Sancho) nimbés de rayons. L'air sentait le fruit pourri, le crottin, l'encens. Un petit vent apportait un semblant de fraîcheur. Des chèvres cherchaient à tout hasard quelque pousse à brouter entre les épaves de locos à vapeur datant du temps où le *Nile Valley Railway* joignait Le Caire à Khartoum. Leur ancienne peinture bleu ciel se cloquait de rouille, les portes ouvertes des chaudières, lourdes comme celles de coffres-forts, laissaient voir des grilles en nid-d'abeilles, des tas de bielles et d'essieux jonchaient le sable. Atbara était plus plaisant la nuit que le jour, d'autant que j'entrevoyais la possibilité de m'en échapper, un fonctionnaire de la gare que j'avais réveillé m'ayant assuré qu'un train partirait pour Khartoum vers dix heures du soir, venant de Wadi Halfa. À cette heure-là, naturellement, nul mouvement humain n'annonçait un prochain départ, la gare n'était peuplée que de chauves-souris et de margouillats. Vers minuit, prévenues je ne sais comment, peut-être seulement par l'habitude, des silhouettes chargées d'incroyables bardas avaient commencé à surgir de toutes les directions de l'horizon. L'attente m'avait tout de même permis de faire connaissance avec un ex-militaire, comploteur contre le régime, qui avait vécu à Moscou et Tachkent et écrivait à présent des scénarios de films, et une jeune femme au voile mauve qui, extraordinairement, m'avait adressé la parole (*Where are you from ?*), et non moins extraordinairement parlait très bien le français, qu'elle enseignait à l'université islamique de Khartoum.

Malheureusement, la cohue qu'avait déclenchée l'arrivée du train, à une heure et demie du matin, m'avait séparé de l'un et de l'autre. Ayant échoué à trouver une place assise (entreprise dans laquelle je ne mettais d'ailleurs pas beaucoup d'espoir), j'avais fini par poser mes fesses douloureuses sur mon sac à même le sol du wagon, près de la porte ouverte, le dos contre un tapis roulé qui n'avait pas tardé à être remplacé (les voyageurs ne cessant, dans la plus grande surexcitation, de tout défaire, rempiler, entasser, refoutre tout par terre, recommencer) par des sacs de charbon de bois puis finalement par un sac de casseroles beaucoup moins confortable (mais moins salissant). Quant à mes pieds, d'abord calés contre la porte des chiottes, j'avais fini, celle-ci ayant été ouverte pour entasser à l'intérieur différentes marchandises, par les allonger dans le fétide local (qui heureusement n'était pas utilisé, les voyageurs descendant se soulager dans le désert lors des arrêts du train longs et inexplicables, ou bien explicables par cette raison). Ce qui était extraordinaire c'est que dans cet entassement prodigieux de corps et de bagages, les contrôleurs avaient réussi à passer (et à me réveiller) deux fois. On était arrivés à Khartoum en fin d'après-midi, après treize heures de voyage (pour un trajet de trois cents kilomètres). Il paraît que les Chinois ont maintenant construit un train rapide. Que ne font-ils pas, les Chinois ?

Au beau milieu de la chambre 200 de l'hôtel Panoramic, le seul apparemment qui soit ouvert à Constantine, une blatte de bonne taille m'accueille, renversée sur le dos, presque morte mais pas tout à fait, malheureusement, ramant lentement des pattes et des antennes. Morte, ça va, on la prendrait dans une feuille de papier-cul et on la jetterait dans les toilettes ; mais vivante encore, un peu ? Eh bien on fait la même chose, mais avec plus de dégoût et le soupçon de ce qu'il serait exagéré tout de même d'appeler un remords. En tout cas, me voilà prévenu : en Algérie, ne pas s'attendre à être traité en touriste (en eût-on la prétention). Je ne suis pas là pour jouer au touriste, mais pour pérorer, comme d'habitude, devant des assistances diversement fournies et intéressées, mais à l'ENS locale, je fais un tabac devant deux cents jeunes filles enfoulardées pour l'écrasante majorité. L'une d'elles ne l'est pas, et ça tombe bien parce qu'elle est très jolie, et pas timide apparemment. Elle est la première à me poser une question, sur un livre assez bizarre, en plus (*Suite à l'hôtel Crystal*). Elle me trouve, déclare-t-elle,

« mûr mais sympa » (rigolade générale). À la fin de la séance, Amira vient se faire photographier avec moi, et je suis si idiot que c'est seulement après avoir quitté l'École que je me dis que j'aurais dû lui demander de m'envoyer la photo, ce qui m'aurait permis d'entamer avec elle une correspondance. Sans espoir, mais tout de même. J'aurais pu rêver un peu. Mûr, mais sympa, et manquant d'à-propos. C'était pourtant un coup élémentaire à jouer.

Je ne sais que penser de Constantine, de quel côté incline le souvenir que j'en garde. D'un côté, il y a le cafard agonisant du Panoramic, les infâmes dîners graillonneux pris dans le restaurant du sous-sol, les rues désertées par les femmes dès la fin de l'après-midi, le bar plus que glauque de Sidi Mabrouk — l'un des deux seuls à servir de l'alcool, paraît-il — où des types qui tenaient mal le litre, prompts à chercher la bagarre, suivaient vaguement, dans une pénombre saturée de fumée de cigarettes, les images d'une télévision diffusant, pour quelque ahurissante raison, le programme d'une chaîne polonaise. Pas une femme dans la salle, cela va sans dire. L'autre rade servant de l'alcool, Chez Zizou, dans la zone industrielle, était plus sympa, comme aurait dit Amira, mais le spectacle des taxis jaunes déversant des cargaisons de types venus au ravitaillement et repartant avec leurs sacs en plastique tintinnabulant de bouteilles était tout de même un peu déprimant. De l'autre côté, il y a l'extraordinaire beauté du site, la ville qui ressemble, au-dessus de l'abîme du Rhumel, à Tolède vue par le Greco (Camus l'a déjà dit, paraît-il, et ça ne m'étonne pas), la joliesse délurée d'Amira et la timidité d'une de ses camarades qui m'avait dit avoir peur de devoir enseigner car

« si certaines ont de l'autorité, moi je suis chétive », la gentillesse familière des bistrotiers de la place devant Dar el-Bey, qui m'invitaient d'un « Assieds-toi, monsieur » à boire dans un petit verre un café épais et noir et sucré, délicieux, la malice du vieil homme en anorak qui, me voyant lire l'inscription coloniale bilingue commémorant la mort du maréchal Damrémont lors de la prise de Constantine, m'apprit que le type chargé de la traduction en arabe ne l'avait pas introduite par *Bismillah*, mais par *Hamdulillah* : « Grâce à Dieu, ici a été tué... » (Et, vraie ou fausse — je ne puis le déterminer, ne sachant pas lire l'arabe —, cette histoire me fait me ressouvenir du *señor* Rafael, mon *taxista* de Lima, qui alors que nous passions devant le monument à San Martín, m'avait raconté pourquoi, au pied du *Libertador* à cheval, la forte femme de pierre qui est l'allégorie de la Liberté porte un lama assez incongru sur sa tête : c'était, selon lui, parce que le sculpteur avait mal interprété la commande, qui était d'une flamme — *una llama* — plus conforme aux canons symboliques de la statuaire.)

C'est à Constantine, ou plutôt à partir de Constantine, me rendant à Skikda, que j'ai, pour la seule fois dans ma vie (et je ne tiens pas à rééditer l'expérience), roulé dans l'équipage d'un important de ce monde : la voiture qui me transportait, derrière des vitres teintées, précédée et suivie par des voitures de gendarmerie toutes sirènes hurlantes, phares allumés, rampes de gyrophares flashant sur le toit, notre convoi doublant tout le monde, les militaires en treillis et gilet pare-balles, buste à demi sorti de la voiture, intimant aux manants, d'un bras vigoureusement brandi, paume ouverte, l'ordre de s'écarter de notre chemin. Ça ne plaisantait pas. Et de fait, sur cette route à deux voies, encombrée de camions, les malheureux se jetaient littéralement dans le fossé. Tout ce déploiement de puissance arrogante pour trimballer, non un général à moustaches et lunettes fumées, mais un simple écrivain *gaouri*... Il s'agissait paraît-il de m'éviter d'être enlevé par une bande islamiste. C'était une aimable intention, mais il me semblait qu'il y avait tout de même quelque excès de zèle. J'étais plutôt mal à l'aise (d'autant qu'à un moment une pierre, lancée par une main qui ne manquait pas de courage, vola sans l'atteindre vers ma vitre teintée, supposée j'imagine dissimuler un dignitaire). C'est aussi, Constantine, le seul endroit où on me présenta, en dépit de toute vraisemblance, comme un militant nationaliste corse. Ismaël était un homme étonnant, au visage lisse comme un œuf, parlant un français recherché et même compliqué, lointainement descendant d'une famille grecque qui, au fil des siècles, avait fait le tour de la Méditerranée, avec de longues escales à Istanbul, Damas, Le Caire, Tunis, pour finalement s'établir à Constantine avant l'arrivée des Français. C'était un érudit, polyglotte, mathématicien, musicien — il jouait du violoncelle. Son père, physicien si je me souviens bien, engagé du côté du FLN pendant la guerre d'Algérie, avait été emmené une nuit par les paras, et on ne l'avait jamais revu. Sa bibliothèque avait été brûlée et Ismaël cherchait à la reconstituer. Il m'avait fait visiter des *zaouïas*, de petites mosquées soufies dont l'une avait appartenu à sa famille (salle fermée, sans fenêtres, colonnes vertes et blanches, forte odeur de chaussettes), et chaque fois qu'il me présentait, en arabe, au cheikh, je ne captais que le sigle FLNC. Comme je m'en étonnais, il m'avait répondu qu'ainsi j'apparaissais comme un ennemi de l'État français, ce qui était une bonne carte de visite en ces lieux...

Trop jeune (eh oui, il fut un temps où j'étais ça : trop jeune) pour prendre part aux mouvements contre la guerre d'Algérie, ou pour y être envoyé avec le contingent, mes seuls rapports avec ce pays, jusque-là, étaient passés par un personnage extravagant dont j'avais édité un livre, avec un insuccès immérité qui me reste encore en travers de la gorge. Le moins qu'on puisse dire c'est que la vie de Serge Michel (c'est un pseudo) avait été romanesque. Le seul vrai anarchiste que j'aie connu (des faux, des tas). Évadé du STO à vingt ans, marin sur des yachts en Méditerranée, contrebandier, voyou dans le Saint-Tropez des années cinquante, gérant d'une cave avec Boris Vian, faussaire en tableaux, assistant de Visconti, ou de Rossellini, ou des deux, créateur de la presse du FLN, conseiller des révolutionnaires africains de l'époque des indépendances, Lumumba au Congo puis Amilcar Cabral en Guinée-Bissau (tous deux assassinés), partenaire d'échecs du Che pendant son aventure africaine, condamné à mort par la Quatrième République et par Mobutu, sarcastique retraité de l'Histoire buvant du champagne aux îles du Cap-Vert socialistes... j'oublie des étapes de sa biographie échevelée, si j'en invente c'est que lui-même n'avait su résister au plaisir d'enjoliver, mais je ne crois pas qu'il l'ait fait, non qu'il n'ait eu des dispositions à ça, mais il n'en avait pas besoin. Cynique par force, baratineur infatigable, drôle et insupportable. Lorsque je l'ai connu, il débarquait en France, sa condamnation ayant été amnistiée. C'était l'automne, il s'extasiait devant la couleur des feuilles, il n'avait pas vu ça depuis trente ans. Il avait habité quelque temps chez moi et avait failli nous rendre dingues, moi et ma compagne d'alors. Émacié, nez rapace, yeux de vieux hibou, visage rouge comme le long foulard qu'il portait avec une casquette, crachant ses poumons, se raclant interminablement la gorge, d'un égoïsme parfait et enjoué. Lorsque je l'emmenais au restaurant, c'était un supplice pour quelqu'un qui comme moi, je l'ai dit, aime plutôt être discret : il toussait, s'étranglait, postillonnait, poussait de petits cris de gibier effrayé, braillait (il était sourd comme un pot), renversait une carafe, engueulait la serveuse, commandait le vin le plus cher (qu'il me laissait naturellement payer), râlait parce qu'il n'arrivait pas à lire le millésime. Mais il ne possédait rien, si bien qu'on lui pardonnait tout.

Je me souviens d'un jour où il m'avait invité à dîner, tout de même. Il squattait alors un immeuble promis à la démolition du côté de Montparnasse. Il avait acheté une araignée de mer, mais n'avait bien sûr rien, aucun ustensile pour la faire cuire, on était donc entrés dans une quincaillerie (il y avait encore des quincailleries à Paris, à l'époque), le crustacé tenu par la carapace, agitant les pattes comme le cafard du Panoramic mais n'aboyant pas plus que le homard de Nerval, et on avait essayé plusieurs casseroles sous l'œil effaré et bientôt les protestations du quincaillier. Serge était comme ça, d'un sans-gêne d'autant plus absolu qu'innocent. Ça l'aurait bien fait rire, lui l'ancien *moudjahid*, de me voir, emmené par le directeur du Centre culturel français, célébrer le 11 Novembre dans le cimetière chrétien de Constantine. En compagnie de treize autres personnes, dont deux ou trois enfants moyennement concernés. Ciel bleu entre les grands cyprès, allées désertes, anges et beautés mortes. Petit discours du consul : on meurt une seconde fois quand on est oublié (c'est tout de même plus dur la première fois). Gerbes. Dans la petite assistance, un ancien combattant algérien en toque de fourrure et manteau marron, un vieux prêtre en anorak, ex-porteur de valises, présentant une vague ressemblance (hors strabisme) avec Jean-Paul Sartre, et surtout une impayable petite vieille coiffée d'un bonnet de laine. Chantal a été danseuse, chanteuse d'opérette, elle faisait la princesse Mi dans *Le Pays du sourire*, elle a chanté ce rôle en 1960 devant de Gaulle, le fils du roi Idris de Libye s'était entiché de cette minuscule brune et la voulait dans son harem — « Je pesais trente-huit kilos, maintenant quarante, je ne veux plus grossir ». Auparavant elle faisait du cirque, sa spécialité était le numéro de « la malle indienne », on la ficelait dans un sac et l'enfermait dans une malle dont elle parvenait à se libérer. Elle a tenté aussi le trapèze, mais ça s'est mal terminé, elle est tombée à l'entraînement et le filet trop tendu a envoyé ce poids plume rebondir dans une loge, elle s'est esquinté la colonne vertébrale et le cirque est reparti sans elle. Atteinte du syndrome de Diogène elle accumule les ordures chez elle, elle a pourtant l'air bien proprette. On croit qu'elle a de l'argent sur des comptes dont elle ne se soucie pas, qu'elle a dû oublier. Elle a sans doute été un peu entraîneuse aussi, me souffle une mauvaise langue, devant le monument aux morts.

(Je m'en voudrais de ne pas, sur épreuves, ajouter un mot à ces quelques notes algériennes désinvoltes et mi-figue mi-raisin : depuis que je les ai écrites, j'ai séjourné de nouveau, tout récemment, dans ce pays qu'un mouvement immense et pacifique, et imaginatif, soulevait contre la mafia dirigeante. J'en ai éprouvé de l'émotion, et même de l'espoir. Cette précision, complètement déplacée dans un livre qui n'a, on s'en sera rendu compte, nulle prétention géopolitique, je tiens néanmoins à la faire à l'intention de mes lecteurs algériens, car j'espère qu'il s'en trouvera.)

À Kyoto, je dîne seul (pas grave, j'en ai l'habitude, vous avez compris), mais seul aussi dans la salle du restaurant de l'Institut français. Seulement voilà, les commandes s'arrêtent à dix-neuf heures trente, de cela je n'ai pas l'habitude. À dix-neuf heures cinquante, m'avisant qu'il y a du fromage dans une vitrine réfrigérée, j'en revendique poliment une part, mais c'est non. Mais il suffit d'ouvrir la porte ? Non, l'heure c'est l'heure. C'est donc d'assez mauvaise humeur que je poursuis la lecture du *Lys dans la vallée.* (Tout de même, quelle mélasse, ce livre ! Du béton mélangé à de la crème fouettée. Je ne suis pas loin d'être d'accord avec Émile Faguet, ou Gustave Lanson, je ne sais plus, enfin une très vieille gloire de la critique tertio-républicaine, qui considère que c'est le pire roman qu'il ait jamais lu.) Mais les aigres sentiments que je commence à développer contre le Japon, avec cette mauvaise foi propre aux enfants gâtés, s'estompent vite car voici que la jeune fille qui travaille à l'accueil m'apporte un plan de la ville que j'avais demandé et que je n'espérais plus. Je me lève, la remercie, nous restons debout face à face, moi grand et épais, elle minuscule, gêné je l'invite finalement à s'asseoir, mais non, elle est attendue par son amie Sakura, cependant elle ne s'en va pas, reste devant moi, avec de petites inclinations du buste qui signifient évidemment quelque chose, mais quoi ? Elle m'invite à me rasseoir ? Je ne connais pas l'étiquette japonaise. Moi de plus en plus gêné, me sentant un monumental balourd. L'une des caractéristiques du Japon (que je connais peu) est qu'on s'y sent facilement éléphant dans un magasin de porcelaine. Lors d'un voyage précédent, pas mal d'années auparavant, enquêtant sur les lieux d'enfance de Kawabata, j'étais descendu, à Yugashima, dans un *ryokan* traditionnel. À l'heure du dîner on m'y avait apporté, avec force prosternations, un bol noir où un navet nageait dans un clair bouillon, plat que j'eusse dédaigné partout ailleurs mais qu'ici je reçus avec admiration (et le fait est que la vue, au moins, en était assez belle). Assis douloureusement sur mon tatami, je ne savais quelle contenance adopter, d'autant que la personne qui manifestait ces marques de respect inhabituelles pour moi était une femme en kimono, et ne trouvai pas d'autre solution que de me jeter moi-même, autant que ma souplesse me le permettait, face contre terre. (C'était peut-être ce qu'il convenait de faire, je ne sais pas.)

Et puis il y avait eu aussi, à Kyoto, le très beau sourire — charmant, pas charmeur, ce n'est pas du tout le même genre de sourire — que m'avait adressé une jolie commerçante d'une rue couverte de Gion. Je n'avais même pas remarqué ce qu'elle vendait, tant son sourire m'avait ébloui. Et moi, balourd une fois encore, doutant du pur cadeau qu'elle m'offrait, j'avais esquissé à peine une espèce de grimace aimable en retour, mécanique, sans m'arrêter — puis tout de même, me retournant, j'avais vu qu'elle me souriait derechef, et moi aussi alors, franchement cette fois. Comme tu es un animal compliqué, m'étais-je dit (sans estimer aucunement que cette complication faisait de moi le terme abouti d'une longue évolution, pensant au contraire que mon équipement pour la vie était un peu défectueux). Et ce sourire était comme une introduction à une beauté à laquelle je n'étais pas exactement réfractaire, mais dont je restais jusque-là un peu éloigné, et qui me fut révélée dans le temple de l'Eikan-do. Là, stupeur. La pénombre verte des arbres, des mousses, la pénombre des salles de bois, le brun rosé, le brun carmin du bois, les craquements, l'odeur du bois, entre santal et encens, la lumière laiteuse émanant des *shôji*, le vieil or noir, faiblement luisant, des colonnes (il faudrait un verbe moins « tape-à-l'œil » que « luisant », mais je n'en trouve pas, je suis sûr qu'en japonais cela existe, je devrais relire l'*Éloge de l'ombre*), les écailles grises des tuiles sur les toits, la sensation des pieds épousant le sol amical de bois ou de tatami, la confusion qui se fait entre les fûts des colonnes et ceux des arbres, comme si les uns étaient le rêve des autres, le chant des oiseaux, le bruissement de l'eau, la rumeur des arbres, l'harmonie, mais ce mot est un peu galvaudé, la compréhension plutôt qui s'établit entre l'œuvre humaine et celle de la Nature... ces sensations frappent — mais non, pas « frappent » ! touchent, caressent, imprègnent — tous les sens à la fois, et par là l'intelligence, et plongent dans la joie tranquille que donne la beauté.

Et puis bien sûr, « joie », ce n'est pas encore le mot qui convient (il n'y en a aucun, je crois), parce que cela peut cohabiter avec une certaine tristesse. Ce serait plutôt l'excitation que donne la conscience d'avoir fait une rencontre, mais une excitation non pas vive et brouillonne, mais apaisée, si la chose est concevable, non pas momentanée mais comme étirée dans le temps, débordant sur celui qui n'est pas encore, car elle s'accompagne de la certitude qu'on se souviendra de ce moment et de ce qui l'a illuminé, qui est pour ainsi dire déjà dans le futur. Et cette excitation est tranquille parce qu'elle est sans désir de possession, contrairement à celle que donne la beauté humaine. C'est celle que donnent certains tableaux, mais pas ceux que l'on connaît déjà, quelle que soit l'émotion qu'on a à les voir ou les revoir : ceux qui vous surprennent au détour d'une salle, qui étaient en embuscade sans que vous vous en doutiez. Au Mauritshuis de La Haye, par exemple (un jour pluvieux de novembre, après être allé marcher sur la plage désolée de Scheveningen), pas la *Vue de Delft*, que l'attente, la vue de nombreuses reproductions, la lecture de l'épisode fameux de la mort de Bergotte dans la *Recherche* ont déchargée d'une partie de son potentiel fulgurant (qui tue cependant Bergotte, mais les pommes de terre mal cuites...), mais, inconnu de moi jusqu'alors, me prenant par surprise, le *Portrait de Robert Cheseman* par Holbein le Jeune. L'impassibilité, l'impavidité du regard du fauconnier, tourné vers la droite (la gauche du tableau), à quoi répondent les yeux encapuchonnés de grenat de l'oiseau de proie, dont le bec aussi, le plumage gris moucheté, sont comme un écho du grand nez aquilin, des cheveux gris de son maître, mais il semble qu'ici il n'y ait pas de maître ni d'oiseau, mais deux grands rapaces assurés de leur haut vol, dont l'un semble vouloir caresser, d'une main baguée presque féminine, l'autre posé sur le gantelet de cuir. Et là le « petit pan de mur jaune », c'est le T d'un blanc éblouissant du linge que laisse paraître, sous un gilet lacé, le grand col de fourrure (de zibeline ?) du noble anglais. Cet homme et son oiseau sont souverains, le mot qui vient à l'esprit stupéfait par ce mélange de force et de calme, c'est « impérieux ». Une assurance tranquille de soi, de la vie (que marque aussi, sur le visage du fauconnier, un sourire à peine esquissé, qui pourrait être de défi s'il n'était si léger), émane de ce portrait : sentiments qui me sont bien étrangers, et expliquent peut-être une partie de ma fascination.

Il arrive que certains paysages, aussi — mais pas du tout le genre qui paraît dans les publicités des agences de voyages —, fassent naître ce sentiment de plénitude parce qu'on reconnaît en eux une sorte de perfection, où l'action du hasard se mêle à l'intervention humaine. À leur façon ils sont impérieux, encore : ils s'imposent et en imposent, invitent au silence. Ce n'est pas eux qu'on cherche en parcourant le monde, on n'est pas des esthètes, des collectionneurs, mais quand on les rencontre, on sait que quelque chose est arrivé, vous est arrivé (est-ce que la notion de *satori*, qui intéressa tant Barthes, a à voir avec ça ? Je ne suis pas assez calé en pensée zen — je ne le suis pas du tout — pour l'affirmer, mais c'est possible. « Éveil », « secousse mentale », « éblouissement » : oui, cela ressemble à ça). Un peu de la beauté du monde est immédiatement là, déposé, recueilli là. Il y a de l'Histoire en eux, cette vieille affaire humaine. C'est indéfinissable, mais on reste immobile et on se tait (de la même façon, ou d'une façon qui se peut comparer, certaines pages invitent à suspendre la lecture, à les lire et relire dans le silence, ou même à haute voix, mais dans l'effacement du bruit :

tant la beauté littéraire est à l'opposé de l'idée vulgaire, commerciale, du *page turner*). Il peut s'agir de paysages sinistres, comme celui que j'avais sous les yeux, un jour, depuis la forteresse de Bala Hissar, au sud de Kaboul. J'étais importuné dans ma contemplation par le bavardage intarissable d'un *general commander* qui me racontait toutes ses campagnes (et elles étaient nombreuses), non sans me faire tâter ses blessures (nombreuses également), me détaillant le nombre d'ennemis tués, engagement par engagement, Russes ou combattants du *Hezb* d'Hekmatyar (auxquels néanmoins, m'avait-il appris, il lui arrivait d'acheter des munitions pour les leur balancer ensuite dessus : la guerre en Afghanistan avait de ces fantaisies). Jusqu'à un hélicoptère qu'il avait abattu, m'assurait-il, d'une rafale d'AK-47, Massoud pouvait l'attester (mais je n'avais aucune envie d'en douter). L'ennemi du moment, le *Hezb* donc, tenait les montagnes en face, noires crêtées de neige. En contrebas, entre les lignes, s'étendait un lac ou un marais gelé, sur lequel on entendait couiner des canards partisans de la neutralité. Tout, ce jour-là, était extraordinairement calme, le ciel gris immobile, le front. Si l'on ne regardait que le lac gelé et les canards, on pouvait se croire dans un tableau hollandais. Mais en haut, entre les murs de la forteresse déjà à demi détruite au dix-neuvième siècle par les guerres anglo-afghanes, c'était un cimetière de tanks. Un T-55 dont le canon éclaté avait l'apparence rebroussée d'une peau de banane menaçait les canards, un autre, déchiqueté par des roquettes d'avion, se dressait en surplomb, comme s'apprêtant à plonger, au-dessus des quartiers sud de la ville estompés par une brume mauve, sa tourelle éjectée à cinq mètres, canon planté en terre. Un chat miaulait dans l'épave d'un blindé russe à huit roues. Un transistor posé sur un char diffusait une musique afghane aigrelette. Sous les murailles, la piscine des rois Nadir et Zaher était bien amochée, on n'y nagerait plus avant longtemps. Les tours plus que médiévales, les monstres mécaniques d'acier éclaté, la neige et la glace, les nuages, le chat, la musique, les montagnes, la ville en contrebas presque effacée : dans le genre « paysage de guerre », la composition était parfaite.

Le spectacle qu'offrait le port de Souakim au Soudan, lorsque j'y débarquai du *Djoudi*, jetait lui aussi dans une griserie que seule la chaleur torride retenait de trop prolonger. (Quinze ans après, il n'avait pas changé, mais on peut évidemment tout craindre depuis que le gouvernement soudanais a cédé les lieux aux Turcs, à moins que ce ne soit aux Qataris, ou aux deux — grands amis les uns et les autres, cela se sait, de la préservation des sites.) Sur l'île, qu'une chaussée joignait à la terre, les anciennes demeures arabes, ottomanes, anglaises, formaient un amoncellement de ruines éblouissantes contre la mer couleur de jade où nageaient des tortues. Des portes monumentales, des ogives brisées, des pans de mur portant encore des châssis de fenêtres dont le bleu ou le vert avaient pâli au vent et au soleil, des vérandas accrochées au vide, le minaret d'une petite mosquée émergeaient des blocs de corail incrustés de milliers de fines rosaces, de plissements d'éventails, des colonnes abattues miroitaient sous les friselis de l'eau. Des chèvres se dissimulaient dans l'ombre d'escaliers lancés vers le ciel ardent où tournoyaient des corneilles. Des femmes vêtues de longs voiles pourpres, indigo, marchaient au milieu de cette blancheur incandescente. Beauté pure. Un type avait essayé de me vendre une mâchoire de requin qui semblait un piège à loup d'ivoire, un petit gamin, en quittant l'île, s'était accroché à mes basques en me demandant un livre, « *Book ? Kitab ?* » C'était étonnant, et émouvant, d'être ainsi sollicité par un gosse sur une terre où on ne peut pas dire que le livre soit très à l'honneur, en dehors naturellement de celui qui s'écrit avec une majuscule. En voilà un, m'étais-je dit, qu'il faudrait encourager. Eh bien voilà, il est dans un livre, à présent, mais il ne le saura pas.

Parler de livres au Soudan n'est pas un exercice qui va de soi, c'est pourtant ce à quoi j'étais invité lors de mes derniers voyages. De quoi peut-on causer quand politique, religion, sexe et même amour sont des sujets prohibés? Je m'en tirais en évoquant le pouvoir libérateur de la lecture, de ces livres auxquels aspirait l'enfant de Souakim. À dix-neuf heures trente, à la *Red Sea University*, à l'heure prévue pour que je prenne la parole, dans une longue salle munie de trois ventilateurs au plafond et de six aux murs qui tous ensemble vrombissaient comme un millier de frelons, il n'y avait personne, ce qui s'appelle personne. L'université, à l'exception de cette salle, était plongée dans l'obscurité, même la traductrice que j'avais rencontrée dans l'après-midi, qui manifestement n'avait rien compris à mon texte et semblait fort effrayée, n'était pas là. Préoccupé, le jeune responsable de l'Alliance française, curieusement déguisé en costume sombre et cravate, allait se poster dans l'ombre pour guetter le rare client (j'espérais bien, moi, qu'une demi-douzaine de paumés n'allaient pas se pointer), mais non, personne décidément. Les affichettes annonçant ma prestation spécifiaient que je parlerais « après la prière d'Al-Aïcha », laquelle commençait, vérification faite, à dix-neuf heures cinquante... Toutes mes conférences ne se passaient pas dans un tel dépouillement. À l'université Al-Neelain à Khartoum, deux petites étudiantes qui parlaient bien le français, encapuchonnées comme les autres, mais joliment, m'avaient posé les questions habituelles (Écrit-on à partir de son expérience, ou bien se fie-t-on à son imagination ?, etc.), mais après la séance elles étaient venues parler avec moi, en dépit des usages locaux, et m'avaient posé cette autre question, dont l'intelligence m'avait confondu : « Alors, un peuple qui n'a pas d'écrivain, c'est un peuple pauvre ? » Rabaa et Razaz, si délurées, si gaies, j'espère qu'elles représentent l'avenir du monde, il sera plus beau. Je leur dédie ce livre, qu'il y a très peu de chances qu'elles puissent lire, mais sait-on jamais ? (Je le leur dédie, c'est une impulsion qui me vient maintenant, en écrivant, et aussi à Marie, cette jeune étudiante, je crois que c'était en arts du spectacle, qui après une séance dans un café d'Arras m'avait dit que cependant que je lisais des passages où j'imaginais Manet peignant Berthe Morisot, elle fermait les yeux et voyait des tableaux, et c'est une des plus belles choses qu'on m'ait dites à propos d'un de mes livres — une de celles qui font penser, et c'est bien réconfortant, qu'on n'écrit pas en vain, qu'on transmet quelque chose.) Rabaa et Razaz, j'espère qu'elles sont l'avenir de leur pays qui à l'heure où j'achève ce livre essaie de se libérer de son dictateur, elles et non l'espèce d'apparatchik barbu qui à l'université m'avait présenté en se contentant de massacrer ma notice Wikipédia (j'étais un successeur de Rimbaud, et je ne sais quoi encore !), et qui le soir, au dîner à l'ambassade, avait dit avoir rencontré, des années auparavant, un écrivain français qui avait gravement insulté le peuple soudanais en osant écrire qu'il n'y avait pas UNE source du Nil, que le grand fleuve naissait de toutes les gouttes d'eau roulant sur les pentes du Ruwenzori et les hauts plateaux d'Éthiopie, et même des larmes et de l'urine des hommes et des animaux. Or, cette hyène dactylographe, c'était moi, qu'il n'avait pas reconnu (j'avais comparé la naissance d'un livre, à quoi concourent de nombreux chemins de pensée et de rêve, certains inconnus de l'auteur lui-même, à celle du Nil). Je me démasquai, au milieu des rires gênés de l'assistance.

Je m'aperçois que les paysages dont j'ai évoqué le pouvoir de fascination sont des paysages de ruines. C'est peut-être, pourquoi pas, mon côté romantique, chateaubrianesque... Le fait est que le vicomte est entré dans ma vie très tôt, bien avant que j'aie lu les *Mémoires d'outre-tombe*, bien avant même qu'on me barbe au lycée avec *Atala* ou *Les Martyrs* : notre grand-mère, fort républicaine pourtant et même un peu socialiste je crois, avait coutume de nous mener, mon frère et moi, sur les lieux de ses débuts, à Saint-Malo ou à Combourg. « Monsieur le Chevalier aurait-il peur ? », ces paroles par lesquelles l'inflexible père encourage son jeune fils à aller dormir seul en haut d'une tour, parmi les ombres et les rumeurs du vent, ont été un des exemples donnés à mon enfance pour son édification (avec d'autres tirés de Tite-Live : on ne plaisantait pas). Je n'aime pas tout de Chateaubriand (ni d'ailleurs d'aucun auteur : l'admiration en littérature n'est pas une passion aveugle comme l'adhésion politique), mais il y a des dizaines de pages des *Mémoires*... qui font partie de ma petite bibliothèque imaginaire : pas forcément celles qui ravissent Barthes, sur l'odeur du « petit carré de fèves en fleurs » de Saint-Pierre-et-Miquelon, mais celles si belles, d'une telle intelligence historique, sur Paris en 1789 (« Les moments de crise produisent un redoublement de vie chez les hommes... »), les portraits des révolutionnaires, Mirabeau, « lion à tête de chimère », Robespierre semblant « un notaire de village soigneux de sa personne », Marat « ce Caligula de carrefour », Danton « aussi impitoyable à sa propre mort qu'il l'avait été à celle de ses victimes », ou bien les descriptions de la retraite de Russie, qu'admire aussi Philippe Sollers, alors je suis couvert (« Les sapins changés en cristaux immobiles s'élèvent çà et là, candélabres de ces pompes funèbres »), ou bien encore le récit, digne de Tacite, de la fuite de Louis XVIII au début des Cent-Jours. Et ce ne sont pas seulement les pages d'historien de ces temps extraordinaires que j'aime, mais encore celles plus intimes, plus tendres, où il évoque les femmes (« Si j'avais pétri mon limon, peut-être me fussé-je créé femme, en passion d'elles »), la scène des retrouvailles avec Charlotte Ives dont, jeune émigré, il avait été amoureux, et maintenant il est ambassadeur à Londres et elle, devenue lady Sutton, lui demande s'il se souvient d'elle — *My lord, do you remember me ?* (« Alors commença entre nous la série de ces *vous souvient-il* qui font renaître toute une vie ») —, ou bien cet épisode, non dépourvu d'un humour plus fréquent chez lui qu'on ne le dit, où arrêté par un douanier zélé à la frontière de la Bohême et de l'Autriche, il tue le temps en faisant la description minutieuse de sa chambre d'auberge, et en rêvant d'histoires galantes que son âge ne lui permet plus (« Si j'avais vingt ans, je chercherais quelques aventures dans Waldmünchen comme moyen d'abréger les heures ;

mais à mon âge on n'a plus d'échelle de soie qu'en souvenir, et l'on n'escalade les murs qu'avec les ombres »).

Comme je me sens proche de lui, là... Vieil amoureux mélancolique, loin de la pose et de la pompe. Cher vieux Chateaubriand, irritant et admirable, et même parfois touchant... Dans les faubourgs de Gand, non par fétichisme mais par goût des enquêtes inutiles, j'ai cherché, en compagnie de Katelijne, ma traductrice en néerlandais, à retrouver l'endroit d'où il prétend avoir entendu les échos lointains de la canonnade de Waterloo. Sur la route de Bruxelles, en face du dépôt des bus et trams et d'un bistro en forme de tonneau, nommé d'ailleurs De Ton, avant un pont autoroutier, dans un petit parc assez chétif, sur un étang dont les rives irrégulièrement tracées semblaient indiquer qu'il était un vestige d'un paysage naturel, une colonie de poules d'eau naviguait entre quelques inévitables (hélas) bouteilles en plastique. Aussitôt je me remémorai la phrase où Chateaubriand, ses *Commentaires* de César sous le bras, est surpris par des grondements espacés qu'il attribue d'abord à l'orage : « Je prêtai l'oreille ; je n'entendis plus que les cris d'une poule d'eau dans les joncs et le son d'une horloge de village. » Bon sang ! C'étaient elles, les poules d'eau ! Descendantes de celles de 1815 ! Il y avait aussi un bosquet de peupliers (« Je me trouvais devant un peuplier planté à l'angle d'un champ de houblon »). Je ne garantis pas l'exactitude de mes déductions d'alors, qui m'avaient causé un vif enthousiasme. Mais je me souviens d'avoir lu ce passage, et d'autres, dans une salle très décrépite de la Société de géographie de Vladivostok, au numéro 4 de la rue Pierre-le-Grand. Dans la bibliothèque aux livres dépareillés, j'étais tombé sur une vieille édition des *Mémoires d'outre-tombe*, et n'avais pu résister au plaisir d'en faire sonner quelques passages aux oreilles d'un auditoire très réduit mais attentif : deux vieilles bibliothécaires qui n'entendaient goutte au français, mais étaient contentes d'avoir de la visite, et que d'autres que les souris s'intéressent à leurs livres, et Tatiana, la représentante de l'Alliance française, une grande fille blonde et pâle, vive, intelligente, pressée, pince-sans-rire, dont le côté un peu impérieux m'avait au début légèrement défrisé, mais qui s'était avérée être une guide précieuse, efficace et amicale. Dehors tombait une petite neige qui estompait la baie de la Corne d'Or, *Zolotoï Rog*, les grandes harpes du pont suspendu, les hunes des frégates amarrées devant *Karavelnaïa Naberejnaïa*, le quai des Navires, dont le nom me rappelait la *Ribeira das Naus* de Lisbonne. Nous avions été, Tania et moi, les seuls visiteurs de l'annexe du musée installée dans l'immeuble mitoyen, au numéro 6. Dans les salles désormais presque vides, parsemées d'objets hétéroclites (une roue de gouvernail, un crâne de mammouth, un canon lance-harpon...), un petit état-major français avait siégé, presque un siècle auparavant, à l'époque de la guerre civile, parmi les squelettes de baleines et les tigres de Sibérie empaillés. Le jeune aviateur Joseph Kessel en était, qui raconte ça dans *Les Temps sauvages* avec la démesure qui lui est propre, mais se trouve convenir au sujet.

Nous étions allés aussi, Tania et moi, visiter dans les faubourgs de Vladivostok la petite gare de *Vtoraïa Retchka*, « Seconde Rivière », qui n'avait pas changé (un coup de peinture, peut-être) depuis que le poète Ossip

Mandelstam y était passé en 1938, parmi des milliers d'autres déportés. Sur le territoire de ce qui avait été l'immense camp de transit où il allait mourir... Mais j'ai déjà raconté ça, ailleurs. Si la mémoire aime à revenir sur ses pas, les livres qu'un écrivain laisse derrière lui sont comme les pièces d'un échiquier, qui interdisent certains mouvements.

De nouveau, au-delà de ma fenêtre, derrière l'écran de l'ordinateur, la mer, couleur d'huître. La même qu'au début, mais c'est l'hiver. Ciel gris, immobile, ridé de sillons presque imperceptibles sinon par les très légères nuances de gris qu'ils séparent, plus ou moins lumineux (mais toujours très peu), mêlé d'une touche de blanc ici, là de bleu. L'ombre gagne vite. Des lumières s'allument. Ce qui reste de la végétation, sur la côte, d'un brun tirant sur le mauve. Bande-son : quelques criaillements de goélands, et le gloussement des oies bernaches qui viennent du Taïmyr en Sibérie passer l'hiver ici. Elles connaissent sans doute Khatanga, où j'ai peigné le mammouth, c'est pourquoi je les considère comme des compatriotes. Je sais imiter assez bien leur cri très doux.

D'autres visages, d'autres voix, tout un petit tumulte dort dans les pages de ces carnets amoncelés sur ma table, que je n'ouvrirai sans doute plus. (Même, je me demande si j'en noircirai de nouveaux, si cette récapitulation zigzagante n'épuise pas le désir que j'avais de les écrire — et quand je dis « désir » c'est souvent plutôt une espèce de devoir que je ressentais, mystérieux car vis-à-vis de qui, de quoi ? D'un livre à venir, peut-être ? Eh bien maintenant il est là, bon ou mauvais, j'ai fait ce que j'ai pu, avançant à tâtons dans ce labyrinthe de papier. S'il y a quelque chose de vaguement testamentaire dans mon entreprise — parce que bien sûr je me suis posé la question, que me suggérait d'ailleurs la citation de Borges dont je me suis souvenu chemin faisant, et que j'ai mise en exergue —, c'est là, dans ce possible adieu aux notes, que cela se tient — se tiendrait. Mais il suffit que j'écrive ces lignes pour me rebeller. Testamentaire, et quoi encore ? On ne baisse pas le rideau, jamais de la vie ! Ces carnets ne seront pas les derniers, c'est donc décidé.) À eux tous, avec les paysages sur lesquels se détache leur souvenir, ces êtres de rencontre dessinent un monde subjectif, sentimental, à la fois réel et imaginaire, qu'aucune géographie n'atteste, qui est le mien. Un monde non encore complètement découvert, dont l'Australie, par exemple, est absente comme avant les navigations des Hollandais et de Cook, un monde déformé comme par une projection bizarre, où le Soudan tient une bien plus grande place que l'Inde, où New York est une ville plus petite que Kaboul. Un monde filigrané par les millions de lettres des livres, ceux qu'on a lus lorsqu'on était là-bas (et on a inscrit, sur la page de garde, le nom de la ville où ils nous ont tenu compagnie, afin qu'ils en gardent quelques images entre leurs feuillets, un peu de l'air particulier qu'on y respirait, la pluie chaude de Bandar Seri Begawan tombant sur *Mes propriétés*, le vent de sable de N'Djamena criblant le *Journal* de Gombrowicz), ceux qui nous ont fait imaginer des lieux qu'on découvrirait plus tard, et qu'on verrait à travers leurs mots grossissants, déformants, colorants à la façon de ces miroirs qu'on dit de sorcières, *Le Maître et Marguerite* teintant de fantastique le quartier (désormais très chic) de l'étang du Patriarche à Moscou, où j'ai eu l'habitude d'aller dîner, un lointain mois de décembre, pour moins de cinq cents roubles dans un petit bistro rustique qui semblait sorti du temps de l'Union soviétique, ou bien le *Quatuor* de Durrell qui faisait surgir de la trépidante et poussiéreuse Alexandrie d'aujourd'hui le fantôme de la ville grecque, juive, anglaise, cosmopolite, qu'elle n'était plus (et la couverture orange de la vieille édition Buchet-Chastel du temps de Maurice Nadeau me renvoyait vers, découvert dans la même collection, *Au-dessous du volcan*, et à travers lui le Mexique et Vancouver), ou bien encore *Le Lac* de Kawabata qui me faisait voir dans certaines passantes de Tokyo la jeune lycéenne que suit Gimpei Momoi, le professeur aux pieds de singe.

Un monde où le temps creuse des reliefs qui échappent au topographe, un monde lacunaire où, comme sur certaines cartes anciennes, un rivage dessiné ne se referme sur aucun espace clos, et qui n'existe que par le souvenir que je garde de regards, de paroles échangés. Alfredo qui se faisait fort de retrouver à Port Famine, sur le détroit de Magellan, la tombe du père de Gauguin, mort d'un coup de sang après s'être querellé avec le commandant du vapeur qui le menait au Pérou. (L'eau bleu sombre, le vent, les pétrels géants, en face l'île Dawson, qui fut un camp de concentration sous Pinochet.) L'a-t-il exhumé, finalement, Clovis Gauguin, journaliste républicain et colérique qui, tel Victor Hugo, fuyait le régime de Napoléon III? Et Ángel, le vieux militant communiste déçu qui dans son appartement de Madrid entretenait une fourmilière sur laquelle il avait reporté ses espoirs de transformation sociale, rêve-t-il toujours de cités idéales? Mais non, il doit être mort, c'était il y a si longtemps... Et Don Luis, l'ancien mécanicien de la mine de cuivre de Chuquicamata au Chili, dont le large visage semblait de cuivre aussi sous les cheveux de charbon, qui m'avait expliqué que les oiseaux, sur ordre du Seigneur, se taisaient le mercredi des Cendres. Ce type était charmant et crédule, le monde pour lui foisonnait de miracles (il se serait bien entendu avec le moine copte du monastère de Deir Mar Boulos), il croyait pour l'avoir lu dans *Sélection* qu'un soldat russe avait vu, un jour où la neige avait fondu, l'Arche au sommet du mont Ararat, et en avait rapporté une planche (je n'avais pas entrepris de l'attrister en le détrompant). La vue d'un lac salé du désert d'Atacama, vert émeraude sous un vol de flamants roses, du soleil plongeant entre les dunes de la vallée de la Lune, le laissait bouleversé : *Da quietud al alma*, murmurait-il, « Ça apaise l'âme ». Et Natalia mon interprète d'Ekaterinbourg, si droite, si élégante (comment faisait-elle pour garder ses chaussures impeccables, brillantes, avec la boue qui recouvrait les trottoirs, maculait le bas de mes pantalons ?), au visage si intelligent et joyeux, qui parlait un français si parfait que je l'avais d'abord crue française. Elle lisait plusieurs heures par jour « pour ne pas penser à la vie », me disait-elle, et cependant elle ne se plaignait jamais. Cheveux courts, grandes mains énergiques. Il y avait en elle quelque chose d'éclatant et en même temps de sobre. Un air (et pas seulement un air) de franchise étonnante. Je pensais à elle, dont le charme ne m'avait pas immédiatement frappé, cependant que le train qui roulait vers Irkoutsk s'arrêtait en gare de Barabinsk pour un changement de locomotive, la machine de relais s'approchant dans un grand halètement, son œil blanc de cyclope allumé dans la nuit (j'ai gardé de mon enfance une affection pour les locomotives).

Chacun a déposé en moi quelque chose que je ne saurais pas nommer, pas une « leçon », certainement pas, plutôt une très mince pellicule, de savoir, d'émotion, de rêve, et toutes ensemble ont composé à la fin ma vieille écaille jaspée de tortue marine (une espèce en danger, autant que je sache). *All these I feel or am*, comme dit Whitman. Chacun fait, sans le savoir, partie de mon immense famille. Qui ne se manifeste pas beaucoup, qui n'est pas encombrante (mais avec certains, certaines plutôt, mon inclination étant ce qu'elle est, je continue, par-delà l'espace et les années, à correspondre — et c'est une assurance qu'un monde humain existe, et que le passé n'est pas que le monde du silence).

Ou bien ce sont des paysages qui se lèvent des pages griffonnées, qui ont à un moment « apaisé l'âme », comme disait Don Luis. C'est une très longue allée sinueuse dallée de gris, entre deux murs carmin faîtés de tuiles grises, dans je ne sais plus quelle ville de Chine. Les douces courbes rouges surprennent et enchantent, habitué qu'on est à la rectitude anguleuse des murs. Au-dessus se ferment les ogives de grands bambous. Fûts minces, élancés, lances dont une pruine argentée, couleur de nuage exactement, estompe la couleur de bronze. Boisseaux d'éclairs verts, très haut, lentement mouvants, plumeaux à épousseter le ciel. Planent de grands papillons de velours noir. Derrière les murs on imagine, soyeux et cruels, des tigres. Et encore, toujours en Chine, le village d'Er Dao Guan (du « Second Barrage »), parmi les châtaigniers et les liserons violets, au bord d'un lac vers lequel la crête de pierre de la Grande

Muraille dévale une colline abrupte couverte d'une toison d'arbres (comment des hommes d'armes, des chevaux, pouvaient-ils parcourir ce chemin de ronde presque aussi incliné qu'une échelle? Il y a quelque chose d'invraisemblable dans cet immense monument, qui le rend presque joyeux, comme un jouet géant). Un pêcheur solitaire devant les friselis de l'eau, des libellules flottant dans le vent tiède.

Et aussi... Mais je crains, si je poursuis, de finir par ressembler à ce prestidigitateur qui tirait des mouchoirs de son nez, dans le salon du ferry *Larnaca Rose*. Curieusement, les photos n'ont presque aucune place dans ce grand remue-ménage de la mémoire. Elles sont là, je les sors des boîtes où elles dorment, les plus anciennes, je fais défiler les plus récentes sur l'écran de l'ordinateur, mais elles me parlent peu. Autour d'elles ne se réinvente pas une histoire, comme autour des mots griffonnés à la hâte. J'y vérifie un détail — les murs rouges encadrant l'allée chinoise sous les bambous, par exemple, sont plus sinueux encore, presque ondulés, que ne le laissaient penser mes notes, mais cela n'a guère d'importance au regard de l'impression que m'avait laissée cette voie qui feignait d'hésiter sous l'aérienne futaie. C'est plutôt la matérialité des plus anciennes à travers quoi passe une vive perception du temps — les pochettes marquées Kodak ou Fujicolor, les bandes de négatifs orangés glissées dans leurs petits étuis translucides, les polaroids dont les couleurs ont légèrement tourné, tout cela évoquant une pratique presque disparue de l'imagerie du monde. Quelques-unes, tout de même, ne restent pas complètement muettes, la scène du souvenir se reconstitue autour d'elles : Jane faisant le clown pour essayer de me convaincre d'acheter une petite hyène à Sanaa (je n'ai pas marché), ou bien courant vers la mer dans la baie d'Along, en maillot de bain blanc et chapeau conique tonkinois. Dans une pochette marquée *Bazaar Lima Jaya, JL H.A.Salim n° 50, Jakarta,* toute une série de photos assez ratées, dont les couleurs ont foncé. On y voit, festonnées de brisants, des plages grises que balaiera, bien des années plus tard, un tsunami, une végétation tropicale sous un ciel lourd, cocotiers, bananiers, d'autres arbres dont le nom m'échappe, le cône d'un volcan au fond d'un champ très vert qui est peut-être de cannes à sucre, puis des pavillons à toits de tuiles, l'un d'eux assez décrépit avec sur le devant une profonde véranda. Là, l'histoire revient, se rassemble. C'est le camp militaire de Salatiga, à Java, où Rimbaud fut brièvement soldat de l'armée des Indes néerlandaises, en août 1876, avant de déserter (les circonstances de sa fuite et de son retour en Europe restent toujours incertaines, autant que je sache). Je ne sais comment mon chauffeur avait réussi à convaincre la sentinelle de me laisser entrer — en lui racontant qu'un parent à moi avait servi là, je crois, et je crois aussi me souvenir qu'un petit paquet de billets avait rendu l'histoire plausible. En tout cas j'avais pu me balader tranquillement dans le camp, et photographier ces bâtiments qui avaient vu la partie la plus mystérieuse de la vie de Rimbaud. J'avais essayé de faire croire à Alain Borer, qui venait d'éditer l'*Œuvre-vie* d'Arthur chez Arléa, que j'y avais découvert une vieille musette contenant une liasse, presque effacée, de poèmes (il n'avait pas marché).

Je feuillette distraitement les *Mémoires d'outre-tombe.* Je m'avise (je l'avais oublié) que Chateaubriand, en route pour le Nouveau Monde, avait fait escale aux Açores. « Il y a quelque chose de magique à voir s'élever la terre du fond de la mer. » Il aperçoit « le cône du volcan du Pic, planté sur une coupole de nuages », sous lequel l'ancien harponneur Gil de Brum Ávila rêvait de cachalots lorsque je l'ai rencontré il y a longtemps, et au tout début de ce livre. Je suis sûr que le *senhor* Capeto, l'horloger de São Miguel qui prétendait descendre du dauphin du Temple, ignorait que ce fidèle serviteur des Bourbons avait visité l'archipel. Il ne devait même pas connaître son nom (tel ce douanier autrichien de Waldmünchen qui inspire à Chateaubriand la fantaisie — rare, il faut l'admettre — de se moquer un peu de lui-même : « Une triste vérité demeurait : c'est qu'il existait sur la terre un homme qui n'avait jamais entendu parler de moi »). Les Açores, cet archipel perdu au milieu de l'Atlantique, entre Europe, Afrique et Amériques, j'y ai débuté ma pérégrination, par hasard, comme je me serais jeté à l'eau, disais-je — et c'était vrai. De façon imprévue — et c'est vrai encore — les tours et détours de ma navigation m'y ramènent. La Terre est ronde. Notre vieille toupie. Sur mon bateau de papier, sans boussole, à l'aventure, j'ai divagué à travers temps et lieux (je me garde ici de certaines citations faciles que me suggère la part scolaire de ma mémoire : tais-toi, vieux cuistre !). On a vu des pays, des gens, entendu bruisser des langues, abattu des milliers et des milliers de kilomètres (sans compter tous ceux que j'ai parcourus, tournant en rond devant ma table de travail...). Puisque j'ai bouclé la boucle, je m'arrête là. Avec aussitôt cet étrange sentiment qu'on a, lorsqu'on achève un livre, non pas (ou pas essentiellement) de réussite, mais d'abandon. Désemparé soudain, seul. Qui fait qu'on recommencera, tant qu'on en aura la force — comme on continuera à se laisser étonner, et instruire, et façonner par le monde.

Composition : PCA/CMB Graphic
Achevé d'imprimer
par CPI Firmin-Didot
à Mesnil-sur-l'Estrée, en juin 2019
Dépôt légal : juin 2019
Numéro d'imprimeur : 153405

ISBN : 978-2-07-284494-2/Imprimé en France

349021